U0578751

中国社会科学院　学者文选

# 陈　步　集

中国社会科学院科研局组织编选

中国社会科学出版社

图书在版编目（CIP）数据

陈步集／中国社会科学院科研局组织编选． —北京：中国社会
科学出版社，2007.10（2018.8 重印）
（中国社会科学院学者文选）
ISBN 978 - 7 - 5004 - 6361 - 0

Ⅰ. ①陈…　Ⅱ. ①中…　Ⅲ. ①陈步—文集②社会科学—文集
Ⅳ. ①C53

中国版本图书馆 CIP 数据核字（2007）第 131380 号

出 版 人　赵剑英
责任编辑　韩育良
责任校对　陶　旋
责任印制　张雪娇

出　　　版　中国社会科学出版社
社　　　址　北京鼓楼西大街甲 158 号
邮　　　编　100720
网　　　址　http：∥www. csspw. cn
发 行 部　010 - 84083685
门 市 部　010 - 84029450
经　　　销　新华书店及其他书店

印刷装订　北京市十月印刷有限公司
版　　　次　2007 年 10 月第 1 版
印　　　次　2018 年 8 月第 2 次印刷

开　　　本　880 × 1230　1/32
印　　　张　10. 5
字　　　数　249 千字
定　　　价　59. 00 元

# 出 版 说 明

一、《中国社会科学院学者文选》是根据李铁映院长的倡议和院务会议的决定，由科研局组织编选的大型学术性丛书。它的出版，旨在积累本院学者的重要学术成果，展示他们具有代表性的学术成就。

二、《文选》的作者都是中国社会科学院具有正高级专业技术职称的资深专家、学者。他们在长期的学术生涯中，对于人文社会科学的发展作出了贡献。

三、《文选》中所收学术论文，以作者在社科院工作期间的作品为主，同时也兼顾了作者在院外工作期间的代表作；对少数在建国前成名的学者，文章选收的时间范围更宽。

中国社会科学院
科研局
1999 年 11 月 14 日

# 目　录

# 编 者 的 话

陈步（1921—1994），他23岁大学毕业到73岁离世，服务社会整半个世纪，辗转四个领域：前五年主要任教于高校；新中国成立后的13年在中宣部任公务员；1962—1980年在商务印书馆及院刊当编辑（其间由于"五七"年遭不公正待遇，有九年下放农村）；1980—1986年调中国社会科学院马列所，从事社科研究；1986年离休、1994年去世。除了因病不起外都在从事研究工作，直到临终前还在殷殷嘱托整编、出版《陈石遗集》等事宜。

本集主要收入他在马列院时发表的研究成果。其时他是研究员、中国人工智能学会常务顾问、中国自然辩证法学会理事、国家特殊津贴专家。文章涉及自然科学和社会科学两大领域，探究哲学、思维科学、农学、医学及中国传统文化研究等方面的问题。人谓"学贯中西、博古通今"，与国内外学术界有广泛的交流。

陈步早年师从陈康（中寰）教授学习西方哲学，尤长于数理逻辑的研究，20世纪50年代，他翻译了维纳的《控制论》；60年代又翻译了《人有人的用处》、《控制论与社会》以及与"三论"有关的一系列西方名著，成为我国研究思维科学和人工智能方面的先行者之一。在商务印书馆 17 年的任职期间专门从事西方名著的编译出版工作。其间共校订国外名著二百余部、组稿五十余部、编辑出版二十余种。嘉惠士林，功不可没。改革开放后继续翻译世界名著——Merio Bungre 教授的《因果论》及其系列论文，涉及"三论"、管理科学、经济科学并结集（由于时间等因素，大部分文稿尚在搁置待发表之中）。后期曾参与恩格斯《自然辩证法》德文中译本的校译工作。随着工作岗位的变动，他的成果中编著多于译著；译著多于论著。三者又密切相关，前两者成为后者的信息源，后者是融会贯通、提炼升华的结晶。并形成了特殊的文风，人谓"惜墨如金"。又为了扩大或便于交流，他的论文常以中英两种文字发表、本集选用若干篇。值得一提的是在累计长达九年下放农村生活期间，他仍能潜心研究，利用一切可能的条件做学问。在传统中医理论、医学和农学研究上积累了丰富资料和学习心得。从哲学和思维科学的视角，探讨中医理论和中医知识体系的构建和中西医对比研究，提出许多引人注目的观点。如他的《棉作》一文，仅收集的卡片就有两卡片屉之多，他由传统棉作而得出了今后棉田的数学模式。这些论文确实是变压力为动力的结果。

陈步离休前承担了院重点课题——"历史文化遗产整理"的"陈衍"子项的工作，即检索、复制、整理、校点陈衍著作。陈步为陈衍嫡孙，自幼耳濡目染，有扎实的国学功底。由他主持此项工作，可谓实至名归。同时，他又具有良好的西学训练，因而绝不仅仅满足于"董理旧典"、"祖述先贤"。在从事大量艰苦细致的收集、整理、考证和校释工作的同时，他还以陈衍的学术历程和学术理念为个案，从文化史研究的宏观视角讨论传统文化的现代传承这一重大命题，并试图从中探索出规律性的认识，这些都是在他身后，即当前哲学界、文化界的热门话题，也是院重点课题历史文化遗产整理的根本目的。

90年代起，陈步体弱多病，经常住院，因而更加抓紧工作，以极大的毅力投入历史文化遗产课题，并且着手后继工作的启动，如怎么出版《陈石遗集》，如何撰写有关陈衍研究的论文等。

他认为：陈衍生平正值近代中国社会与思想剧烈转型的时期。自道咸迄于清末，内忧外患，国是日非，学者感于时艰，思有以振作，遂重举经世致用的大旗。而西学东渐，亦对中国固有之学术产生深刻影响。陈衍作为这一时期有代表性的学者，其学术活动虽仍以"整理国故"为主，但其学术理念亦已融入相当的时代意识。彼时以国学名家的士林耆宿，其核心的诉求莫不在于通过有系统地整理传统学术推动中国文化的新生，只是侧重不同，方法有异。

1926年，陈衍在《复章太炎书》中说："窃叹区区旧学，考据、词章数千年无能兼者。歧而二之，即已误矣。卜商、荀况，已属偏至，何论许、郑、杜、韩？"（《石遗室文四集》）考据之学要求逻辑和事实二者合一，做到言之有理、持之有故，重在理性思维；词章即文学，其要素为文字以及使用文字的特定思维形式，重在形象思维。陈步由这个传统命题引导出对中国传统文化和思维特性的哲学思考。他认为：所谓"考据、词章无能兼者"，实际道出了中国人思维特性中存在的缺陷，即形象思维发达而理性思维不足。这一方面造就了中国独有的词章美学的特殊成就，另一方面也在很大程度上遏制了逻辑思维的发展，导致概念性语言文字的不足和系统知识体系的欠缺。表现在传统学术上，或凭虚搏击、劳而无功，或偏枯琐碎、难成系统。譬如中国传统的社会结构，圆满自足、自我保护、与外隔绝、不求进取。这也构成了中国落后的特殊原因。传统文化的整理者们不但要对整理的对象有清醒的认识，更要避免自身主体深陷其中而不自知。他还注意到，晚清时期的陈衍，在参与"洋务"、介绍西学的同时，也反对当时普遍存在的鄙薄国学、盲目崇洋的潮流，主张各省仍保留一个旧式学堂，以为民族文化与学术香火传递之根基。回顾20世纪我们民族传统文化所经历的坎坷命运，陈衍的观点至今仍发人深省。

陈步认为，传统学术文化的整理工作有资料性整理和逻辑性整理之分。汉学和宋学之所以中断，是因为研究工具不足（一是小学研究不足，二是系统知识欠缺）。清代朴学的兴起，原因很多，但与明中期以来西学的传入不无关系。经过大约二百年的努力，以逻辑和事实为基础的考据学初步建立起来。朴学家们的研究工作，包括陈衍的研究工作，都是整理传统文化的试点工作。这是一项系统而漫长的传承与出新"工程"，中间一度歇绝乃至停顿，如今尤须致意，否则中国式的文艺复兴就将迟缓不前。对于传统文化的弱点，要有自知自觉。要以世界的观点重新审视和认识中国传统文化，通过引进和吸收其他民族文化的优秀成分（他特别强调了语义学和分析哲学的重要性），有针对性地改造传统文化，以深入的研究推动合理的继承，使其在新的历史条件下焕发新的生机。

今日的中国正处于前所未有的繁荣发展时期，振兴民族文化、提升国家综合实力具有特殊重要的意义。我们拥有前人无法企及的优势和条件，更应当以坚强的自信和理性的精神从事这项伟大的工程。这也正是陈步生前所期盼的。

本集收入的五篇陈衍研究论文、选自陈步后期所撰有关文稿。发表在《陈石遗集》中，这次在形式上略为整理或补充：论文一为"前言"；论文二已收入"附录"；论文三为"经济篇"之"题介"所整理；论文四本集系首次发表；论文五由

"石遗先生年谱"及家族传说所撰;《陈石遗著作总目录》由原集子所附"著作目录"增补为有版本的目录,共(73)种著作(118)个版本,是迄今最完整的一份目录;也是院课题成果的一个提升,相信对后来的研究者会有用。这里一并言明。

# 关于思维科学的
# 哲学研究

# 思维科学是一门历史的科学

思维科学的研究工作现在提到日程上来了。它过去是由个别思想家发表独立见解的，现在将由诸多新兴学科合作攻关；过去是冷冷清清进展迟缓的，现在会在几年或几个月之内在智力网络中由社会集体作出新成果。日本人提出第五代电子计算机发展计划，世界各国分别采取对策。新的机器不论全部或部分成功，其社会影响必然是巨大的，有可能在相当程度上改变人的思维形式和生活方式。

我们的起步晚了些，基础差了些，但我们按照自己的情况，以自己方式从事研究。

目前有没有哲学问题？有的。一门新兴学科不免要先作一番哲学清理工作。既然大家一开始就面对着多种思维形式，则人们不免查问：思维是一元（源）的还是多元（源）的？若它是一元的，则不同思维形式之间有何内在联系？若它是多元的，则它们从何而来？何以互不相干？科研工作和天赋、神授这类思想不能相容，我们将不得不对思维发生学进行哲学探讨，重新论证恩格斯思维科学是一门历史的科学的著名论断。

为了节约篇幅，本文掐头去尾。第一，从意识到思维有一个发展过程，这事涉及史前史，我们删去意识发生学，以后再作讨论；第二，本文讲到逻辑推理产生为止，其后的发展既是大家熟悉的，又是十分复杂的，我们略而不论。

据此，本文重点是逻辑产生之前的前逻辑。前逻辑不是非逻辑，它是为逻辑产生铺平道路的。人的逻辑不是本能，不能像黑格尔那样用饮食作类比，相反，逻辑有其来龙去脉。

# 一　联想

我们有两个信息系统和两种信息存储器：遗传信息存储在细胞中，只作纵向传递；社会信息存储于人脑中，开头只作横向传递，等到言语发展，通过记忆和传诵，这才有了并非经久的纵向传递，再等到文字出现并进入文明史，这才有了相对经久的纵向传递。所以，后起的信息系统远优于居先的信息系统，这就是进化阶梯的重要标志——后来居上。

社会信息系统中存在的问题是：（一）古代有重要文献失传，这种信息逸失给历史留下了一些难解之谜；（二）在今天，我们又有"信息爆炸"，大量无用信息掩盖了有用信息。前者需要研究，后者需要整理或加工，这些工作以及社会信息的其他加工工作都要在意识中进行，所以我们定义：意识是人脑中的信息加工器。

这个定义略去了达尔文和恩格斯所承认的高等动物的某种智慧，也略去了今人研究并取得相应成果的关于低等群居动物诸如蜜蜂、蚂蚁等对社会信息的特殊作用，这些活动对于生物个体而言都是意识的，因为意识可以分解为感知。感知又可以分解为诸多感觉，凡感觉都有阈值，外来刺激符合于感觉阈值者都可意识，既然许多动物的感官例如鹰的眼睛和狗的耳朵等远超于人，那么，意识不是人所独有的东西。进一步讲，如果阈值以下的刺激具有某种可加性，那么，围绕着意识的附加物——下意识和潜意识也都是存在的。所以，若给出意识的广义定义，我们的讲法将会招来许多麻烦，反之，狭义定义虽然不算完备，但它把握了重要内容，也合乎一般常识，对本文而言，这样的定义是够用的。

加工的内容是什么呢？在古希腊繁盛期哲学中，该内容统称为观念（idea），希腊文中本来有一个与今天的象（image）相当的术语，叫作 phantom，但希腊人不把它放在正常人的意识中而是放在疯子或天才的意识中，柏拉图定义天才即疯狂，苏格拉底因为经常出神并得到神谕而被雅典人判处死刑，今天这个术语译作幻象，它被放在神经病学中；它的另一个申义是狂想，被放在音乐中，例如 phantasia（狂想曲）。到了希腊后期哲学，出现了重要分化：概念产生。就目前的考证而言，这事大概是由斯多噶学派首创的。到了近代，加工内容展开，计有四种：象、观念、具体概念和抽象概念。显然，这是信号系统发展即语言和逻辑发展的成果，这些成果是由哲学家作出贡献的。

两种概念见于逻辑学，其含义是确定的；两种感性材料即象和观念的含义都是不确定的，观念自古相传，各家各派用法各不同，若把不同含义的观念汇总成书，大概是一部巨著，这样的巨著是不堪卒读的，因而未见成书；象有书①，但史料未能助人解决问题。这就只好进一步作研究了。

我们认为，既然古观念已经分化出概念，则它只剩下感性内容了；象也是观念，它之所以另立一词，无非因为它是初始感性

---

① 例如 L. Welch: *Imagination and Human Nature*（《想象和人性》），London, Cambridge, 1935。

材料罢了。这样一来，我们的感性内容和理性内容都有诸多层次：在感性中，象是基础，其上有抽象程度不同的诸多观念；在理性中，具体概念是基础，其上有概括程度不同的诸多抽象概念。

了解了意识内容，我们查问：它们是怎么联结的，因为联结的方法预示了加工方法。

要知道怎么联结，我们先回到古典联想学说。这个学说把问题集中在一次联结上，道理很简单：若一次联结成功，则多次联结同样成功。但是，这个学说受到时代限制，讲不出联结的机制，譬如说，洛克认为，观念之间的联结是由于存在着一种黏合机制。这不是答案，而是猜想，其情况和古代原子论者一样，后者把世界粉碎为原子，然后查问：原子何以能够结合？答案是：原子身上长有挂钩。这些，都是想当然的。

联结问题迄今还不能作出全面的科学解答。前几年，M. 邦格提出一个唯物论研究提纲，他把研究工作集中在脑和意识的关系上并且强调了二元论研究的某种价值。这个见解基本可取，因为他讲的是哲学核心课题。今人常常惋惜世界哲学之贫困，但我以为应该补充两点：第一，随着科学的迅速发展，哲学难度增大；第二，哲学工作者应该知识更新，否则哲学不会富有起来。

联结问题的科学结论虽然暂时付缺，但它的哲学结论可以成立，这个结论是由三条原理推导出来的，这三条原理都是认识论研究的产物，它们是：事物普遍联系原理、意识律的二律背反和反映论。

我们所认识的事物都是该事物与他事物或该事物内部这一部分和那一部分的联系。若一物孤立，不与他物作任何联系，我们无法求知，所以，我们面对的客观世界必然是万事万物作直接或间接联系的世界。

就我们的主观世界即意识而言，它有二律背反性质，正命题和反命题同时成立。正命题：若要认识，事物必进入意识（或意识必进入事物）；反命题：若要认识，事物必不能进入意识（或意识必不能进入事物）。

历史上只有主观唯心论者肯定正命题并否定反命题，又只有不可知论者肯定反命题并否定正命题，但是，他们都失败了。因为，认识是人类现实生活的基本需要，若否定正命题，则割断了主客之间的认识关系，认识不能成立，梦幻与现实无法区分，所以，不可知论只在哲学遇到困难时方才出现，它自身并无吸引力；反过来看，若否定反命题，或者丧失客体，或者丧失主体，情况不会有所改善，巴克莱哲学就是把客体化为意识内容的例子，哲学史家只用两个术语作了评价：一是 ad infinitum（趋于无穷），一是 ad absurdum（趋于荒谬）。原因是，当客体进入意识并化为观念时，该观念是否属真，要以事物作检证，由于作检证的事物又转化为观念，于是要再找第三物，如此类推至于无穷。这当然是一种谬论。

二律背反是这样推论的：不能否定正命题，也不能否定反命题，更不能两命题同时否定，所以，两命题同时肯定。

同时肯定两命题，首先得承认主客观各自独立，然后才能建立认识关系，在这样关系中，取得认识的唯一办法就是让客体派代表进来（也可以说是主体通过感受器从外界摄取它）。在《纯粹理性批判》中，康德使用 represent 一词，这字直译是"再现"，转义是"代表"，我们今天所讲的反映论是把主观能动性包括在内的，但 reflection 一词和 representation 是非常接近的。

事物派代表到意识中来就成为象；事物与事物之间的联系也派代表到意识中来，就成为象与象之间的联结。在象的基础上意识演化出许多内容；在象与象的联结的基础上，我们就有了意识中统称为观念联结的各种方式的联结，这就是依据事物普遍联系原理，并依据意识律的二律背反性质而必然在意识中作出反映的依据。换言之，观念联结是意识模拟事物联系的当然产物。

那么，意识如何通过联结来进行加工呢？

联结的反面就是不联结。意识内容能否不联结呢？不能。哲学上有个命题：称作"意识流无真空"。意思是，意识是不断运转着的。但该命题允许有例外，例如，休克和瑜伽禅定，前者很像机器停用，后者很像机器刚刚启用。

睡眠态能例外吗？不能。因为人会做梦，梦代表了意识流的某种运转。相反，人还可以白昼做梦，遐想，浮想以及一部分幻想都是与做梦近似的意识流的运转。依据弗洛伊德，这些运转都是下意识地有目的的，虽则它是意识地无目的的。我们略去下意识问题，因而断言：意识流运转中存在着随机运转。

与随机运转相对照的是合目的性运转，这可以从问题意识中推导出来。

何谓求知？求知必先提问，提问者必有问题意识，问题意识本身就是一个值得研究的问题，称作问题的问题。该问题具有什么特征呢？第一，提问人必须有所知，如果无所知，那他就提不出问题来；第二，他又必须有所不知，如果无所不知，那就不用提问；第三，在有所知又有所不知的条件下，他还要对不知部分有个模糊意识，否则，他不知道如何提问或向何处求知。我们令已知为 a，求知为 b，模糊意识为→，则问题意识可表示为：a→b。

这个形式称作一次定向联结，它是一种探索的、有所期待的或求知的联结，因而它是合目的性的联结。该联结的背景可以是多样的，例如，在有了逻辑之后，可以是通过推理而得的，而在逻辑产生之前，可以是随机选择的，也可以是逐步消错的，还可以是经验总结的，情况不等。

求知而后得知（解或答案），背景与上述相同，得到的结果总归可以表示为 a→b，同样是一次定向联结。

所以，一次定向联结可以用来求知并得知。

现在查问：何谓思维？

思维以取得真知灼见为准，做梦和胡思乱想不算思维。所以，思维必定是定向联结，它从一次定向联结开始，而后逐步复杂化起来。

以往，思维有广狭二义，它们分别和 thinking 与 reasoning 相当，后者是逻辑推理，它是三次定向联结（大前提，小前提和结论，或表示为 a = b，b = c，∴ a = c）；前者包括非逻辑活动，梦、巫术和迷信等，亦即它本质上代表了不定向联结①。显而易见，从不定向联结到三次定向联结，其间有空白，前人对这个问题未曾问津，后人只好补缺。

补缺是历史和逻辑的共同要求。

逻辑需要发生学，因而要在逻辑与非逻辑之间找出中介物来，我们称之为前逻辑或古思维。

历史要求把古思维发掘出来，因为它肯定不是三次定向联结。亚里士多德的演绎法是二千三百多年前的产物，在此之前，古希腊诡辩术泛滥成灾，诡辩术就是不完善的三段论式，所以，亚里士多德说，"我们要用三段论式来对付辩证术者"（《正位篇》），再往前推几百年，例如，三千年前，看来没有演绎法了，因为演绎法的产生要以语言的发展为前提，没有概念，没有词的二重性，没有作为名的名，无法推理。然而，三千年前的古文明是光辉灿烂的。有谁能够借助非逻辑来创造古文明呢？不是三次

---

① 　参考书很多，例如列维·布留尔：《原始思维》，商务印书馆 1981 年版。

定向联结的思维又是什么思维呢？

也许有人说，古思维即使不是三次联结，那肯定是二次联结，绝不是一次联结，因为一次联结是不用想的，脑筋不动，怎能叫作思维？

不是这个意思。我讲的是定向联结。定向就是选择，选择就是多中择一，所以，一次定向联结要以意识流的随机运转，以多个不定向联结或多个业已证明为错误的定向联结为前提，换言之，想过了，甚至想得很多（当然包括少想甚至不想即碰巧成功的联结在内），只不过这种想法很特别，今人不太熟悉罢了。我们前面提到问题意识中的模糊意识就是左思右想的产物，不动脑筋而能求知并得知，这种便宜事是极为罕见的。

对一次定向联结作了如上描述并把它定义作思维的初始形式之后，我们就可以进行实质性问题即思维规律的探讨了。

上面提到意识中的四种内容，若把它们两两组合，可以简约为如下三种形式：

象（观念）—象（观念）　　　　　　　　　　　　　　　（1）

象（观念）—概念（具体的和抽象的）　　　　　　　　（2）

概念（具体的和抽象的）—概念（具体的和抽象的）　　（3）

这三种形式都是一次联结，但它们是三个有重大区别的层次，第三个最高，它就是逻辑判断，第一个中的象与象的联结是联结的最低形式，它就是人脑中的图像识别，其中有意识加工的最基本规律，它称作同异律（或分解律或抽象律）。

取两张图像作比较，可以求同存异，也可以求异存同，不管取同或是取异，象被分解开来了，用分解以后的象和原有的象比较，就是抽掉一部分的象。由此可知，抽象的机制就是从这里开始的。

但是，两象相较本身就是一次联结，该联结遵循联想律。所以，同异律与联想律必有内在联系。

表面看，心理学关于联想规律的实验是无懈可击的。取出一物，让一批受试者记下自己对该物的第一个联想，再取一物，再记，经过几次记录，作出整理，可以判明，联想律计有三条：相反的、相似的和前后相随的。

这个实验的结论是建立在意识流随机运转上面的，其中隐含有定向联结。由于只取一次联结，该联结究竟是定向的还是随机的就无法区分了。要鉴别这二者，我们只能把一次联结改为多次联结。在多次联结中对一物作相似的或相反的联想是要用力气的甚至需要进行一番思考的，注意力集中表明该活动是定向搜索，与此相反，前后相随律可以不动脑筋，因而是不定向的。诚然，人在回忆往事时很像在进行一种定向的前后相随的联想，但那是记忆中已经装配好了的素材在意识中的再现，没有选择余地，这是固定的，不是搜索的，因而谈不上定向（除非其中的某一部分由联想者有意识地作出加工或把这样一批素材镶嵌到某一具有定向联想的结构中）。

所以，这三条联想律讲了两个层次的意识活动，其一是意识流的随机运转，它随时都在进行着，定向联结就在这个基础上产生，我们称这种活动形式为前后相随律；其二是定向联结，分别称为相反律和相似律，它们就是从上述的同异律演变出来的，因为对于图像而言，相同有种种不同程度，可以概括为相近，相异也有种种不同程度，可以概括为相反，这个讲法和《墨经》所讲的"同、异而俱之于一也"的含义相同。

以上讲述了一次定向联结是一种有内容、有规律并且要作出选择的联结，因而可以把它看作思维的初始形式并作为前逻辑讨论的起点。

# 二　直观

上面关于意识内容两两组合的三个公式都是一次联结，其中，除不定向联结外，就是定向联结，又其中，除逻辑联结外，就是前逻辑联结，那么，前逻辑的一次定向联结是否都能称作直观呢？

显然不是。历史上的直观虽然被讲得相当混乱，但毕竟有若干共同点，它们是：第一，直观是从感性材料出发作认识的；第二，直观是不经推论而直接取得认识成果的；第三，直观的认识成果应是事物的本质，或者说，该成果要比据之出发的感性材料高一级或几级。拉丁文 tuitor in 的含义包括了这些内容。

按照这些内容，式（1）中所含的象→象这个公式应该除掉，虽则我们在上节中把它定义为思维的初始形式，其次，观念→象这个公式也不算，虽则我们对一个内容不明的事物作描述时经常采用这种公式。式（2）本身就是一个简约式，略去了概念→观念的诸多形式，这些形式也是日常生活中常用的，例如，当我提出勇敢这个概念时，张三想到的是武松，李四想到是张飞。尽管所想的不同，但都是从高向低，这当然与直观无干。

由此可知，凡直观都应该是一次定向联结，但一次定向联结的内容远超过直观。这就不难确定：当我们把一次定向联结定义为思维的初始形式时，直观是一种至少要比该初始形式高一级的思维形式。所以，历史上，有人把直观看作非思维的，或者看作原始求知的，或者看作神所启示的，或者看作灵感的，这种种见解都是因为他们把思维定义为逻辑思维，把求知看作逻辑推理，然后把一切与此相反的东西一律推给非逻辑和非思维之故。为了澄清这些谬见，我们要对直观作出正面的解答。

那么，合乎直观要求的内容是什么呢？

这可以简约为如下三式：

观念→高级观念　　　　　　　　　　　　　　　　（4）

观念→具体概念　　　　　　　　　　　　　　　　（5）

观念→抽象概念　　　　　　　　　　　　　　　　（6）

这三式的一端同是感性材料（式中的观念包括象）另一端同是一种带本质的东西，它们都是不经推理而一次联结成功的。不同之处在于本质一端有层次之分（观念和抽象概念都有很多层次，这里也作了简约）。

现在看一下这三种形式的直观是否存在。

我以为，燧人氏钻木取火，神农尝百草都是（4）的例证，因为这两者提供了必然经验，又都是知其然，而不知其所以然的知识。那时候没有概念和逻辑，只能是直观。

（5）式没有正面的例证，但有反面例证。太阳东起西落是一项经久不变的经验，据此作出太阳绕着地球旋转则是一种错误的直观，该直观之所以保留下来，因为它曾在历史上起到重要的作用。它已经形成概念并纳入逻辑思维和数学计算中，称作本轮和均轮学说。正确的直观情况同此，在可以形成概念时便用概念替代并纳入逻辑思维中。所以，正面的例证找不到了。

（6）式有很多例子，例如，泰利士说："水是万物之本源。"恩格斯把这类例子称作"自然哲学的直观"。理所当然，它们就是直观自然观。这类问题很有趣，值得专门讨论，本文从略。

有了（4）—（6）式及其实例，可知直观的内容是丰富的。

作为前逻辑思维的形式之一，人们自然关心到直观的机制，这可以解释如下：

一次定向联结表明该联结是独立的，与其他联结无关。若把一批一次定向联结放在一起，它们是离散的，但只要搜索范围有限，它们能解决某一问题，解决的办法有三：世代相传的、社会集体进行的或某个人反复实践的。这个机制今人称作博弈。这也就是说，古人取猜谜方式求解。

生活中有很多机遇，它们都是一次判决的博弈：二中择一如猜枚；多中择一如投骰。如果谜底不变，例如猜谜，它一般会有一个前嬗后继的过程，直到猜对为止。在该过程中，不管猜谜者是一人或多人，每猜一次都是作出一个独断的论断，这些论断各自分主。但是，每一论断都要付诸实践，如果猜错了，实践会给出两个答案：一是否定，一是露出一点点端倪（科研工作者一般都会从自己的科研对象中找到始料不及的东西来的）。所以，如果是同一个人继续猜谜，那他就会以错误知识作为继续前进的基础，这就和一个既无正确知识亦无错误知识的猜谜者不同，每次错误知识都有助手缩小问题的搜索范围，只要搜索范围有限，只要猜谜者不断猜下去，那他就可以使各个分立的一次联结依时间顺序逐步地向着正确的答案逼近。换言之，直观可以求知、可以得知并且是逻辑产生之前的一种当然的求知方法。

这个求知方法无疑非常笨拙，如果自然界不给出谜底，如果搜索范围很大，即便非常努力，也是找不出答案的。何况在史前社会和文明史早期社会中，世代相传是困难的，集体求解也是困难的，社会信息经常处在堵塞状态中，因而社会进步非常缓慢。当时的问题一般出自客观需要，取火问题、治疗疾病问题等就是例子，我们的洪水时代只留下两例：鲧用堵塞法，失败了，杀头；其子禹用疏导法，成功了，建立夏王朝。所以，直观求解一般都是少数人的不断努力并一试再试的结果。

这里引人注意的是：直观的背景常被忽视或隐藏起来。三代以上出现这种情况是好理解的，那时候，巫术盛行，正确与错误混淆不清，猜谜猜错了不当一回事，也没有条件去讲述它，更没有文献留传下来。大禹治水只不过写个结论就完了，至于禹是否跟着鲧治水，是否发生过争论，是否已经有过成功与失败的对照，是否鲧坚持自己方法，立下军令状，以致"殛鲧于羽山"，鲧死禹继是有某种道理的，禹治水多年，"三过其门而不入"也是有某种道理的。这些，作为背景，一律失传。

三代以下到逻辑产生大约有两千年，同样没有留给后人有关直观问题的讨论记录。

逻辑产生以后，错误的直观变成胡说八道，正确的直观变成逻辑推理，大多数直观不见了，还剩下两种直观：一是纯直观，一是与逻辑交织的直观。

世界永远有机遇，所以，人的直观能力将永远存在。但它也会随着人的理解力的增强而相对降低。上面虽然讨论了直观机制，但我们仍须有所补充。人们重视直观，不在于人有纠错能力，而在于第一次联结的状况，该联结和人对自然、社会以及其中的个别事物的整体感有关。在决定论中，整体决定是决定的形式之一。例如，躯体任何一个细胞都受整体细胞的决定，反之亦然，这个整体存在于躯体之中，不存在于躯体之先、之后或之外。这条原理和我们前面提到的事物普遍联系原理相同。对于意识，整体感觉同样存在。格式塔心理学就讲了视觉具有把事物整体地与其环境分离开来的能力，我们前面把识别图像所用的同异律等同于分解律，道理就在于此。至于分离出来的图像者与周围环境的关系，我们既可以通过同异律感觉到它，又可以通过美学上的和谐统一律感受到它。所以，人对周围环境的平衡态是否受到干扰是具有高度敏感性的，它几乎可以称作本能或天赋能力①。这种能力在儿童或某些青年妇女身上表现得较为明显，但也并非尽人皆同。直观能力宜在少年期锻炼，就像语言能力要在儿童期打下基础一样。

有了逻辑，有了数学，直观问题变得复杂了。但是，这绝不是说，逻辑和数学可以代替直观。相反，数学上有一个直观主义学派，该学派虽然影响不大，但毕竟是一家之言。我们这里重视的是数学、逻辑和直观如何结合？答案是：结合在语言中。

按照传统讲法，象和观念放在第一信号系统中，具体概念和抽象概念放在第二信号系统中，这个讲法的前提是：词是概念的积蓄器。但是，我在《人工智能问题的哲学探讨》② 一文中提出另一观点，词是经验的积蓄器。这个讲法不仅有历史依据，而且与事实相符，因为词在最初使用时就是指物成名的，它与象对应，使用象形文字的中国人更能明白这个道理。正因为词是代表第一信号系统的，这才使人类在第一信号系统的基础上通过语言发展出动物所不能有的第二信号系统来；又正因为如此，象和观念都可以存储到语言中或用语言作出表示。它们之间虽有少量的不对应，但那是因为人的感性材料是源源不断地从外界输入的，为了适应这种情况，语言不得不变。

承认词是经验积蓄器也就把词作为概念积蓄器这个观点一并包括在内了，它以词的二重性作出表示，恩格斯多次使用"苹果"和"作为苹果的苹果"为例来说明这个问题。所以，从苹果一词，我们既可以想到某一具体苹果，又可以想到苹果的概念。概念和经验均存储在相应的词中，它们可以灵活转换，所

---

①　a priori（先验）一词有三个含义：神授的、遗传的和先于经验的，后二者都有一定的合理性。恩格斯"理论思维仅仅是一种天赋能力（angeborne eigenschaft）"就是第二种含义。

②　《哲学研究》1978.11。

以，词又是意识内容中感性部分和理性部分的转换器。

正因为语言具有这些功能，所以文学家可以用它写文艺作品，科学家可以用它写科学论文，从来没有读者因之颠倒是非。

数学语言能换成形象吗？至少部分能，例如方程本身就有美学问题，一个繁琐不堪的数学方程在形象上欠缺和谐统一感，不美。

逻辑语言能换成形象吗？同样能。推理必须与事实相结合，如若二者背离，再严谨的逻辑推理也是错误的。

回到我们前面讲的太阳与地球谁绕谁旋转这样一个二中择一的猜枚时，把本轮学说几经修改的图表和方程拿出来看看，再把教会与教皇作为宇宙中心的推论和事实对照一下，然后从天主教修士的工作上推到托勒密再上推到亚里士多德，太阳绕地球旋转这个直观肯定是错的，所以，地球绕太阳旋转这个直观成立，哥白尼据此进行了数学计算，于是哥白尼革命产生。这就是数学、逻辑和直观互为交织的一例。

# 三　想象

现在我们讨论二次以上的定向联结，由于这类联结数目不等，但性质相同，我们统称之为多次联结。该联结有几种形式呢？

如果我们把不定向联结写成

a—b—c—d—　…

把一次定向联结写成

a→b

那么，多次定向联结便有

a→b→c→d　…　　　　　　　　　　　　　　　　(7)

$$
\begin{array}{c}
b \quad a \\
\searrow \quad \downarrow \\
c \rightarrow X \\
\nearrow \quad \uparrow \\
e \quad d
\end{array}
\qquad (8)
$$

（7）式在上面关于联想律的讨论中已经讲过了，这里从略。

（8）式称作想象，它是在一次定向联结的基础上产生出来的新的思维形式。式中 a，b，c，d，…等都是感性材料（象或观念），X 既非概念又非一般观念，它是一种很特殊的东西。

何谓 X？

文艺家将说："这是我的"，"它就是艺术形象或典型"。

社会科学家或社会活动家会说："不见得吧！当我对一物不明其内容时，我将从各个方面接触它，先是试行描述，再则整理加工，然后总结经验，我可以得到一个血肉俱全并且生动活泼的结论，它即便不是一个概念，但可以是一个接近于概念的隐概念。"

自然科学家也要表示意见了："想象对于科学家至关重要，例如，没有想象力，数学研究寸步难行"，当然，科学家的想象要比这里所讲的复杂，它包含数学语言或逻辑语言与形象语言的相互转化问题，而且，要把隐概念转化为显概念。

哲学家是不是也要讲点意见呢？我前面举出 Welch 的著作，其中就有大量哲学家关于想象问题的意见，也许有人认为，这些意见都是胡说八道，与今天的思维科学无干。

我看未必，问题在于能否温故而知新。马克思和恩格斯曾经讲过："我们仅仅知道一门唯一的科学，即历史科学。"（《费尔巴哈》）所以，对于思维科学的研究工作讲来，思维史研究不是浪费精力。

我们虽然很难确定人类究竟何时开始从一次定向联结转到多

次定向联结，但我们毕竟知道想象的繁盛期大约是在纪元前 600 年至 1200 年中，这个上界是以中国的《周易》为标志，下界是以古希腊早期哲学家用诗歌写成的《论自然》这类著作为标志。这两个上下界是可靠的，但不同民族的思维进程不是同步的，所以，说成上下界是近似讲法，实际是讲了不同民族各有自己的关于想象的繁盛期罢了。

求下界就是求逻辑与前逻辑的交界。这时的前逻辑应该登峰造极，想象力极为丰富，但逻辑尚未产生。我们知道，早期希腊哲学家和早期中国哲学家是殊途异趣的，他们爱好自然，我们爱好社会，各有所长。他们在这个时期写成的著作是诗歌，例如，泰利士在天文学方面的诗歌据说长达二百节，阿那克西曼德和费雷居德都写过《论自然》，塞诺芬尼也有同样著作，这些作品或是全部失传，或是留下几句残简，我们现在摘引黑格尔对塞诺芬尼的评论如下："他写了一部论自然的书，其中有个别诗句留传下来。""这是那时哲学的一般的题材和书名。""这些诗句还没有表示出论证的形式。""古代的哲学家们一般用诗句来写论书；用散文则要晚得多了。""由于塞诺芬尼的诗的语言之笨拙与含混，西塞罗称之为不很好的诗。"（《哲学史讲演录》）

诗和论证不是与绝对冲突的，诗中可以有论证，这有古代文献为证，但是，诗的好坏和论证的多寡的确成反比，因为诗是形象思维，论证是逻辑推理，二者有区别。这也就是说，诗的局限性很大，不能容纳逻辑思维，散文相反，不受音韵和字句长短的限制，所以，当形象思维高度发达而又突破诗的局限性时，例如，柏拉图的《对话录》便取得了语言形式的高度成就，继此以后，散文发展开来，形式很多，包括我们今天的科学论文在内。至于上面那位塞诺芬尼，他也是时代的产物，他的"诗的语言之笨拙与含混"是和他的思想相对应的，他生活在毕达哥拉斯、巴门尼德斯以及芝诺等人生活的时代中，这是一个思维史上期望有所突破的年代，突破不了，那就会陷入思想和语言表里一致的混乱中。

再看一下上界。说《周易》成书于3200年前，这个时间是近似的，但不是准确的，我们自己弄不清楚西周始于何年，讲个大概罢了。

本文把太极和两仪称作太极图，把太极、两仪和八卦称作八卦图，所以，八卦图减太极图等于八卦。

《易经》是自然哲学吗？太极图是自然哲学，八卦的重卦即六十四卦是人事哲学，所以八卦有二重性，既代表自然又代表社会，总的讲来，《易经》从属于社会哲学，不是自然哲学。正如任何社会都必须建立在自然背景之上一样，任何社会哲学也都要讲点自然哲学，不讲就不成其为社会哲学，但讲多了又不成其为社会哲学，因为讲得太多，就会喧宾夺主，例如，斯宾诺莎写了一部《伦理学》，讲自然哲学讲得太多，以致没有人把它当作伦理学。

《易经》是卜筮之书吗？既是，又不是，只讲一面就不全面了。说它是，因为爻辞来自占卜辞，又因为后世的卜人是九流之一；说它不是，因为《易经》已经变成一部系统的哲学著作了，读之有益，它不仅在毕达哥拉斯之前的700年做到了毕达哥拉斯想做而未能做到的事情，而且是人类前逻辑史中唯一系统而完整的著作，它有力地证明了逻辑与非逻辑之间的确存在着一个中介物——前逻辑。

这部著作可以作为前逻辑时代存在的证明，它具有双重身份：既证明直观存在，又证明想象存在。

爻辞来自占卜辞，占卜辞是占卜的结果，占卜是博弈，它和我们上面对直观的解释相同。上面讲过，一次定向联结建立在选择之上，然后通过实践作检证。但是，有一类行为是不可以轻易作检证的，例如部落战争，那是整个部落生死存亡的问题，古代祭司承担这项极度严肃的任务，他是神的代言人，通过占卜来传达神的意见，但是，占卜毕竟是博弈，存在着两种可能：如果讲对了，他会得到高于任何人的报酬；如果讲错了，他一般是要和他的部落同归于尽。求神问卜，是世界各民族在史前史和古代史中的共同行为，不是中国独有。我们重视历史，这才留下一批甲骨文。至于《周易》一书，也不是文王独创的，夏代有《连山》、殷代有《归藏》，二者都是《周易》的前身，换言之，《易经》是逐步演变出来的，这个演变过程，恰恰是从一次定向联结的求知行为向多次定向联结的求知行为的发展——占卜辞在六十四卦中结合起来了，一部《易经》是 384 个占卜辞的建筑物。

现在我们讨论一下这部古著作。

今人讲到想象一词时，是外国的；讲到形象思维一词时，又是外国的。中国人自己一无所有吗？不然，我们有自己的讲法，譬如说，《周易兼义》云："在天成象，在地成形"、"圣人设卦观象，而明吉凶。"显然，《易经》被前人看作一部想象之书。易学，就是观象之学。

何谓观？观是感觉的统称，例如，观世音菩萨就是能够听取世上一切苦难呼声的菩萨，所以，听觉也是观，其他感觉准此。既然中国人研究的是观象，则所观之象不在意识中而在客观世界中。它代表的是发展和变化之物，该物包含某种未知数。我们前面提到问题意识中的模糊意识是具有模糊性的，这个模糊性是来自客观世界的，它和《易经》所讲的存在于客观世界中的象相当。另一方面，《易经》卦辞中经常提到的"无咎"，这是把人的主观能动性计算在内的。所以，这部著作是用运动着的主体去研究运动着的客体，求得主客之间的最优结合，所谓吉凶体咎也就是今人所讲的成败得失。

（客观的象自然可以反映到意识中来，所以，观象一词与想象一词相容。客观的象自然包括文艺作品中的形象，因而观象一词也包括了形象思维一词。）

怎么观象？如何把多个一次定向联结变成多次定向联结？我们从《易经》中取例说明：

《周易》是用太极、两仪、三才来建成八卦的。两仪就是阴阳，三才就是天、地、人（或称三极），所以，每卦三爻，由于爻有阴阳之分，它们排列起来只有八种，分别用自然物作表示：天、地、风、雷、金、山、水、火。八卦的重卦就组成六十四卦。现在以乾卦为例，说明如下：

该卦的主题是："天行健，君子自强不息。"它的六爻自下而上各有不同的爻辞，摘录如下：（一）"潜龙勿用"；（二）"见龙在田，利见大人"；（三）"君子终日乾乾，夕惕若历，无咎"；（四）"或跃在渊，无咎"；（五）"飞龙在天，利见大人"；（六）"亢龙有悔"。这六条爻辞本来都是分立的占卜辞，现在在一个要求君子自强不息的乾卦中就变成了在不同情况下的行动准则，它实质上就是生活经验的总结。

六十四卦同此，至于每卦是否总结得同样的好，那是另一回事，本文不可能用篇幅对《易经》内容作全面评价，我们这里只需表明：由三百八十四爻结合起来的这样一部想象之书是用来说明人在一个机遇的世界中可能怎么行动并应该注意和防范什么问题，其中卦与卦、爻与爻，可以旁通，因而它是一个多维结构的系统。

这样一来，《易经》变成了哲学著作，是用来读的，不是用来占卜的。孔子为《周易》作过《十翼》，他在讲述一个人的发展过程时，从"三十而立"讲起，讲到"七十而从心所欲不逾矩"之后，还添加一句话说："加我十年，可以学易矣。"这话明白道出《易经》不再是占卜术了，占卜术用不着等到 80 高龄来学。相反，我国只有这样一部讲述变化的著作，孔子寄以更多期望，非常合理。《易经》有消极面，术数和图谶都是在它的名义下发展的，事实上，中国三教九流没有不标榜此书并奉之为圭臬的，这不能怪罪于《易经》，就像后世儒家的所作所为不能归咎于孔子一样。举例说，后人认为《易经》是循环论，实际情况不是如此。在上举乾卦中，"亢龙有悔"不是"潜龙勿用"的回归，"悔"是小毛病；又例如，"既济"一卦从卦名看来是表示顺利的，实际是从小顺到大凶，该卦第六爻说："濡其首，历。"脑袋都泡到水里去了，怎么不厉？我还得申明一下，我不希望读者读《易》，该书只宜由少数人作研究。《易经》有象派和数派之分，其中，象派是外国人迄今所不能理解的，例如，莱布尼茨欣赏它，重点在数，李约瑟博士欣赏它，重点在数，黑格尔贬斥它，重点在数。但是，我国大多数的易学家是重象的，作为哲学思想，该书对主客观的要求都非常之高，客观方面，要求做到"知其几微乎"的地步，主观方面要求法天象地，尽自己最大力量。这是一种高度积极的，毫无精神负担的思想，拥有这个文化传统的中国人至少在精神上是得天独厚的。

上面我们给古代想象划界，通过举例，说明想象或观象可以求知并得知，现在，我们再引入亚里士多德关于定义的定义来作进一步的说明，这个定义的公式是：

S（种）＝G（属）－D（种差）

这个公式表明：要定义一物，必先知道比此物高一级的属以及该属中与该种不同的其他诸种，凡该种与其他诸种相同的属性均归于属，凡为其他诸种所有而为该种所无者称为种差，一律删去，剩下的东西就是该种所有而为其他诸种所无的属性，它就是该种的本质属性，于是，定义 S。

这个定义是用来求知的吗？显然不是，它是知识整理。整理是个过程，该过程计有：求属、求其他诸种、作出该种与其他诸种种种属性的比较，何者出席？何者缺席？然后订正种属之间的关系，经过这番整理才能取得确定的知识。

前面讲到问题的问题，它和定义的定义恰成对照。我们在求知之前得先有模糊意识，得知之后也只不过先取得一种马马虎虎的知识，然后检证，检证的手续可能要反复进行，而后才有定义。人类的认识史如此，人类的思维工具也是由钝而利地逐步发展的。

逻辑的前提是概念。前逻辑史的首要任务是发展信号系统，求概念。所以，当我们把《周易》放在没有概念或概念很不多的想象时代中并作为该时代的上界时，它的成就就不可小估了。

在古代，科学、哲学和文艺三种思维不分，所以，我们讲了哲学家的想象，也就是讲了大家共有的想象。

现在再讲一下想象的机制。它可以从定义的定义中引申出来。我们的目标是给某一求知之物找出该物的本质属性，寻找的过程中必定会把本质属性与非本质属性混同，它们都是围绕着该物 X 的多个定向联结，对于 X 我们可以据已有的不算确定的知识给它一个大体合适的词，然后在该词名义下审查诸联结：何者可删？何者可留？删之则成什么？留者有何含义？如此等等。这是一个反复审查的过程，包括实践检证在内，一般讲，它很像我们今天仍在使用的经验总结。经验总结是非常古老的，它就是古归纳法的前身，上面所讲的"出席"和"缺席"，早在经验总结的年代就有了，只不过不够明朗而已。在我们上面引用的亚里士多德关于三段论式的话中，还有后半句，那就是："要用归纳法来对付一般群众"，因为群众要面对事实。但是，不论经验总结也好，古归纳法也好，进展非常缓慢，亚里士多德虽然提到它，但仍未能作出成果，成果是在亚里士多德之后的一千九百多年才出现的，那就是培根的《新工具论》。为什么如此？因为事物是普遍联系的，知识和知识也是互相联系着的，它们互为补充，互为参证，我们检验知识的手段也是不断发展的，有了相对系统的知识作前提，有了相对方便的实验手段作工具，我们才能作出系统的归纳。凡欠缺这些条件的都不能进入近代科学之林，但每门学科究竟欠缺什么，情况不一，不可以取简单态度，我曾在《论经络》一文①中从《黄帝内经》举出十几个并不相同的经络模型，每个模型都是岐伯讲的，他当然有权发展自己的思想并分别写成独立的论文，每篇论文的语气是独断的，但它并不是独断论，它只不过是结论居前的倒叙方法而已，至于论文与论文之间有不同见解，正好说明每次通过经验总结而形成的 X 是不断发展着的。但由于躯体这一研究对象非常复杂，仍然不足以建成概念。有人认为中医学是唯象主义的，这话虽有贬义，但也讲出了某种事实，因为再高级的观念也是带象的。中国人的经络学是逻辑形成之后的产物，它不合乎近代科学标准，但它非常实用，很有价值，我们应该怎么估价呢？估价的办法是：第一，古人可以有非常丰富的想象力，但不是推理，所以，前逻辑有用，世界上许多奇迹就是前逻辑的产物，第二，历史上已经有过两次研究经络的高潮了，我们有希望迎接第三次高潮的到来，把 X 化为显概念。这个讲法无非是要求人们沿着前逻辑的道路继续前进罢了，除此之外，没有别的出路。总的一句话，没有前逻辑，哪能有今天的逻辑推理呢？

---

① 参见《大自然探索》1983.2。

# 四　逻辑推理

本节只需讲一下逻辑推理的诞生，顺便谈些有关问题。

我们知道，逻辑推理是由三个判断组成的，前面把它称作三步思维，它和前逻辑是什么关系呢？

判断是主词和宾词的结合，这二者都是概念。概念的前提是什么呢？它是定义。不定义就没有确定的外延和内涵，亚里士多德用三段论式对付辩证术者，就是因为他的用作推理的概念都是严格定义的。定义的前提是什么呢？它是种属关系，这在前面已经讲过了。种属关系的前提又是什么呢？它是范畴，因为种属关系就是层次关系，层次可以不断上升，升到顶头，就是范畴。在《范畴篇》中，亚里士多德规定范畴是定义他物而自身不被定义的东西。

显然，要产生逻辑推理，必须有概念，必须让语言这种信号具有二重性，必须有作为名的名，名是语言运用娴熟由量变引起质变的结果，概念是前逻辑阶段中求知的产物。

现在重述一下：

前面讲到直观的三种形式，其中的第二种形式是向着逻辑推理得以产生的道路前进的，第三种形式跑得太远，得不出可资定义的概念，那是直观自然观的课题，以后有机会再作讨论。我们还讲到从整体感出发的直观，就机遇而言，它存在着，但在直观中不居主要地位，因而，不宜反客为主或以偏概全，历史上对直观的解释就有这种过失。

前面给想象时代划出上下界，虽然是东西两方拼凑起来的，但它大体说明了思维的发展阶段，对于这种多次定向联结，我们上面只讲到 X 为止，原因是，第一，古思维都是在观念之上进行的；第二，亚里士多德的逻辑判断是建立在观念之上的，因为他尚未创造出一个术语，称作概念；第三，到了希腊后期哲学，概念被发现了，于是我们从此便有了两种思维：一是在概念基础上进行的逻辑思维，一是在观念基础上进行的形象思维，前者为哲学家所偏爱，（请注意，那时候，科学和哲学并未分开）后者为文艺家所偏爱，但双方都可以在某一程度上把对方结合进来，而不像某些人的理解那样，完全决裂。

接下去，X 能否顺利地形成概念呢？一般讲，大多数的情况下是顺利的。譬如说，当林耐用植物形态和生理特征作植物分类时，在他的门、纲、目、科、属、种这个树状结构的分类表中，无非是根据出席与缺席来确定物种的谱系的，定了谱系，也就定了该物种的概念。我这里当然不是说林耐的乃至亚里士多德的分类学用了古思维，我只不过是说观念与概念可以很接近，又可以通过选择法来进行，而选择法是非常古老的东西。

再进一步说，设定我找到的 a，b，c，…并不都是 X 的本质属性，或定义 X 定义错了，那又怎样呢？定义错了可以检证，可以修改，概念不是一成不变的东西。

所以，在前逻辑阶段，人类做了两项工作，一是积累知识，一是发展信号系统，这是逻辑推理的必要条件，缺一不可。

这样一来，演绎推理自然而然地产生。

现在再讲一下推理出现之后思维分类的情况：

有了逻辑，世界一分有二，一是理性世界，一是感性世界。哲学家对前者如获至宝，以为这是通达真理之路，但是，魔鬼墨菲斯托弗里斯说："诚实的朋友啊！理论是灰色的，只有生命的金树常青。"（歌德《浮士德》）文艺家相反，他沿着已有的想象或形象思维的道路前进，使文学艺术具有逻辑和概念所不能取得的特定的社会职能。

　　形象思维具有什么特殊的规律呢？文艺都是造型艺术，用语言造型和用材料造型本质相同。凡形象都是内容丰富的，第一，通过我们的感官，因而遵循感觉律，实验心理学对此作了研究；第二，该感觉要进入我们的情感领域，这受美学支配，最简单的道理我们可以从和音学、色彩学这类著作中找到；第三，它还要通过我们的效应领域即行为以及启动行为的意志活动的领域，这要受到不同社会制度下的社会规范的制约；第四，这一切都是可以认识的，在认识领域中，由于它是联想建成并期望欣赏者作出相应联想的客体，它当然要遵循联想律；第五，作为想象，它提供了一个隐概念，因而它也提供了某种知识；第六，具体之物和抽象之物不同，它是多层次和多规律的，作为整个形象或整部作品，它当然还要受概括整体的美学规律的支配。一句话，艺术是用来开拓感性世界的。

　　与此相反，逻辑思维开拓了理性世界，哲学家用概念来编织它。我们对哲学史的评价要一分为二：一方面，由于知识无多，哲学家所期望建立的一个无矛盾的绝对体系不能成立；另一方面，逻辑思维把人的思想系统化了，不同的哲学体系林立就是证明，这有利于理论研究。所以，尽管马克思和恩格斯都批评了黑格尔以前的哲学家们建立绝对体系是痴心妄想，但又承认，发展和锻炼理论思维，"除了学习以往的哲学，直到现在还没有别的手段"。

　　每个民族都有自己的传统和自己的哲学，而其哲学又是前后相承的，这个特点，迄今没有例外。历史上最突出的事例应该是印度佛学传入中国的过程，我们花了一千多年时间，经历了魏晋玄学清谈，隋唐禅学清谈，宋明理学清谈，而后才把它消化掉，原因是，两个传统太不相同了。今天中国人如此广泛地接受马克思主义，又如此努力地学习西方科学，又都和我们固有的传统有关。"没有理论思维，不能攀登科学的高峰"。我们的五千年文化为我们准备了一个光辉灿烂的前景的。

作为哲学的理论思维能否顺利前进呢？不可能的，它必然要碰到钉子。这在亚里士多德关于定义的定义中已经表示出来了，由于公式中的 G 比 S 高一级，又由于种属作为层次关系是可以不断上升的，所以有：

$$S_n = G_{n+1} - D_n$$

当 n→∞ 时，这个公式不能成立，所以，亚里士多德的范畴自身不被定义，所以，从来没有一个能够囊括宇宙的理论体系。"凡是哲学的都是历史的"，我们只能在有限范围内建立一个大体可靠的理论体系，该理论体系还必须随时代的发展而发展，否则，理论的生命就会宣告终结。凡是哲学体系，都拥有一定量的已知知识，可能预测到某种未知的东西，但如果要求其中每一个词都是已经定义的概念，那大概没有一个头脑正常的人会给一个未经一一检证的逻辑编织物打保票的。

所以，到了一定时候，科学必从哲学中分化出来，科学家的思维就成为一种虽然是使用逻辑但却永远面对事实的思维。这种思维可以在一个特定领域中进行，也可以是跨学科的或多个学科交叉的，但总归是有限度的，唯其有限，这才可靠。作为思维工具，科学除使用自然语言外，还发展了数学语言、逻辑语言和算法语言，作为实验手段，科学是日新月异的。正因为如此，科学就成为人类认识世界和变革现实的根本手段，也正因为如此，马克思主义者从来欢迎一切科学成就，并且承认马克思主义将随着科学的发展而发展。

于是，我们看到，科学家的逻辑思维回到现实世界中来了，就像文艺家所使用的形象思维从来立足于现实世界中一样。两种不同思维，依其旨趣，异曲同工。至于科学中的某种幻想成分和文艺中的浪漫主义内容都是可以看作用于现实而又不满足于现实的必要手段。

那么，同是逻辑思维，难道科学从哲学中分化出来之后便割断脐带并和母体成为完全对立的东西吗？

不是这样的。

今天的哲学不代替科学，因为哲学不做实验，也不为已有的科学成果重新作验证。这不是它的事。反过来讲，情况相同，科学不仅不代替哲学，也不代替与本门学科无干或相距太远的科学（科学家个人的偶然兴趣或晚年科学家的多方面兴趣除外）。

哲学干什么？哲学是在前人理论基础上，结合当前理论方面的实际问题，提出一个未经验证的新见解或新理论。其所以未经验证，因为哲学本来就是从理论到理论的，哲学家是立足于已知事实和已有的科学成果的，但他推论所及只不过是一个承前启后的理论，哲学思维就是一种承前启后并且全面照顾的理论思维，这个理论思维可能有错，可能是部分错误或少量错误，情况不等，但即便是巴克莱的哲学，也有反面教员的价值，哲学最忌没有信息，它应该反对"天下文章一大抄"。

理论思维有什么用处？它是人类前进道路上的引路星。我们不靠上帝指引道路，也不能胡干一气，显然，人类是自己给自己树立一个远景目标的。在原始社会中，图腾崇拜是个目标；在文明史中，先是直观自然观，而后才是想象编织的和逻辑编织的世界观。今天，科学迅速发展，我们就有一个取自科学并随着科学进展而进展的科学哲学世界观，它的确有一个虚的部分，因为我们即便所知甚多，我们仍然不可避免地面对着一个未知的世界，所以，必须以虚带实并据实改虚，不断反馈，不断调节并不断前进。所以，哲学思维和科学思维依其不同职能而并存着。

这样，科学的进展是两头都受制约的，一头是事实，另一头是哲学（好的或坏的）。后者对多数科学家讲来关系不算太大，但不是无关。

回到思维自身，两千多年来，形式逻辑引起很多争论，我们这里只讲两个重要问题，其一，康德提出二律背反，黑格尔在这个基础上建立了辩证法，马克思和恩格斯把辩证法用于历史，而让形而上学即形式逻辑用于"家事"范围。这也就是说，长程的历史或高度复杂的事物必须采用辩证法，短程的历史或自然科学中的科研问题仍然使用形式逻辑。这个划分，现在有不同见解，但即便如此，辩证法仍然是思维科学的内容，需要研究；其二，亚里士多德所讲的范畴自身不被定义一事后来就演变为罗素关于类的内容和类自身的悖论，数理逻辑和算法语言都在研究它。形式逻辑也是在发展着的。

从历史角度看来，思维得到发展都必须借助于特定的工具。以往，我们借助于自然语言，即把思维物化到语言中，然后作为认识的客体来研究它，继后，我们增加了辅助的于语言其中，主要是数学语言；今天，情况大不相同了，我们可以把思维物化到机器中作研究，这就是电子计算机以及现在在世界上引起许多讨论的第五代电子计算机或称作智能机。现在没有人再去讨论诸如"金属超人"或"机器奴役人类"这类奇谈怪论了。我们过去未曾因为杠杆的举重大于臂力而感到惊慌，我们今天也不必为了一个智能机器而杞人忧天。思维的物化将为思维科学带来一个崭新的前景，我们应该用实际行动来迎接它。

# 人工智能问题的哲学探讨

智能一词的哲学含义在变化中。这个变化对于机器模拟人脑的研究和操作有何得失利弊，需要作一次探讨。探讨涉及两个内容：一是对于人脑的模拟方法，一是作为模拟对象的人脑。

## 一　对于人脑的模拟方法

控制论哲学中有很多争论，涉及面较广，我们这里仅就方法论问题列举三次比较重要的争论如下：

在控制论这门科学尚未问世之前，A. 罗森勃吕特、N. 维纳和 J. 毕格罗 1943 年发表了《行为、目的和目的论》一文。此文在美国刊物上引起一场争论。争论的要点是能否把目的性概念赋予机器。争论范围不大，但毕竟是方法论讨论的先声。

1950 年，A. M. 图灵《计算机和智力》一文引起了范围广泛的争论。该文不是方法论专文，中心思想是把思维概念赋予机器，但它从头到尾都涉及方法论问题。这场争论迄今未见结束。

20 世纪 60 年代以来，关于机器和人脑之间有无确切界限以及机器能否比人聪明甚至会奴役人的争论是一个范围更大一些并拥有诸多文献的方法论争论，问题没有解决，今后还将继续进行。

为此，我们就人脑的模拟方法讲两点意见。

### （甲）命题的二重性

模拟，作为一种科研方法，现在受到了高度的重视。

从字面讲，模拟即类比，例如，维纳说："模拟计算机……是以待测的量和代表它们的数量值之间的类比关系为依据。"[①]在这一陈述中，外文同字，中文是依不同场合取不同的译法：逻辑上称为类比，操作上称为模拟。

二物，如果部分相似或相同，可以类比，据此而作的逻辑引申称为类比推理，这种推理存在着或然性，也许比对了，也许比错了，所以黑格尔把类比推理列在必然推理之下。

操作上的模拟，渊源于生理学。维纳在上举论文中一开始就讲了生理学上行为主义和功能主义的区别：前者着重研究客体与环境的关系，后者着重研究客体的结构和属性。同一学科中出现两个学派，因为它们各自研究了同一对象的不同侧面：功能主义主要研究死体，通过解剖来弄清它的结构和属性；行为主义主要研究活体，活体在很多情况下不能动刀，例如，研究人的思维，打开脑子是不行的，所以行为主义只研究客体与环境之间的发入和发出的关系。

控制论推广了行为主义的研究方法，把可以打开的机器和可以打开的死体归为一类，称为白箱，把不可以打开的机器和不可以打开的活体归为一类，称为黑箱。因为是黑箱，所以机器和活体可以而且只能作行为上的比较，又因为机器事实上是可以打开的，所以作为白箱的机器与作为黑箱的活体既可以作行为上的比

---

① N. 维纳：《人有人的用处》，商务印书馆1978年版，第49页。

较，还可以作行为上的模拟。为了便于比较和模拟，人们采用了一套模拟语言：把生理学术语用于机器，把机械学术语用于活体。这套术语仅仅有效于机器与活体之间的行为主义的研究。越出这个范围，充其量是个比喻，很难说是对的，甚至是荒谬的。

这一切，可以从行为主义的方法论中看出，该方法论归结为一个命题，该命题说："相同发入而有相同发出的二物相同。"这里所谓的"二物相同"，从本义讲，就是二物行为相同，其余从略，因为它们都是黑箱；从申义讲，除行为外，二物不同，科学迄今没有任何理由把机器和活体等同起来。

自然界是统一的，自然科学之所以分门别类并各自成为相对独立的专门领域，那是因为它把自然界分割开来作研究。行为主义无非是把生命体的结构和属性与其行为分割开来作研究，所以，模拟方法和模拟语言在科学上是能成立的。

1938 年，法兰西科学院邀请物理学家、化学家和生物学家讨论生命规律问题；1956 年，哈佛大学又作过同样的讨论。两次讨论都无法取得一致的意见，见解有三：一是生命规律就是机械的、物理的和化学的规律；二是这些已知的规律要在改变其基本概念后才能与生命规律相适应；三是存在着异乎这些规律的规律，有待于探究。

我们承认：高级运动形式要以低级运动形式为基础，所以，人脑同样存在着机械的、物理的和化学的规律。行为主义的模拟法正是对人脑从事这种分离工作，因而它是我们研究高级运动形式的必经途径。

如果一个生理学家断言骨骼是生命体的机械支撑架，这个讲法与机械论无关。同理，一个科学家用机器模拟人脑，他的工作与大脑机械论同样无关。

举例说，维纳在上举论文中断言："若干机器是内在地有目的的。带有自寻目标的机构的水雷就是一例。"这里丝毫不涉及人与水雷之间的等价问题。给机器加上目的性概念无非是对不同机器的不同行为作出不同等级的划分，以便推进预测机的研究，而在生理方面，有关目的震颤症、帕金森症候群以及人和动物的若干目的性活动的机制也有了一个可资比较的机械解释。行为主义者的研究工作并非局限于此，在《人有人的用处》一书中，维纳承认：人有无限的学习能力，是人，把自己的部分属性赋予机器，使机器成为自己的辅助工具。这些讲法说明了行为主义命题的双重解释在行为主义者手里是灵活运用的：有时指"二物行为相同"；有时指"除行为外，二物不同"。

图灵的论文更能说明问题。他一开始就讲模仿游戏，把交谈者藏在另一房间中来进行交谈，然后用机器替代他，据此来讨论机器能否思维。行为，在特定意义上，允许与行为者相对独立。从行为着眼去查问机器活动与人的思维活动有无部分等效，答案是肯定的，因为这是事实。图灵论文的主旨是期望从部分等效推广到全部等效，为此他提出了弈棋机研究和儿童机研究两个设想，他认为这两者都值得一试，但他讲了他"不知道正确的答案是什么"，"我们只能够预见很短的一段距离"。

图灵是严格行为主义的。他没有讲什么机器等同于人脑，更没有讲什么机器等同于人体，这类问题在当代科研中是无法考虑的。

### （乙）模拟的界限

在我们对模拟方法作了上述的肯定之后，现在通过20世纪60年代以来关于未来机器是否有界的争论来对模拟方法作出如下的限制。

主张未来机器比人聪明的人理应承认如下问题或者已经解决

了，或者即将得到解决，或者无须解决。这些问题是：

A. 现在的机器仅仅模拟了形式逻辑的一个部分。形式逻辑中还有很多问题有待于解决，因此，人必须能够很快地解决这些问题并使机器对形式逻辑的思维活动作出全面的模拟。

B. 在人脑的逻辑思维中，除形式逻辑外，还有辩证思维，后者从任何角度看来都需要大力进行研究。机器必须保证这种思维能够迅速研究完毕，都能形式化起来，从而对它作出全面的模拟。

C. 在人的意识活动中，除狭义思维即逻辑思维外，还有广义思维，例如，遐想、联想和形象思维。这类思维活动迄今还只有亚里士多德提供的三条规律：相反的、相似的和前后相随的。但是，这三条规律不足以阐明全部机制，需要作进一步研究，对此，机器应该作出同上的保证。

D. 在人脑活动中，除意识活动外，还有意识外的活动。对于后者，心理学和哲学有种种学说，这些学说即令疑团重重，但并非一文不值。依据巴甫洛夫，动物的情绪和意志归根到底是本能，条件反射就是在这类无条件反射的基础上建立起来的。对人而言，情况就更加复杂，因为它受到了种种社会因素的制约。在控制论中，人们对观念联想问题作过若干讨论，但都缺乏可靠的证据。对人而言，进行这方面实验是相对困难的，决定因子太多，它还处在建立学说的阶段中。机器要想越过种种困难，作出可以进行模拟的保证，目前是没有条件的。

E. 人脑只不过是人体的一个部分。部分不能代替整体。生命从来是环境中的生命，离开生态环境，生命立即死亡。植物，基本上是被动地适应环境的；动物，适应环境的主动性强些，但毕竟有限；人有更大的主动性，他能够改造环境使之适应人的需要，所以，人是生活在以自然环境为背景的人造环境中的社会人。模拟一个生活在培养液中的细胞体，这事是可能的，而且有科研价值；模拟一个生存于特定环境中的低等动物，目前没有根据提出这样的问题；模拟一个在自然环境下的处于社会环境中的社会人，这看来不像是一个科学的课题。任何一种科研手段都不是万能的，世界上不存在着万能模拟。

维纳讲过，科学家有一种奇想：既要制造万能容器，又要制造万能溶剂，但是，这二者不能相容。

模拟方法如果推到极端，情况同此，它陷入两难论证中。

当机器模拟人的一种属性时，机器是人脑人手的延续。这时候，机器在该属性上可以比人优越，因为它延伸了这种属性。但是，机器不具备人的其他属性，它在这些属性上受到人的控制。所以机器是人的工具并从属于人。

当机器模拟人的多种属性时，情况同此。

现在设定：机器能够模拟人的全部属性，则机器就对人的全部属性作出全面的延伸。这时候，机器离人而独立，它化为超人。这也就是说，机器具有万能模拟的效果，但模拟工作是人做的，能做这项工作的人理应具有万能模拟的能力。所以，当机器化为超人时，人就化为上帝。但是，这二者是势不两立的，因为任何一方的全智全能就是对方全智全能的否定。

人工智能问题不仅是一个科学问题，而且是一个哲学问题，因为它在认识论中处于特殊的地位上，这个特殊性是：它把主体的认识能力转化为认识客体，然后对之进行认识与模拟。认识论的出发点是：客体先于认识。没有客体，认识关系不能成立。没有认识关系就谈不上认识，没有认识就不能模拟。当人把自己的认识能力转化为认识对象时，该对象同样在先，人自身认识其自身的认识能力在后。于是，理所当然的推论是：如果人的认识能力停顿不前，则人自身认识其自身的认识能力同样停顿不前，反之，如果人的认识能力不断发展，则人自身认识其自身的认识能力同样不断发展。前者是一个闭合系统，其中没有万能模拟；后者是一个开放系统，其中同样没有万能模拟。

　　主张机器比人聪明的人们，也许忽视了我们这里所讲的认识论论证，但他们肯定不能忽视我们上述的机器与人脑和人体之间的五重距离。他们的提法显然是把中间阶段删去，只剩下一个能够从事部分形式逻辑活动的自动机。这个自动机当然没有生命。说它有生命，无非是 Ⅱ. K. 阿诺兴功能系统理论所引申出来的关于生命定义的运用。这个定义不涉及生命实质，只不过是语言游戏，其情况与宗教史上关于上帝存在的本体论证明相近，归根到底是一场骗局。

　　截至目前止，机器模拟人脑的工作，虽然是初步的，但其成就是重大的。对于这项成就，维纳在 30 年前就作了这样的论断："如果 17 世纪和 18 世纪初叶是钟表的时代，18 世纪末叶和 19 世纪是蒸汽机的时代，那么现在就是通讯和控制的时代。"[①] 这个时代的到来，将对生产和社会生活带来其深度、广度都远远超过第一次工业革命的影响，所以我们对人工智能问题必须高度重视。但是，考虑到机器对人脑的继续模拟还将取得更高的成就，围绕着这些成就，机器是否比人聪明的争论势必继续下去并将给科研工作带来种种干扰，所以我们在自己的创造物面前应该有一副冷静的头脑。

## 二　作为模拟对象的人脑

　　前面讲了机器与人体之间的五重距离，就人工智能而言，我

---

　　①　N. 维纳：《控制论》，科学出版社 1963 年版，第 39 页。

们只需考虑前三个问题，它们又可以归结为思维的广义与狭义之分，从而决定了智能一词应取什么含义。

换一个角度作研究时，情况同此。我们知道，人工智能研究要从通讯理论开始，自动机就是通讯工具的一种特殊形式：把作为通讯工具的接收器和发送器结合在一起，加上一个人造的中枢结构，这就和巴甫洛夫的反射弧相当。随着机器的逻辑装置的不断改进，机器的模拟工作就近似的向着人脑逐步迫近。

但是，机器使用的是符号语言，人使用的是自然语言，机器必须与人通讯，所以符号语言与自然语言必须互为交换，于是，我们面对的问题是这两种语言能否完全等价。这个问题又可以一分为二：当思维取狭义理解即仅限于逻辑思维时，我们只需考虑符号语言是否与概念语言完全等价；但当思维取广义解释即把形象思维包括在内时，我们除作前一种考虑外，还必须考虑符号语言能否与形象语言等价。

也许有人不承认广义思维以及其中的非逻辑思维或形象思维。我们这里简单说明一下：形象思维不是什么新鲜提法，它是哲学史上几千年未决的难题之一，但是，在哲学家中，没有人把想象、创造性想象或形象思维简单地归结为逻辑思维，因此，作为初步研究，本文所作的划分是站得住脚的。至于形象思维的终极含义是什么？其机制如何？能否把它形式化起来？本文不作讨论。

也许有人反对形象语言这种提法。是的，这也是一个理论问题，我们后面还将论及，这里只讲一下语言的发生学依据。人和动物都有第一信号系统，但人发展了第二信号系统即语言。语言特别是其中的基元——词，本来就是各种事物及其形象的代表。指物成名，名实对应。所以，语言原是形象语言，其后，随着语言的不断发展和精确化，作为感性材料的形象便不断地抽象化起来并形成不同等级的观念，观念的进一步抽象化就形成了具体概念和不同等级的抽象概念。这一切，表现为词的二重性，它既是一个抽象的概念，又代表了具体的事物。

现在，我们回到符号语言与概念语言以及符号语言与形象语言能否等价的问题上。

### （甲）　四种通讯学说的比较

哲学上有四种通讯学说，这就是，莱布尼兹学说、洛克和巴甫洛夫学说、柏拉图与黑格尔学说、克罗齐学说。前两种学说考虑狭义思维，后两种学说考虑广义思维，现简略介绍如下：

维纳说过，他的问题都是地地道道的莱布尼兹问题，但解决问题的方法不同。莱布尼兹的单子是永远活动着的存在物，因而是一架理想化了的自动机。莱布尼兹的"普适科学语言"和"逻辑演算"是当代数理逻辑的前驱。所以，莱布尼兹在一个方面为自动机研究奠定了基础，但在另一方面，由于他的单子"没有窗户"，单子与单子之间的相互认识仰赖于上帝的"预定谐和"，没有发入，也没有发出，这就不宜作为人工智能研究的模型了。莱布尼兹的《单子论》受到了当时科技水平的限制：单子就是一个闭合起来的钟表，上帝就是钟表匠，当匠师给两个钟表从零点开始上足了发条后，它们是能够随时随地作出预定谐和的。所以，莱布尼兹的通讯学说本质上是一个反通讯学说，这个学说可以作为人工智能问题中属于机器一方的极端类型，有助于我们对其他通讯学说的进一步理解。

维纳在讨论中枢神经机制时，十分推崇洛克和巴甫洛夫，他把这二人的思想结合起来。洛克主张："人心如白纸"，观念是事物印刻在意识中。这样，作为自动机的模型，它就得接受随机发入，从而也就有了随机发出。这个见解和巴甫洛夫的反射弧相同。至于中枢机制，洛克提出一个观念联想学说，巴甫洛夫则用条件反射实验对这个学说作出了科学的解释。值得注意的是，洛克把因果联系当作联想规律之一，这与古代的观点不同，而巴甫洛夫在无条件反射的基础上所建立的条件反射，在其未被解除或代替之前，是具有实验上可重复的必然性的。此外，巴甫洛夫还给语言的基元——词，下了这样的定义："词是概念的积蓄器。"所以，这个学说所讲的特别是巴甫洛夫所讲的语言主要是概念语言，而其研究的思维主要是逻辑思维，换言之，这个学说承认：语言系统近似地等同于逻辑系统，符号语言大体上和自然语言等价，这也就是说，特定的词是一个特定的概念，特定的概念构成特定的判断，其信息量固定，可以量度。用于通讯，在发送者一方，不管是谁，只要语言相同，其信息量相同；在接收者一方，任何人都能在同一语言中取得同等的信息量。控制论这门科学，迄今为止，是建立在这个通讯学说上的，智能一词实际上只与形式逻辑思维相当。

但是，哲学史还提供了其他的通讯学说。2400 年前，柏拉图在《法律篇》中讲了一段对话，大意是：在雅典节日的广场上，有多种竞赛表演，他们各拥有不同类型的观众：儿童喜欢木偶戏，少年乐意观看喜剧，悲剧的观众是受过教育的青年男女和一般公民，至于希腊史诗，因其内容深刻，听众多为老人。一百多年前，黑格尔在《小逻辑》中举过这样的例子：一句格言，由老人口里说出和由小孩口里说出，含义不同，因为他们积累的经验不同。列宁在《哲学笔记》中对这个例子作了这样的评价："很好的比较（唯物主义的）"。这两例合起来构成一个完整的通讯学说。黑格尔讲了发送者一方：同一语言的信息量因人而异；柏拉图讲了接收者一方：不同语言的信息要由经验不同的人来接收，换言之，接收者因其经验不同而不能从同一语言中取得同等的信息量。这个学说强调了语言与经验的关系，它讨论的是广义思维，并且，在这个学说中，符号语言不与形象语言等价，或者，进一步说，语言系统不同于逻辑系统，符号语言不同于自然语言。黑格尔本人对这个问题有很多阐释，他虽然未曾给词下过定义，但依其思想看来，"词是经验的积蓄器"。但尽管如此，这个学说还是通讯学说，不完全等价不排斥近似等价，柏拉图的观众，黑格尔的格言，在一定范围内都有共性。

B. 克罗齐在其《美学》一书中把黑格尔的思想推到另一极端，提出一个语言不可译的理论。翻译也是一种通讯，不可译就是信道中断，所以克罗齐的学说尽管在使用同一语言的人群中是可通讯的，但在使用不同语言的人群中是一个反通讯学说，只不过它和莱布尼兹的学说不同，不是表现在使用符号语言的机器方面，而是表现在使用自然语言的人脑方面。克罗齐的见解是纯美学的，仅在一小部分音乐、诗歌和文艺作品中生效，随着人类相互交往的日益频繁，这个学说终将失却意义，但它说明了一个事实：符号语言和自然语言不能完全等价。

### （乙）关于智能一词哲学含义的商榷

人工智能问题中的智能一词，从现实意义看来是狭义的，没有越出哲学史已经规定的范围。甚至可以这样说：即便是狭义的智能，对于机器模拟人脑的工作而言，范围还是太大了，自动机研究目前还处在幼稚状态中。

的确，我们也在理论上给广义智能作了若干否定，例如，人脑是开放系统，符号语言和自然语言不能等价等。

但是，从上述四种哲学上的通讯学说的比较中，我们看得出，柏拉图和黑格尔的学说比洛克和巴甫洛夫的学说优越，这可以说明如下：

第一，"词是经验的积蓄器"表明词有两部分内容，一是经验，一是概念。所以，黑格尔的定义包括了巴甫洛夫的定义。当年巴甫洛夫作出"词是概念的积蓄器"这个定义时，存在着理论上的疏忽，他把重点放在人与动物的区别，即放在两个信号系统的对立上，忽略了第二信号系统在极大程度上也代表了第一信号系统，感性材料中的不可言说和词不达意的情况毕竟是少量的。

第二，如果采用巴甫洛夫的定义，则两个信号系统分立，分立的系统自然要求有一个联系二者的机制，然而在人脑中除语言自身外找不到其他的机制。

第三，没有语言，感性材料就无法进行整理、分类和加工并进而形成不同等级的观念和不同等级的概念。达尔文的进化论表明进化不仅出现于系统发育过程，也出现于个体发育过程。语言进化论者对语言作出相似的解释：语言不仅在社会发展过程中进化着，而且在每个人的头脑中随着感性材料的源源不绝而来而不断地进化着。

举凡巴甫洛夫定义所带来的困难，黑格尔定义都能解决。所以，在柏拉图和黑格尔的通讯学说中，不但没有否定正常的通讯，而且讲出了更加深刻的道理：词和概念不完全等价，语言系统和逻辑系统不完全等价，作为交际工具的语言和作为思维工具的语言同样不完全等价，黑格尔说："没有人能够替别人思维，一如没有人能够替别人饮食一样。"[1]

不完全等价就意味着其中有一部分等价。就等价的这一部分而言，人工智能成立。控制论作为一门科学在这里找到了更加合理的哲学依据。

---

[1]　黑格尔：《小逻辑》，三联书店1954年版，第89页。

这一部分等价，意味着符号语言和概念语言在很大程度上等价，又意味着符号语言和形象语言的等价性相对微小。前一个论断估计没有人提出异议，后一个论断肯定有人反对，因为抽象的符号和具体的形象毫无共同之处，G. 杰弗孙教授在 30 年前就作过一个具有代表性的发言："除非一个机器能够通过它的思考和感受写出一首 14 行诗或写出一篇乐曲，而不是由于符号的偶然巧合，那么我们就不能同意机器等同于大脑。"

"机器等同于大脑"！从来没有的事。对于动态的大脑，我们前面已经从认识论论证了机器模拟的不可能性；对于静态的大脑，即从其发展过程中取出一个横切面例如发展到现状的大脑，机器对之进行模拟时还有两个认识论上的特点。第一，人认识外物在先，人自身认识其自身在后，认识论称前者为第一指向（intentio prima），称后者为第二指向（intentio seconda）。人只在认识外界达到一定程度之后，才会提问："我何以能够认识外界？"哲学史自身就是一个证明：在古代哲学中，主客基本不分，那时候，第二指向尚未出现，认识论这门学科是近代哲学的产物。所以，人对自身的认识目前还处在幼稚状态中，对于现状的人脑，我们不是知识很多，而是很少。第二，人脑活动的规律不是天赋的。活动在先，形成与客观规律对应的规律在后。科学只研究规律，不研究形成该规律的包括大量偶然性在内的活动过程。人们在认识了认识规律之后，也许能够刻画出它的形成过程，也许不能，譬如说，亚里士多德形式逻辑中的格，今天看来是再简单不过的东西了，但当年希腊哲人在这上面犯过无数的错误，我们可以从文献中举几例作说明，但这个说明远不足以表示格在人脑中如何逐步建立起来的。认识论上的这些特点又可以概括表述如下：人是面对着未知未来的，未知未来在某种意义上是可以预测的。人的这种预测能力一般标志着人脑的向前发展，但人对预测未来事物的预测能力的预测，看来是微不足道的，因为决定因素主要不在于人脑具有哪些可能性，而在于来到人脑的将是什么样的感性材料，它们又将迫使人脑对之作出什么样的加工和什么样的设备更新，所以，对于发展着的人脑，即令取出一个横切面作研究时，人对它的认识也总是落后于实际情况的。

但是，这并不意味着智能一词不可以稍稍扩大其含义。智能含义的扩大，无非两个方向：一是沿着理性一方发展，一是沿着感性一方发展，我们现在先作粗略的讨论，下节再作简单的补充。

人脑是有规律地向前发展的，它具有某种连续性。哲学如果不想让自己处在被动的地位上，那它最好不对其中的种种问题进行简单的划分。譬如说，观念是带象的，概念是不带象的，有象无象是二者的划界。这事讲来好办，实际不成。因为观念既有不同的等级，那它们就各有一部分已经抽象化了，概念同样也有不同的等级，因而它们也有一部分尚未把象抽得一干二净，所以，前面对自然语言作概念语言和形象语言的划分，只具相对意义，并无绝对意义。同理，当我们说到词的二重性时，请千万不要忘却词的统一性，事实上，形象和概念在人脑中是极其灵活地互为变换的。正因为这个缘故，在形式逻辑中，判断究竟是概念构成的还是观念构成的，迄今仍是一个争论不休的问题。用大脑结构作类比，大脑定位学说从来只具有相对意义。当语言区域受损时，其周围区域可以对之作出某种代替和补偿，换言之，在正常情况下，它们互为渗透，所以，积蓄器是一种比喻，词的内容的增减是处在变动不居的状态中的。同理，当理性和智能被当作大脑的不同属性时，实际上不存在两种不同的官能，理性在黑格尔手里赋予大量的辩证法内容，地位很高，但理性在康德那里的地位更高：纯粹理性处理二律背反，这是一批碰钉子的问题；实践理性处理上帝、意志自由和灵魂不朽，这是一堆废话，所以地位很高的理性实际上被康德贬得很低，从而给信仰开辟了道路。历史表明了理性和智能之间只能作大体的划分，并无确切界限，这与人脑是一个开放系统这个事实相符。所以，当维纳1960年在一篇论文中宣称他找不到机器与人脑之间的确切界限时，就机器可能比人脑聪明而言，他讲错了，就人脑没有禁区而言，他没有讲错。机器可以对人脑进行多方面的模拟，智能一词因而可以赋予较多的内涵。

### （丙）关于学习机

模拟人脑的机器要能自行学习。自行学习是模拟语言，机器不会实践，也不参加人的社会生活，机器学习什么是人规定的，但就其发入与发出的逻辑关系而言，与学习相当。

图灵在20世纪50年代给学习机提出两条发展方向，一是弈棋机，一是儿童机，前者是逻辑的，沿理性一方发展，后者是形象的，沿感性一方发展。截至目前止，前者已经发展起来了，其成果是重大的，然而，它也有一些限制，例如，维纳在50年代反对用弈棋机作为国家管理机器，他认为这种机器太粗糙了，不足以表征人事行为的千分之一。维纳以后又多次反对用弈棋机作为战争决策机器，因为没有经验，无法学习。维纳的这些讲法在很大程度上是正确的。但是，弈棋机的发展具有远大前途，它的原理是运筹学的重要组成部分，而运筹学和控制论，则是具有重大现实意义的系统工程学的理论基础。

图灵所讲的儿童机就是在相对简单的结构上让机器像儿童那样地去学习一种自然语言，然后期望在自然语言的基础上发展出与人相应的智力。这个方案是合理的，机器能够识别图像，也能够按照人所提供的形式化的原则，并经过一段学习和训练的时间后作出某一程度的归纳推理，因此给相应文字以若干的对应形象和概念，机器经过训练后便能学会一种语言，学会它的逻辑结构和文法结构，能具有某一程度的分析和综合、演绎和归纳的能力，这种能力肯定和神智正常者类似，而非一个准人类的白痴。但是，图灵计算的信息储容量是不正确的。《大英百科全书》的储容量是 $2 \times 10^9$。图灵认为取其中的 $\frac{1}{200}$ 即 $10^7$ 大概够用了，因而要用 60 人花上 50 年时间给它编制程序，换言之，这项工作需要 3000 年。但是，百科全书的语言基本上是概念语言，需要给它们直接地或间接地增补种种形象，我们不必期望所增补的形象与这个花花世界相当，或者，与人的感觉器官所接受的感性材料相当，但至少应该有选择地给每个词以多个而不是一个图像。机器识别一个字母就需要许多图像作比较，机器理解一个字从形象到概念的含义就复杂得多了。请注意，机器对形象的识别，首先是理解，而后才是感觉，这与人的认识过程相反，因为这里存在着操作上的逆转关系。其实，人脑中也有这种逆转关系，感觉了的东西不一定能够很好地理解，而理解了的东西则能够很好地感觉它。要求机器对随机发入作出准确的应答，首先要求机器的逻辑装置对该发入作出准确的判决，所以，给机器增补的种种形象都是重整化了的形象，彼此之间存在着逻辑关系，与符号语言相对应，这就是我们何以承认智能一词可以稍稍扩大其含义，承认符号语言与形象语言有微小等价的原因，总之，我们认为，儿童机的信息储容量要比图灵设想的大得多，在这上面作任何计算没有多少意义，很可能需要几百万人乃至几千万人花一年时间才能编成程序，拿这样的人力去教育青少年和儿童，足以培养一代人才，很可能其中有李白、杜甫或莎士比亚，但拿这样的人力去制造机器，除科研作用外，没有现实意义。

　　我们需要生产的自动机，只求模拟人的部分属性，不求模拟人的全部智力，因为后者除有前述的认识论上的困难外，还有技术上的困难。在未来，当人有足够闲暇时，我们会去克服技术上的困难，通过机器把低级运动形式分离出来，以便研究高级运动形式，但是，哲学的结论是，它仍然是跟在人的屁股后面跑的模拟物。

　　这样，机器和动物就有了某些可以类比之处：动物欠缺第二信号系统，机器欠缺第一信号系统，只有人，两者具备。当然，动物也有一小部分第二信号系统，通常称作行为语，用行为来通讯是非常粗糙和不方便的，但它是可以训练的；机器也有一小部分第一信号系统，目前已在小范围内作了训练，将来还可以有某一程度的发展。

　　当代的自动机研究向哲学提出两个课题，一是在概念语言的基础上研究范畴论，一是在形象语言的基础上研究形象思维，前者很抽象，后者很具体，这两者都是哲学上的老问题，但均未得到解决。就目前的条件看来，这两个问题的全面解决是困难的，但逐步迫近的解决是可能的，我们对此寄予希望。

# Philosophical Investigation of the Problem of Artificial Intelligence

Philosophical implication of the term intelligence is changing. For the study of mechanical simulacra of the brain as well as for studying the expediency, merits and defects of its operation, this change needs another investigation. Two substances involved in this investigation are: simulation method for human brain and human brain as object of simulation.

## I  Simulation Method for Human Brain

Cybernetic philosophy is full of disputes, with relatively wide-coverage; in respect of problems of methodology we cite here only three disputes of comparative importance:

Before the advent of the science of cybernetics, A. Rosenblueth, N. Wiener and J. Bigelow published in 1943 a paper on "Behavior, Purpose and Teleology". This paper brought about a dispute in American publication. The gist of dispute was whether it was possible to assign to machine the conception of purpose. The scope of dispute was small, yet it was the harbinger of methodological discussions.

In 1950, a paper of A. M. Turings, "Computing Machinery and Intelligence", gave rise to much controvercy. That paper was not a special theme on methodology, its central idea being the assignment of the concept of thinking to machine, but from beginning to end it had to do with problems of methodology. This dispute has neverbeen concluded.

Since 1960, the dispute whether there is a sharp boundary between machine and brain as well as if machine could be more intelligent than man, even capable of enslaving man, has been a dispute of methodology of broader scope with abundant literature. The problem is not settled yet, and will be continued hereafter.

Hence, let us offer two opinions with respect to the method of simulation of human brain.

### (1) *Duality of the proposition*

Simulation as a method of scientific study is now being priced highly.

Verbally simulation means analogue, e. g. , Wiener stated "Analogy machines operate on the basis of analogous connections between the measured quantities and the numerical quantities supposed to represent them" ("The Human Use of Human Beings", Chinese translation, Commercial Press, 1978, p. 49) . In this statement, the same word is used in foreign language while in the Chinese version different translation is used in different cases; in logic this is called analogue, in operation, simulation.

Two things, if partially similar or alike, can be analogized, logical amplification based on this is called reasoning of analogy, this reasoning has probability, the contrast may be right or wrong, therefore Hegel placed reasoning of analogy under the level of reasoning of necessity.

Operational simulation takes its source at physiology. Right from the very beginning of the above cited paper Wiener stated the distinction between behaviorism and functionalism: the former treats chiefly of the relationship between object and environment, the latter is concerned above all with structure and attribution of object. Two schools appear in the same subject, because they study respectively different sides of the same object: the functionalist studies chiefly dead body, using dissection to make known its structure and attribution; behaviorism has to do chiefly with living body; under many circumstances living body cannot be operated upon, e. g. in studying human cogitation it will not do to open the brain, therefore behaviorism is concerned only with the relationship of input and output between object and environment.

Cybernetics popularizes the method of study of behaviorism by classifying openable machine and openable dead body in one category, called white box, and grouping not openable machine and not openable living body in another category, called black box. Machine and living body, being black box, can and can only be compared with respect to behavior, and because machine is in fact openable therefore machine as white box and living body which is black box either can be compared in behavior or simulated with respect to behavior. For facilitating analogy and simulation, a set of simulated speech is adopted:

applying physiological terms to machine and mechanical terms to living body. This set of terms is effective only for the study of behaviorism between machine and living body. Beyond this scope, it is parable at best, and can hardly be said to be right, even reduced to absurdity.

All these can be seen from the methodology of behaviorism, that methodology is reduced to one proposition, which says: "Two things having the same put in and the same put out are identical." Here the so-called "identical two things" in its own sense means two things with identical behavior, the rest can be omitted because they are black box; in the sense stated these two things are different except in behavior, up to the present science has no reason to identify machine with living body.

Nature is unified, the reason why natural science is methodized, with each branch becoming a relatively independent specific domain, is because it divides nature for the sake of study. For this purpose, behaviorism merely divides the structure of living body and its attributes from its behavior; hence, simulation method and simulated speech are scientifically established.

In 1938, the Academy of Science of France invited physicists, chemists and biologists to discuss the problem of the law of life; in 1956, Harvard University again made the same discussion. Both discussions were not successful in acqiring concerted opinion, there were three points of view: (1) the law of life is tantamount to the law of mechanics, physics and chemistry; (2) these known laws in order to fit in with the law of life must change their basic concepts; (3) laws which are different from these exist. Further investigation is needed.

We admit: higher forms of motion must be based on lower forms, hence, for human brain there exist mechanical, physical and chemical laws. Simulation method of behaviorism is just this separation work to be done on human brain, therefore it is the necessary pathway of our study of the higher form of motion.

If a physiologist asserts that skeleton is the mechanical support of the living body, this has nothing to do with mechanism. For the same reason, a scientist uses machine to simulate human brain, his work has nothing to do with cerebral mechanism.

Wiener's assertion in the above-cited paper: "Some machines are intrinsically objective. Submarine mine equipped with automatic object-finder mechanism is an example. " This has not the least to do with the problem of equipollence between man and submarine mine. Assigning purposive conception to machines is merely allocating different gradation to different behavior of different machines, in order to advance the study of anticipator, while in physiology, that which pertains purposive tremble, Parkinsonism's disease as well as some purposive mechanism of man and animal has had also a comparable mechanical explanation. The investigation work of a behaviorist is not confined to this, in his book " The Human Use of Human Beings" Wiener admitted: The human being has unlimited capability to learn, it is man who assigns his own phytial attribute to machine, making it his auxiliary tool. These expressions illustrate that the dual explanation of the behavioral proposition is used flexibly: sometimes it means "two things act alike", sometimes it means "two things are different except in behavior" .

Turing's article is a better illustration of the issue. From the very beginning he spoke about imitation play, he let a speaking partner hide in another room to carry on conversation, and then let a machine take his place, whereby he discussed whether the machine is capable of thinking or not. Performance, in a specified sense, allows itself to be relatively independent of the performer. Inquiring from the viewpoint of performance whether or not the activity of machine and the mental activity of man have partial equivalence, the answer to this is affirmative, because it is a fact. The subject matter of Turing's article is the expectation to amplify from partial equivalence to complete equivalence, for which he advanced two suppositions: the research on chess machine and research on child machine, he considered both were worth trying, but he stated "I don't know what is the correct answer", "we can foresee only a short distance of the way".

Turing was a strict behaviorist. He did not say machine equals human brain, much less did he say machine is the equivalence of human body. Such question has no way to be considered in contemporary scientific research.

## (2) *Limitations of simulation*

Having made the above affirmation on the process of simulation, let us state the following limitations on the process of simulation by considering the disputes since 1960 of whether or not the future of machine is bounded.

Those who claim that machine of the future is more intelligent than man must reasonably admit that the following problems have been solved, or are going to be solved, or need not be solved. These problems are:

A. The machine of the present simulates only a part of formal logic. There are still many problems in formal logic waiting to be solved. Therefore, it is necessary that man can speedily solve these problems and let machine perform full scale simulation with respect to the mental activity of formal logic.

B. In the logical thinking of the human brain there exists besides formal logic also dielectric thought, which as viewed from whatever angle necessitates great efforts of research. Machine must guarantee that the study of this kind of cogitation be speedily accomplished, that all cogitation be formalized whereby full-scale simulation of it can be made.

C. In the activity of man's thought there exists besides thought in a narrow sense, i. e. logical thought, moreover thought in a broad sense, e. g. revery, association and visualized thought. For this kind of thinking activity we have up to now only three laws supplied by Aristotle: opposite, similar and successive. But these three laws are not sufficient to explain the whole mechanism, we need further investigation. For this, machine must give the same guaranty as above.

D. In the activities of the human brain, besides the activities of the consciousness, there exist activities of extra-consciousness. Regarding the latter, psychology and philosophy have various theories, even though these are skeptical they are by no means worthless. According to Pavlov, mood and mind of the animal are fundamentally instincts, conditioned response is established on the basis of such non-conditional responses. With man, the condition is more complex, because he is subjected to the influence of various social factors. In cybernetics, one has made certain discussions regarding conceptual association, but they lack reliable argumentation. With respect to man, performing this kind of experiment is relatively difficult, there are too many determinants, it is still in a stage of theorization. For machines to overcome so many difficulties, to guarantee probable execution of simulation, there is presently no condition.

E. Human brain is just a part of human body. The part cannot replace the whole. Life is ever a life in the environment, as soon as it is cut off from ecological environment it perishes. Fundamentally plants are passively adapted to environment; animals inadapting to environment have stronger initiative, but anyway it is limited; man has much greater initiative he can reshape environment to suit his needs, therefore he is a social being living in an artificial environment with natural environment as background. It is possible to simulate a cell body living in a culture medium, and it has scientific significance; with regard to simulating a lower animal in a specific environment, there is no ground for presenting such a problem; it does not look like a scientific subject to simulate a social being who exists in a society under natural environment. Whatever means of scientific research is not omnipotent, omnipotent simulation does not exist.

Wiener has said, scientists have a fantasy: they want to manufacture both universal container and universal solvent, but both are incompatible.

Simulating method, if extended to its utmost, is of this same condition, it is put into a dilemma.

When machine simulates one attribute of man, it is the con-tinuation of man's brain and hands. Now the machine, in the sense of that attribute, may be better than man, because it has extended this attribute. But, the machine does not possess man's other attributes, it has, in the sense of that attribute, been controlled. Hence, machine is man's tool and belongs to man.

When a machine simulates many kinds of attributes of man the situation is the same.

Now suppose: the machine could simulate all attributes of man, then the machine would effect the wholesale extension of all man's attributes. By this time, the machine is separated from the man and becomes independent, it is turned into a superman. This means, the machine has the effect of universal simulation, but this simulation work is done by man, and the man who can do this work must possess the power of universal simulation. Therefore, when the machine is turned into Superman, the man turns into God. But, these two are absolutely antagonistic, and the omniscience and omnipotence of the one is the negation of the omniscience and omnipotence of the other.

The problem of artificial intelligence is not only a scientific problem, it is also a philosophical problem, because it has a special position in epistemology, this specificity is: it turns subjective cognitional power into cognitional object, and then proceeds to know and simulate it. The starting point of epistemology is: object goes before cognition. Without object, cognitive relationship will not hold. Without cognitive relationship one cannot speak about cognition, without cognition one cannot simulate. When a man turns his own cognitive power into cognitional object, that object goes before just the same, it goes after for the man himself to take cognizance of his own cognitive power. So, by reason: if a man's cognitive power comes to a standstill, then this cognitive power by which he understands himself comes to a standstill too, on the other hand, if a man's cognitive power is continually developing, then the cognitive power by which he understands himself is continually developing also. The former is a closed loop system, in which there is no universal simulation; the latter is an open system, in which there is no universal simulation just the same.

Perhaps those who claim that machine is more intelligent than man have neglected the epistemological demonstration we speak about here, but certainly they cannot disregard the five fold distance between machine and human brain and human body we mentioned above. Evidently their treatment is to strike off the intermediate steps, leaving only an automat that can handle only a part of the activities of formal logic. Of course this automat has no life. To say that it has life cannot be otherwise than the application of definition of life deduced from л. к. Archin's functional system theory. This definition has nothing to do with the substance of life, it is merely a play on words, the situation is similar to that described in the history of religion regarding the ontological proof of the presence of God, getting to the bottom it is a cheat.

Up to the present, although the work on machine simulated human brain is preliminary, its achievement is significant. Regarding this achievement Wiener thirty years ago made such an inference: "If the 17th and early 18th centuries are the age of clocks and the later 18th and the 19th centuries constitute the age of steam engines, then the present time is the age of communication and control" ( N. Wiener: "Cybernetics", Chinese translation, Science Publishers, 1963, p. 39) . With the advent of this age its influence on production and social life will be much more far-reaching than the first Industrial Revolution, therefore we must set high price on the problem of artificial intelligence. But, considering that the continued simulation of human brain by machine will achieve greater success, and around this success the dispute whether machine is more intelligent than man will be carried on, giving scientific investigation various disturbances, therefore we must be cool headed towards the object of our own creation.

## II  Human Brain as Object of Simulation

As regards artificial intelligence, among the five-fold distance between machine and human body stated above we have to consider the first three problems only, they can be reduced to the division of thoughts into that of broad and narrow sense, whereby the implication of the term intellect is determined.

The angle from which we pursue our investigation may be changed, but the situation is the same. We know the study of artificial intelligence must begin from the theory of communication, automat is a specific kind of communication tool: let the receiver and sender of the tool of communication combine and add on a man-made central structure and this will correspond to Pavlov's arc of reflexion. With the constant improvement of the logical installation of machine, the simulation work of it will similarly and step by step get close to human brain.

But, machine uses symbolic language and man uses natural language. Machine must communicate with man, therefore symbolic language and natural language must have mutual exchange, thus the problem we face is whether these two languages can be completely e-quivalent or not. Again this problem can be divided into two: when thought is understood in its narrow sense, i. e. when confined only to logical thought, we have to consider only whether symbolic language is completely equivalent to conceptual language; but when thought is understood in its broad sense, i. e. when visualized thought is included, besides making the former consideration, we must also consider whether symbolic language can be equivalent to visualized language.

Perhaps somebody would not recognize thought in its broad sense and the non logical thought or visualized thought in it. Here we state briefly: visualized thought is not a fresh presentation, it is one knotty problem in the history of philosophy that is unsolved for several thousand years, but among philosophers nobody ever reduced imagination, creative imagination or visualized thought to logical thought in a simple way, therefore, as a preliminary study, the division made by this paper is able to hold water. As to the question: What is the ultimate implication of visualized thought? How is its mechanism? Can it be formalized? We will not be discussed in this paper.

Somebody might oppose such presentation of visualized language. Yes, it is also a theoretical problem, which we shall mention again later, here we just point out the genetic basis of language. Man and animal both have the first signal system, but man has developed a second signal system, language. Language, especially its basic u-nit—word, is originally the representation of various things and their images. Pointing at an object, we coin a name for it, the name and the object must coincide. Therefore language was originally visualized language, later as the language was constantly getting developed and refined, the image of the sensory material was constantly being abstracted, forming ideas of different classes, the continued abstraction of idea formed specific concept and abstract concept of different classes. All of these show the duplicity of word, it is not only an abstract concept, but also represents a specific object.

Now, let us go back to the question whether symbolic language and conceptual language as well as symbolic language and visualized language are equivalent.

### (1) *A comparison of the four communication theories*

In philosophy there are four communication theories, namely, that of Leibnitz, Locke-Pavlov, Plato-Hegel and Croce. The former two theories consider thought in a narrow sense, the latter two theories consider thought in a broad sense, they are summarized as follows:

Wiener has said, his problem is Leibnitz's through and through, but his method of solution is different. Leibnitz's monad is an existence in perpetual motion, therefore it is an idealized automat. Leibnitz's *Characteristics Universalis* and *Calculus Ratiocinator* is the forerunner of the modern mathematical logic. Therefore, Leibnitz on the one hand laid the foundation for the study of automat, but on the other hand, as his monad is *windowless* the mutual cognizance between monads depends on the *pre-established harmony* of God, having no put in and also no put out, it is unsuitable to serve as a model for the investigation of artificial intelligence. Leibnitz's *Monadology* was restricted by the standard of science and technology at that time: the monad is then a closed clock or watch, God the maker; when the maker turns the spring of two docks or watches from zero point to the full, they are

capable of working anywhere and at any time in pre-established har-
mony. Therefore, Leibnitz's communication theory is in essence an
anticommunication theory, this theory can serve as an ultimate type
on the side of the machine for the problem of artificial intelligence, fa-
cilitating our further understanding of other communication theories.

In discussing central nervous mechanism, Wiener had a very
high opinion of Locke and Pavlov, he combined the thoughts of these
two. Locke asserted: Man's heart is like a piece of *tabula rasa*, con-
ception is the thing printed in consciousness. Thus, as a model for au-
tomat it has to receive input randomly, thereby having also random
output. This opinion is similar to Pavlov's reflex arc. As to central
mechanism, Locke advanced a theory of association, and Pavlov used
conditioned reflex experiments to give this theory a scientific explana-
tion. It is notable, Locke treated causual connection as one of the
laws of association of ideas, this is different from ancient point of
view, and the conditioned reflex established by Pavlor on the basis of
non-conditioned reflex, before it is relieved or substituted, has experi-
mentally reproduceable certainty. Besides, Pavlov gave the basic unit
of language—word, such a: definition: "Word is the reservoir of
concept." Therefore, the language this theory states, especially Pav-
lov states, is principally conceptual language, and the thought of its
study is chiefly logical thought; in other words, this theory admits:
language system is nearly equivalent to logical system, symbolic lan-
guage is approximately equipollent with natural language, that is, a
particular word is a particular concept, and particular concepts make
up particular judgements, its quantity of information is definite,
measurable. When used in communications, no matter who it is on

the part of the sender, if only the language used is the same, its quantity of information is the same, then anybody on the part of the receiver is able to acquire the same amount of information in the same language. Up to the present, this branch of science, cybernetics, is based on this communication theory, the term intellect, in fact, corresponds only with formal logical thought.

But the history of philosophy offered other communication theories. Two thousand four hundred years ago Plato in his dialogue "Laws" spoke about this subject, the main idea being: During festival on a square in Athens there were many kinds of contest shows, they had each different types of audience: children liked puppet show, youngsters were willing to watch comedy, the audiences of tragedy were educated young men and women as well as general citizens, as to Greek epics because of their profound content the audiences were mostly aged people. Over one hundred years ago Hegel in his "System der Philosophie, Erster Tell, die Logik" gave such an example: one proverb spoken by old people and that spoken by children had different implications, because the experience they accumulated was different. Lenin in his "Philosophical Notes" gave for this example such an appraisal: "A very good comparison ( materialistic )" . These two examples combined constitute a complete communication theory. Hegel stated on the part of the sender: the amount of message of the same language differs with the speaker; Plato stated on the part of the receiver: message of different languages must be received by people of different experience, in other words, the receiver on account of his different experience cannot acquire from the same language the same amount of message. This theory stressed the relationship between language and experience, what they discuss is thought in its broad sense, and, in this theory, symbolic language is not equipollent to visualized language, or, further, language system differs from logical system, symbolic language differs from natural language. With respect to this problem Hegel himself had many explanations, although he did not give a definition to word, but according to his thought "word is the reservoir of experience". But in spite of this, this theory is still a communication theory, being not wholly equipollent does not exclude being approximately equipollent, Plato's audience and Hegel's proverb within definite scope both have common characteristics.

B. Croce in his book "Aesthetics" pushed Hegel's thought into another extremity, by advancing the theory that a language is not translatable. Translation is also a kind of communication, untranslatable means the interruption of message, therefore the theory of Croce is communicable among those using the same language, but is an anticommunication theory among people using different language, only that this differs from the theory of Leibnitz, not showing in the aspect of machine using symbolic language, but showing in the aspect of human brain using natural language. Croce's understanding is pure aesthetic, is effective only in a small part of music, songs and works of literature and arts, as human intercourse is getting more and more often this theory will ultimately lose its meaning, but it explains a fact: symbolic language and natural language cannot be entirely equipollent.

## (2) *Deliberation on the philosophical implication of the term intellect*

From its realistic meaning, the word intellect in the problem of artificial intelligence is narrow in sense, not surpassing the precinct defined by the history of philosophy. It can even be said: even if it is narrow sensed intellect, as to the work of machine simulated human brain its scope is still too large, the study of automat is still in infancy.

Really, we have also made theoretically some negation of the problem of intelligence in broad sense, e. g. human brain is an open system, symbolic language is not equipollent with natural language, etc.

But, from the comparison of the afore-said four philosophical communication theories we are able to discern that the theory of Plato and Hegel is superior to that of Locke and Pavlov, this can be illustrated as follows:

First, "word is the reservoir of experience" shows word has two partial contents, the one is experience and the other is conception. Therefore Hegel's definition included Parlor's definition. In that year when Pavlov made such a definition "word is the reservoir of concept" there existed a slip in theory, he laid stress on the distinction of man and animal, i. e. , on the opposition of the two signal systems, and neglected that the second signal system to a large extent also represented the first signal system, within perceptual materials the unspeakable condition and the condition when words fail to convey ideas are rare after ail.

Second, if Parlor's definition is employed, the two signal systems become separated, separated systems naturally need a mechanism to link these two together; however, in human brain besides language itself no other mechanism can be found.

Third, without language perceptual materials have no way to be put in order, classified and processed, and further formed into concepts and ideas of different grades. Darwin's evolutionism shows evolution takes place not only in the process of systematic development but also in the process of individual growth. Language evolutionalists make similar explanation with respect to language: language evolves not only in the process of the development of society, but also continually evolves in the brain of every human being with the incessant incoming of perceptual material.

All difficulty brought by the definition of Pavlvy can be solved by the definition of Hegel. Therefore, in the theory of communication of Plato and Hegel, not only has normal communication not been denied, but more profound reason has also been spoken: word and concept are not wholly equivalent, speech system and logic system are not wholly equivalent, the same is speech as a means of communication not wholly equivalent to speech as a means of thought, Hegel said: "Nobody can think for another just like nobody can eat for another." (Hegel: "System Der Philosophic, Erster Teil, Die Logik", Chinese version, p. 89, primed by San Lien Book Store, 1954.)

Not wholly equivalent implies partial equivalence. With respect to the part that is equivalent, artificial intelligence holds. Here cybernetics as a science has found a more reasonable philosophical basis.

This partial equivalence means that to a great extent symbolic language and conceptual language are equivalent, moreover it means that the equivalence of symbolic language with visualized language is relatively minute. It is estimated that nobody will raise an objection against the former inference, but as to the latter inference it is bound to be opposed, because abstract symbols have nothing common with specific figure, Prof. G. Jefferson thirty years ago made a representative speech: "Unless a machine through its own reflection and impression can write a sonnet or a musical composition and not through accidental coincidence of symbols, we cannot agree that machine equals cerebrum."

Machine equals cerebrum. Never. In regard to dynamic cerebrum, we have above expounded and proved from epistemology the impossibility of machine simulation; in regard to static cerebrum, that is, in the course of the development of it, we take out a cross section of, for example, cerebrum developed to its present state, when machine proceeds to simulate it we have two epistemological characteristics. First, man knows outside object first, and knows himself later, epistemology calls the former *intentio prima*, the latter *intentio secunda*. Only after a man has known the outside world up to a definite extent can he ask: "How can I know the outside world?" The history of philosophy is itself a proof: in ancient philosophy subject and object are basically inseparable, at that time *intentio secunda* has not yet appeared, the science of epistemology is a product of modern philosophy. Therefore, man's knowledge of himself is presently still in the state of infancy, regarding existing state of human brain what we know is not much but very little. Second, the law of activity of human brain is not natural. Activity comes first, formation of the law corresponding to the law of objectivity comes after. Science studies laws only, it does not study the process of activity of the formation of law, which includes a large amount of accident. After man has known the law of knowledge, he may perhaps be able to depict the process of the formation of law, perhaps not, for example, the figure in Aristotle's formal logic appears today as the simplest of things, but in that year of Greek sophists, innumerable errors were committed on it, we can cite examples for illustration from literature, but this explanation is far from being able to show how figure is gradually set up in human brain. And these epistemological characteristics can be summarized as follows: Man has to face the unknown future and the unknown future in certain respect can be forecast. Man's ability of such forecasting shows generally the forward development of human brain, but the forecast of man's ability to forecast unknown future seems to be insignificant, because the determining factor rests chiefly not on what Possibilities human brain has as on what kind of perceptual materials come to human brain, and to deal with these materials human brain will be compelled to do what kind of processing and renovation of facilities, therefore regarding developmental human brain, even though a cross section is taken for examination, man's knowledge towards it will always fall behind actual circumstances.

Nevertheless, this does not mean that the implication of the term intellect cannot be slightly enlarged. For the enlargement of the meaning of intelligence there are only two directions: one trend is along the development of reason, and the other trend is along the development of perception, now let us make a brief discussion first, and make simple supplement in the following section.

Human brain is developing forward systematically, it has certain continuity. In case philosophy is not going to let itself be put into a passive position, it would be best not to make simple classification of various problems in it. Take for example, idea is figured, concept is figureless, figured or figureless is the boundary drawn between these two. This is easily spoken, actually it won't do. Because since idea can have different grades, they have each a part already abstracted, similardy concept has different grades, they have therefore also a part not yet thoroughly abstracted, hence, the division made afore of natural language into conceptual language and visualized language has only relative significance and no absolutesignificance. For the same reason, when we speak of the duality of word we must never forget the unity of word, in fact, image and concept in human brain are very flexibly interchangeable. Just because of this, whether judgement in formal logic is made up of concept or made up of idea is still a question of incessant dispute. Using the structure of cerebrum as analogue, the theory of the localization of cerebrum has hitherto only relative significance. When the sphere of speech is damaged, its surrouding parts may make certain substitution or compensation for it, in other words, under normal conditions they make mutual infiltration, therefore reservoir is metaphor, the increase and decrease of the content of a word are in a state of constant change. For the same reason, when reason and intelligence are taken as different attributes of cerebrum, there exist actually no two different functions, reason in the hand of Hegel is assigned a large amount of dialectic content, its rank is quite high, but the rank of reason is higher with Kant; pure reason deals with antinomies, this is a batch of problems receiving serious rebuff; practical reason deals with God, Freedom, and Immortality, this is a lot of nonsense, hence the very high position of reason is actually greatly disparaged by Kant, thereby paving a way for faith. History has shown, between reason and intelligence a division can be made only in the main, with no definite demarcation, this agrees with the fact that human brain is an open system. Therefore, when Wiener declared in 1960 in an article that he could find no definite demarcation between machine and human brain, he was wrong insofar as machine may be more intelligent than human brain is concerned, while insofar as human brain has no forbidden zone is concerned, he was not wrong. In many respects, machine can simulate human brain, hence to the word intelligence more implications may be assigned.

### (3) *On learning machine*

Human brain simulating machine must be able to learn by itself. To learn by itself is to simulate language, machine is incapable of practice, it does not participate man's social life, what is to be learned by machine. is determined by man, but as far as the logical relation of its input and output is concerned, it corresponds to learning.

Turing in the years after 1950 pointed out two ways of development for the learning machine, by way of chess machine and by way of child's machine, the former is logical, developing in the direction of reason, the latter is imagery, developing in the direction of perception. Up to the present, the former is developed with significant results, however, it has certain limitations, e. g. , Wiener in the 1950s objected to the use of chess machine as a state administrating machine, he considered this kind of machine too crude, insufiicient to characterize one-thousandth of human behavior. Later Wiener objected many times to the use of chess machine as a war plan deciding machine, because it has no experience and has no way to learn. These talks of Wiener's are to a great extent proper. But the development of chess machine has far-reaching prospects, its principle is an important constituent of operations research, and operations research and cybernetics are the theoretical basis for systematic engineering which has immense practical significance.

The child's machine Turing talked about is to let machine of relatively simple construction learn a kind of natural language like a child does, and then on the basis of natural language look forward to developing an intelligence corresponding to man's. This project is reasonable, machine can distinguish images, and, in accordance with formalized principle supplied by man, it can also, after certain length of time for learning and practice, make out to a certain extent inductive inference, thus giving respective written language some corresponding image and concept; after practice machine is able to learn a kind of language, learn its logical construction and grammatical construction, to a certain extent able to have the ability of analysis and synthesis, deduction and induction, the ability is certainly similar to that of one in a normal state of mind, and not to that of a subhuman idiot. But the information storing capacity calculated by Turing is not correct. The storing capacity of Encyclopedia Britanica is $2 \times 10^9$. Turing regarded taking $1/200$ or $10^7$ out of it is about sufficient, thus needing 60 persons spending a time of 50 years to work out the procedure for it, in other words, this work needs 3, 000 men year. But the language of encyclopedia is basically conceptual language, it is necessary to directly or indirectly supplement various images for them, we don't have to expect that the images supplemented will equal this world of self-indulgent luxury, or, equal the sensual material received by man's sensual organs, but at least give to each word multiple and not just one image. In distinguishing an alphabet machine needs many pictures for comparison, for machine to understand a word from the meaning of image to conception it is much more complex. Please note, in distinguishing an image machine must first understand and then perceive, this is the reverse of the process of cognition of man, for here exists the inverted relation of operation. In fact, there is also such inverted relation in human brain, things perceived cannot necessarily be well understood, but things understood can be well perceived. If we want the machine to make accurate response to random input, we must first demand that the logic installation of the machine make accurate judgement of that send in, therefore various images supplemented to the machine are rallied images, with logical relationship existing among them, corresponding to symbolic language. This is the reason why we admit that the word intelligence may slightly broaden its implication, why we admit that symbolic language is minutely equivalent to visualized language. In short, we take it: that the information storing capacity of child's machine is much larger than that supposed by Turing, any calculation made on it has little significance, very likely it needs millions even tens of millions of people spending one year's time to be able to work up the procedure, using so much man power to educate youths and children is sufficient to cultivate whole generation of men of ability, most probably there is Li Bai, Du Fu or Shakespeare among them. But using so much man power to manufacture machine there is no practical significance besides its use in scientific research.

The automat we need to produce is required to simulate man's partial attribute only, and is not required to simulate man's whole intelligence, because in the latter case, besides epistemological difficulties stated above, there are moreover technical difficulties. In the future, when man has enough leisure, we can proceed to overcome technical difficulties, and through machine have low form of motion separated, in order to study high form of motion, but the philosophical conclusion is, it is still a simulated object running behind man.

Thus, machine and animal have certain aspects that can be analogized: animals lack the second signal system, machines lack the first signal system, only man has both. Of course, animals have also a small part of the second signal system, generally called speech of behavior, communication by behavior is extremely crude and inconvenient, but it can be trained: machines have also a small part of the first signal system, presently it has been trained in a small scope, in the future it can still have certain degree of development.

Contemporary study of automat presents two subjects to philosophy, one is to study the theory of categories on the basis of conceptual language, another is to study visualized thought on the basis of visualized language, the former is very abstract, the lateris very specific, they are both old problems of philosophy, but have not been solved. According to present conditions the wholesale solution of these two problems is difficult, but gradual approach to solution is possible, on this we place our hopes.

# N. 维纳的生平和哲学思想

　　本文依据下述资料来介绍控制论创始人诺伯特·维纳（Norbert Wiener, 1894—　）的生平和哲学思想：（甲）维纳在1948年发表又在1961年增订的《控制论，或关于在动物和机器中控制和通讯的科学》（中译本第二版，郝季仁译，科学出版社1963年版，以下简称甲，页数从中译本）。（乙）维纳在1950年发表又在1954年大加修订过的《人作为人的用处》（The Human Use of Human Beings, rev. ed. Eyre and Spottiswoode, London, 1954，以下简称乙）。（丙）维纳在1956年发表的《我是数学家》（*I am a Mathematician*, Victor Gollancz. London, 1956，以下简称丙）。

　　这三本书是维纳关于控制论的主要著作。第一本书的主要内容是科学方面的，但也论述到了若干哲学问题和社会政治问题。前者奠定了这门新兴科学的理论基础，广泛论述了它在各个方面的应用，对控制论的各个分支的进一步发展有重大的影响；后者则带有原则性的错误。第二本书除部分是科学技术方面的论述外，基本上是阐述作者自己的哲学观点和社会观点的。维纳写这本书的目的，就是企图解答人在已经到来的第二次工业革命中所

面临的种种问题。第三本书是维纳的第二部自传，写他从 1919
年（24 岁）进入麻省理工学院教书起到 1954 年（60 岁）止的
学术生涯。这部学术性传记提供了维纳的生平和学术思想的背景
材料，颇有参考价值。

一

维纳的生平和他的哲学思想有密切的联系。

维纳的一生可以分作四个时期。第一个时期是他 24 岁以前
的家庭生活和学校生活。维纳的第一部自传《昔日神童》（Ex-
prodigy）就是专写他的早年经历的。第二个时期是维纳从 1919
年进入麻省理工学院教书到 1935 年（42 岁）取得了有成就的科
学家的地位。这个分界线是维纳自己划定的（丙，207 页）。第
三个时期是从 1935 年到 1948 年（55 岁）发表《控制论》一书
并成为一门新兴科学的创始人。维纳说，该书的出版"立即把
我从一位有才干的、在自己领域中具有良好声誉但声誉不大的科
学家转变为人所共知的某种突出人物"（丙，336 页）。第四个时
期是 1948 年以来的维纳。本文介绍的维纳的哲学思想主要是这
一时期的产物。

维纳是在美国生长的德国犹太人。出生于自由职业者家庭。
父亲列夫·维纳是哈佛大学斯拉夫语言学教授。维纳认为，在他
自己的一生之中，父亲给予的影响最大。维纳说他的父亲是
"结合了德国的思想、犹太的智慧和美国的精神三者最优良的传
统"（丙，18 页），"是 19 世纪中后期著名类型的德国自由主义
者"（丙，46 页）。维纳一再宣称自己是自由主义者，说他的思
想根源于欧洲大陆。

维纳的第一部传记写他 4 岁开始读书，7 岁读完了自然史和

精神病学等一大堆书籍，11 岁写出一篇哲学论文，题为《关于无知的理论》，14 岁取得图夫特学院学士学位，18 岁取得哈佛大学哲学博士学位等经历；写他在严父管辖之下如何被培养成一个神童，但又如何过着片面发展的精神状态不够健康的生活。维纳在 1951 年写完这部传记时，说道："再一次体验我在童年作为神童所过的种种严酷的经验，乃是一种繁重的情绪负担，但把它们写出来，也是一种最好的精神病治疗的方法。"（丙，336 页）

维纳的第二时期生活，据他自述，不算一帆风顺。他受到了哈佛大学数学系教授毕尔霍甫的排挤，不得已才去麻省理工学院教书的。维纳在这一时期研究了巴拿赫空间、布朗运动和调和分析等数学问题，但他的研究成果在美国国内未曾得到应有的重视。维纳说："我最应该感谢的表彰我的人们并不是美国人。"（丙，130 页）在生活方面，维纳也诉过一点苦。当时麻省理工学院的待遇比第一流大学低些，他又受到美国数学界领导人之一、毕尔霍甫的挟制，得不到额外研究补助等。这一时期正好经历了美国经济一度虚假繁荣并继之爆发危机的年代（1926—1931）。在资本主义社会里，学校风气很坏，维纳对此颇有感触，认为许多教授的行为就跟资本家相像，认为虚假繁荣引起了一系列的道德败坏。此外，维纳在李郁荣帮助下做出了校正滤波器的设计，几经手续取得专利权以后，却被贝尔电话公司购买收藏起来。维纳说："我们做出的一切努力都变成了一纸空文的专利权。"（丙，135 页）这些琐屑情况多少反映了维纳的具体环境及其生活态度。

在第三个时期中，有几桩事情值得一提。

当法西斯主义在欧洲猖獗时，欧洲学者包括犹太学者在内大量流亡到美国。维纳曾对这些学者大力进行过帮助，并且以此感到自豪。维纳对于这桩人类历史上的种族暴行感触极深，他还意识到了美国的法西斯化对犹太民族的威胁。他说："在美国，由于德国的暴行和恐怖，产生了有利于我们的反应。但这不足以消除我们关于在世界上不知道什么地方会受到斩草除根的威胁的认识，而纳粹的反犹主义已在美国的某些方面唤起了反犹主义的反响了。"（丙，212 页）但是，在维纳的著作中，他从来没有对自己身受的种族压迫作过正确的或者近乎正确的表述，充其量认为这是违反了资产阶级的人道主义思想，违反了"自由、平等、博爱"的精神，有时他甚至把它看作犹太民族的特殊命运，而诉于宗教问题。

维纳在 1934—1935 年度曾受聘到清华大学讲学，他对当时中国人民所受的民族压迫表示同情。抗日战争发生后，他曾为"给中国增加援助而极力奔走"（丙，218 页）。后来，他发现援助物资都被国民党贪污了，"确定了国民党是一根折断的芦苇"（丙，219 页），维纳就改变了态度。传记中说："大约在这时候，有一批人提议要我发起援助中国共产党的军队，这批军队看来比国民党军队更适于跟日本人作战。我接受了这个邀请，因为我觉得这对美国是有利的。"（丙，220 页）

在西班牙内战问题上，维纳也是反对佛朗哥、支援西班牙政府军的许多美国人之一。他认为这桩事情和他发起援助中国共产党是同一性质的。

维纳对于自己在这一时期中的行动作过解释。他不赞成共产主义，但是，他说："当时共产主义的流行观点是谴责法西斯主义并且是起来反对种族偏见的"，"在两次战争之间的时期中，他们所主张的一些事情是每个正派人所共有的态度"。"在混乱时期中，当任一政党都不是清廉公正的时候，许多年青人都把眼睛看着俄罗斯。对于其中若干人讲来，参加激进运动乃是他们道德增进的重要阶段。共产主义教育他们不要绷着脸对世界发牢骚，而应当为公共的利益做出一些事情来。"又说："在种种偏执存在的年代里，我的确不认为共产主义者的偏执是我们当前最大的威胁。"（丙，219—221 页）据此，维纳解释了他为什么不因帮助中国共产党而感到"羞耻"。

维纳的这些言论、行动，是和当时美国统治阶级所执行的参加反德、意、日法西斯统一战线的政策有联系的。

如果说，在第三时期中，维纳在反法西斯方面表现过一点所谓的进步，那么，目前这一时期的维纳，至少在言论上已经表现出了一定程度的反动，而这，又和美国统治阶级在第二次世界大战后所执行的反共政策是有联系的。

维纳说："在纳粹失败之后，共产主义者变成了西方的主要恐惧，他们的作风中具有太多的在他们地位改变为侵略者后的专横"，"共产主义者的态度和战术的变化诚然是人们拒绝把他们当作导师的充分理由，也确实不能信赖他们的干预"，"我从开始就对共产主义者的极权主义感到不快，正如我总是被官方的整套机器和任何宗教都有的思想改造弄得不痛快一样。"（丙，219—221 页）

把共产主义看作极权主义和法西斯主义并提；或者把共产主义看作宗教信仰和各种宗教迷信混为一谈，这在维纳的著作中是屡见不鲜的反动言论。作为资产阶级知识分子，灵魂中浸透了资产阶级自由主义思想的维纳，发表了上述的反共谰言，是和他的思想本质完全吻合的。

我们研究维纳，除了揭示他的思想本质外，还应当看到，他和美国垄断资产阶级之间也存在着一些矛盾。认识这些矛盾，对我们了解当代资产阶级科学家的思想是有一定意义的。

在第二次世界大战时期，维纳积极参与了有关军事方面的科学研究，他认为不积极就是叛国行为。但当战争结束，有人还要维纳把他所研究的预测理论用于半军事计划，要他在保密条件下，在个人思想受警局调查的条件下到加利福尼亚某地去工作时，他拒绝接受，转赴墨西哥进行生理学的研究。

对于第二次世界大战后美国统治阶级的扩军备战政策，维纳不表赞成。他说："要长期保证丹麦的玻尔、意大利的费米、匈牙利的斯杰拉德以及许多其他与这项工作有关的科学家在一起工作，那是不可能了。这样一种合作过去之所以成为可能，乃是由于大家意识到了事变的迫切需要，由于纳粹威胁所激起的普遍愤怒。为了使这批科学家在重整军备的长时期中共事合作，所需要的不仅仅是夸张的宣传"（乙，125 页），"在目前，这个敌人可能是俄国，但更多是我们自己幻想出来的海市蜃楼。为了保卫我们自己不受这个幻影的侵犯，我们必须设法找到新的科学手段，每种都得比过去的更加可怕，这条上天启示的巨大螺旋线是没有终点的"（乙，128 页）。维纳批评那些搞扩军备战的人们是见习术士，说他们"对制造怪事的符咒神魂颠倒，以致自己完全无力收场"（乙，129 页）。

维纳所写的《人作为人的用处》一书，如他自述，"主要是给美国人看的"（乙，113 页）。作者在许多地方批评了美国的社会现实，指出：美洲殖民者对印第安人是不公平的。指出：法律不能很好地解决资本主义社会中的刑事罪犯问题。指出：以买卖为基础的资本主义社会使文化、科学、教育都商品化了。又指出：资产阶级唯利是图，不顾一切地攫取利润，其情况就跟《阿丽思漫游奇境记》中的《疯茶会》一样。从维纳的这些批评中，人们可以看出，美国极端腐朽的生活方式，美国日趋严重的阶级压迫和种族压迫的社会现实，美国愈来愈法西斯主义化的社会制度和美国执行扩军备战政策的垄断资产阶级，不仅和劳动人民的矛盾日益加深，而且在资产阶级内部也引起了不满。

　　维纳的思想大体反映了美国资产阶级自由主义的知识分子的思想。他看不到无产阶级的远大前途，而又多少意识到了垄断资产阶级的必然灭亡的命运，因而他就把本阶级的命运夸大作为全人类的命运，宣告人类必将灭亡。下面将要谈到的维纳的悲观主义哲学就是以这样的思想为背景的。

## 二

　　维纳在建立控制论的前后，接触到了许多哲学问题。维纳说："控制论的目的就在于发展语言和各种技术，使我们能够真正地解决控制和通讯的一般问题，但是，也要找到一套适当的思想和技术方法，以便在一定概念之下，区分出它们种种特殊的表现形式。"（乙，17 页）又说："除在这些已经成立的科学中所起的作用外，控制论不得不影响到科学的哲学自身，特别是在科学方法论和认识论的领域中"，"社会学和人类学基本上是通讯科学，因而它们在控制论中居于首要地位"（丙，327 页）。这些话说明，维纳认识并重视科学和哲学的联系，他需要对控制论中提出的哲学问题求得解答。

　　但是，维纳的哲学思想是否都合乎科学的哲学推论呢？显然不是这样。因为作为哲学家的维纳远在作为科学家的维纳取得科学成就之前就已经存在了，我们之所以要介绍维纳的生平作为他的哲学思想的背景，原因就在于此。请看维纳自己的话："依照控制论的观点看来，世界是一个有机体……在这样的世界中，知识依其本质而言乃是一个认知过程。探求接近时间终结时的宇宙状态的最后知识是没有用处的，因为这个接近状态（如果它存在的话）从各个方面看来乃是无时间、无知识和无意义的。……这一切表明了我相信我能够给凯尔格加（Kierkegaard）

以及那些以凯尔格加作为他们灵感来源的著作家们的悲观主义加上某种正面的东西。在这些人之中，最主要的是存在主义者。……这些就是我撰写控制论一书时盘踞在我心中的主要思想。"（丙，328页）而维纳的这些思想，据他自己叙述，不仅可以追溯到他早年研究几率论时所理解的关于偶然性作用的哲学观点，而且可以追溯到更早的时候，维纳说："我在中学不到11岁时所写的第一篇幼稚的哲学论文，题为《关于无知的理论》，不是巧合。"（丙，324页）事实上，维纳对哲学早有兴趣，在他的师友之中，有罗素、希尔伯持、玻恩、海登等人，这些人显然都不是什么不问哲学的科学家；在维纳的著作中，多次提到了柏格森、莱布尼兹、巴克莱、柏拉图等，问题的提法说明了这位资产阶级学者的哲学素养。因此，当我们看到维纳从控制论中提出了一批哲学问题时，我们也有必要看到一个同样重要的事实，即维纳通过他的控制论中的哲学问题，任意地在许多地方作出了完全错误的哲学解答。

维纳的科学成就，从我们译出的《我和控制论的关系——它的起源和前景》一文，可以观其大略，这里不再重复。维纳的科学成就和他的哲学思想有区别，也有联系。看起来，要阐明二者之间的相互联系，必须进行专题研究。本文则从二者之间的相互区别出发，着重把维纳的哲学思想勾勒出来。

＊　　　　　　　＊　　　　　　　＊

我们先介绍维纳的自然哲学，后介绍维纳的社会哲学。在他的自然哲学中，我们仅论述本体论、方法论和宇宙论三个问题，我们把维纳的宇宙论放在最后，是因为他的宇宙观和他的社会观密切结合在一起。

控制论的基本概念是信息。从科学史的角度看来，过去人们从研究物质进而研究能量，这是科学发展过程中的一桩重大事件；现在人们又从研究物质和能量进而研究信息，这又是值得大书一笔的事情。维纳从通讯和控制系统中概括出了这样一种重要的客观现象，并且建立了一套理论，对它进行了定量研究，其贡献无疑是巨大的。

什么是信息？维纳答复说："信息就是信息，不是物质也不是能量。不承认这一点的唯物论，在今天就不能存在下去。"（甲，133 页）

维纳在这里要求唯物论有新的内容，他在《控制论》一书中一开始就反对机械唯物论，因为机械唯物论的物质概念概括不了信息这一概念。维纳在探索这个问题时曾经做出某一程度合理的答案。他说："新物理学的物质不同于牛顿物理学的物质，但它离活力论者的拟人论的愿望究竟还远得很，量子理论家所讲的偶然不是奥古斯汀道德上的自由，泰克作为冷酷无情的女神就跟安南克一样。"（甲，38 页）又说："活力论已经胜利到这样地步，即使是机械也要符合于活力论的时间结构，但是如上所述，这个胜利其实是彻底的失败，因为按照任何跟道德、宗教略微有关的观点来看，新的力学跟旧的力学一样地机械。"（甲，44 页）

但是，维纳的这些话表述得不够明确，人们无法据此断定他所反对的究竟是机械论还是唯物论，是用什么哲学来反对，又反对到什么地步为止。比较清楚的是维纳的这一句话，他说："是否应该把这种新观点叫做唯物论观点，这主要是一个讲法问题，19 世纪物理学所处形势的特征就是物质这个概念远比今天更有势力；'唯物论'这个名词差不多变成'机械论'的不严格的同义语了。事实上，机械论者和活力论者全部争论的问题都因提法不当而被抛到垃圾箱去了。"（甲，44 页）看起来，维纳是把历史上的唯物论等同于机械论，并且是用活力论作为对立物，从中进行了某种调节；至于唯物论和唯心论之间长期争论的本质问题，维纳则用实用主义的语义哲学把它们一笔勾销。因此，从这个方向考虑，我们固然不能断定维纳的本体论是唯心论，但我们可以说，维纳的所谓新型的唯物论应当打上一个问号。

假定科学家维纳要求有一种新型的唯物论，这种唯物论要能把信息这一概念包括在内，那么，他为什么不进一步探索信息和物质的关系，为什么在他的著作中除了上述的关于二者的反面表述外，不作正面的表述呢？说维纳疏忽了，这不足以解释问题，说维纳的哲学思想中有太多的唯心论和太少的辩证法，以致他把信息放到第一性的地位上，看来是更加合理些。

在《人作为人的用处》一书中，有一章题为《作为消息的有机体》。维纳在该章中强调了有机体的模式的重要性。他说："我们无非是一条川流不息的江河中的一个个漩涡，我们不是固定不变的原料，而是一种自身永存的结构模式"，"模式就是消息，而且可以作为消息来传递。"（乙，96 页）又说："个体在肉体上的同一性并不是由于造成肉体的物质所致"（乙，101页），"躯体的个体性与其说是石头性质的个体性，不如说是火焰性质的个体性，是一种形式的个体性，而不是带着实体的个体性。这种形式可以传送、变化或复制。"（乙，102 页）于是，维纳推论说："一个人除了可以靠火车或飞机来旅行外，也许还可以靠电报来旅行。"（乙，103 页）这种旅行，据维纳的想法，是把人的模式用电报拍送出去，在另一端用一个接收器把模式再现出来，同时把物质输进模式，这个人就再造出来了。

维纳这里所讲的无疑是一种奇谈怪论。产生这种奇谈怪论的原因就在于他把形式（或模式）看作不带实体的东西，因而，它就成为一种完全抽光了物质内容并且和物质相对立的形而上学概念。形式永存，物质常变，有了形式，再把物质加进去，原物或复制品就重新铸造出来了。维纳的这种思想，在哲学史上并非没有先例，客观唯心论者柏拉图就是认为，世上万事万物都只不过是各种理型（Idea）的复制品。

应当指出，维纳有操作主义观点。维纳的上述思想可能和他的人是"特殊种类的机器"（乙，79 页）的见解有关。从这个观点出发，他就可以把工业生产中所用的模型、样板以及近代细胞生理学上的样板假说作了随心所欲的引申。

除了维纳的哲学思想左右着他的科学思想，使他在某些地方陷入一派胡言外，我们还应当看到产生这种错误的另一原因，这是科学家缺乏正确哲学思想作指导所致，但这也是科学史上常见的现象：每当科学家取得了卓越的科学成就之后，常常把这种成就进行了全面的推广，从而使真理变成了谬误。历史上的机械论者、唯能论者如此，今天的控制论者亦如此。信息，在维纳手里，变成了研究一切问题的如意法宝；对于任何组织系统，维纳都要伸手进去，甚至对于极为复杂的社会现象也不例外。维纳在《人作为人的用处》一书中说："本书主题在于阐明只能通过消息的研究和社会通讯设备的研究来理解社会。"（乙，16 页）维纳这样地对社会作研究，后果可想而知。

事实上，维纳之所以夸大信息的作用，是有当代自然科学中的资产阶级唯心主义的哲学思潮作为背景的。维纳在讲述自己的宇宙观时，就列举过他所景仰的爱因斯坦和吉布斯二人的观点。维纳说："……可是两人的工作方向都代表了物理学观点上的变化，即在某种意义上说来，把一个实际存在的世界改成为一个在观测时方才存在的世界，而物理学上古老的朴素实在论，则让位给某种也许会使巴克莱大主教眉开眼笑的东西。"（乙，20 页）这观点说穿了，就是：没有信息，物质就不存在，"存在就是被知觉"（巴克莱）。

因此，数学家、工程师和控制论创始人维纳，究竟在哲学的最根本问题上，是一位表述得不够明确的唯物论者，抑是深受莱布尼兹、柏拉图影响的客观唯心论者，是一个有待进一步研究的问题。我们这里至少可以说，维纳从反对机械唯物论开始，而在若干方面是落到唯心论泥坑中去了。维纳在科学研究上唯物论的因素较大，而在哲学的根本问题上，唯心论的思想大概居于主导地位。

＊　　　　　　　　＊　　　　　　　　＊

控制论研究不同质事物的量的同构，所以有必要把事物的种种运动形态拿来类比。类比作为一种科学方法，在控制论中占据非常突出的地位。通过科学的类比，我们对物质的统一性、对事物之间的普遍联系可以得到新的认识。列宁曾经讲过："假定一切物质具有在本质上类似感觉的特性、反映底特性，这是合乎逻辑的。"[①] 在今天，人们通过控制论的研究，列宁这句话就得到了有力的证明。

维纳对科学方法论的研究一向感兴趣，维纳的著作也显示出了这一特点。《控制论》一书的导言就讲到了许多有关这个方面的问题。维纳经常把通讯和控制的各种复杂系统和有机体的、特别是人的某些控制机制进行类比，从而得出许多有益的结论。维纳说："我们在制造机器时，赋予机器以人的某些属性，这些属性是下等动物界的成员所没有的。"（乙，77 页）维纳的这个观点和我们把机器作为人脑、人手的延续的观点是相符合的。维纳

---

① 《列宁全集》第 14 卷，人民出版社 1957 年版，第 86 页。

又讲到了"现代的各种自动机是通过印象的接受和动作的完成和外界联系起来的。它们包括感官、运动器和一个用来把从一处到另一处的传递信息加以联结的相当于神经系统的器官。它们很便于用生理学的术语来描述。因此，用一种理论把它们跟生理学的机制概括在一起并不是什么奇迹"（甲，43页）。维纳的这些论断大大丰富了控制论的内容。

但是，量的同构的抽取是以事物之间质的差别可以略而不计为条件的。事物之间没有绝对的同，这是哲学上的一个古老的命题。我们说二物相同，实际上我们只是在求同存异。存异就是求同的条件，亦即求同的限制；因此，通过类比来求同，不能不看到条件，不能不看到限制。条件不足，就会出毛病；不加任何限制，就会变成十足的荒谬。

当维纳把自动机和有机体作类比时，二者之间有质的差别，这一点本来是不言而喻的。当维纳把机器和有机体都称为自动机，把前者叫做人造自动机，把后者叫做天然自动机时，界限就有点模糊了。当维纳进一步把人体叫做特殊种类的机器时，有许多根据说明他把人的本质特性抛掉了。

维纳认为有些机械跟有机体的感觉器官类似，有些又与运动器官类似，有些像神经中枢，其中有些"跟记忆相似"，又有些"象是学习过程"。这些讲法，都是允许的。但当维纳认为，机器能否思维只是定义的问题；认为反馈可以解释人类的目的性活动，而人类的更加一般的目的性活动，"我们就一无所知了"，"依我看来，许多问题总还是无法理解的"[1] 维纳就不免陷入语义哲学和不可知论的思想中去了。维纳从来不讲人类感情的本质特性，更不讲阶级感情这样一种重要的社会属性，他讲情调，认

---

[1] N. 维纳：《科学与社会》，意大利《方法》第 13 卷 49—50 期，1961 年。

为情调是"从负值——'痛苦'——向正值——'快乐'来变化"的东西（甲，129 页）。他并且把它类比作扩散性的化学信息，从而和机器中的所谓"情调机构"联系起来。维纳在讲论机器学习和自繁殖问题时，还引入了生物学上的个体发育和系统发育概念，并且断言"我相信从哲学观点看来它们是非常类似的现象"（甲，178 页）。尤其荒谬的是，维纳用最简单的机械和最复杂的社会进行类比，他说："要制造一部趋光或避光的简单机器，那是不难的。并且，如果这类机器自身也包含有光源的话，那么，许多这样的机器在一起时，便能表现出复杂的社会形式。"（乙，33 页）

把机器比人，不论方法上的错误如何，总还有发展自动机研究的正确意图在内。

把人和机器等同起来，这就抹杀了物质运动形态之间的质的区别，抹杀了生命、思维、意志、感情这些人所特有的属性以及社会高级运动形态的种种特点，这种做法就非常荒谬。维纳和其他资产阶级控制论学者在这一点上都有过失，也许这位创始人的过失更大些。他们这样做的确很方便，思想也很"活跃"，活跃到把一切运动形态都归结为信息变换，都塞进控制论这门科学中去研究，结果是，夸大控制论的意义，控制论代替了其他部门科学甚至代替了哲学，成为"唯信息论"或"唯控制论"，这种思想趋向乃是当前控制论哲学问题中的一个严重问题。

让机器超过人，问题就更严重了。在当代的控制论学者中间，维纳相对讲来，还是比较有克制的，他并没有胡讲什么机器会进化，而进化的结果，机器能够奴役人类，甚至能够在"生存竞争"中消灭人种等神话，但是，维纳也一再担心人类无力控制自己所发明的机器，他说："关于这种机器的危险性的思想，不是什么新东西，新东西是我们已经有了这类有效力的机器。"（甲，174页）维纳的这种见解客观上也就和资产阶级夸大机器作用，以此来威胁劳动人民，来麻痹他们的斗争意志，是相一致的。

　　　　　　*　　　　　　　　*　　　　　　　　　　*

　　维纳的宇宙论也是从科学中提出来的，但他的哲学结论至少在根本意义上却是完全错误的。这方面的问题比较复杂，需要进行细腻的研究，我们这里仅讲其概貌。

　　在通讯和控制系统中，我们接收到的信息一般都带有某种随机性质，因而它需要一个统计理论，这个理论当然不能建立在以拉普拉斯决定论为基础的古典力学上面。维纳从这个问题出发，探讨了各门科学的现状，指出这些科学所研究的对象在时间过程中都是不可逆的，而统计和进化的观点也正在渗透到科学中来，因此，牛顿力学只是相对的并且是具有局限性的。维纳的这些见解都是正确的。

　　但是，维纳在反对机械决定论的时候，却夸大了偶然性的作用。他向我们提出的宇宙是一个偶然性的宇宙。在《人作为人的用处》一书中，维纳写了一篇序言，标题是《关于偶然性宇宙的观念》。维纳说："到如今，吉布斯的偶然性已经完全明朗地成了物理学的全部基础。诚然，许多书上对这个问题还没有十分详尽地说明过，而且，爱因斯坦，以及在德布罗意的某些言论里，仍然主张严格决定论的世界比偶然性的世界更容易为人所接受。但是，这些伟大科学家都是以防御动作来和年青一代的优势力量作战的。"又说："已经发生了一个有趣的变化，这变化就是在或然性的世界里，我们不再讨论那些有关一个特定的、真实的宇宙整体的量和陈述，而是提出一些可以在大量相同的宇宙中找到答案的问题。这样，机遇就不仅作为物理学的一个数学工具而被接受下来，而且是作为物理学的部分经纬而被接受下来了。"（乙，10—11 页）

维纳这里所主张的观点和哥本哈根学派的观点是相同的。这个观点用爱因斯坦反驳他们的话来说，存在在他们手里变成了纯粹偶然的产物，其情况就跟人们掷骰子的情况一样。

维纳用来反对机械决定论的东西是所谓"非完全决定论"。非完全决定论的含义是暧昧不明的，既可以把世界理解作一个必然性的世界，其中包含有部分偶然性，即包含某种没有根据的、不可预见的、非理性的东西；也可以把世界理解作一个偶然性的世界，其中包含有部分必然性，而这种必然性，归根到底只是偶然性的产物。这两种见解似乎维纳都有，他没有讲明这个问题，但不管维纳采取那一种观点，肯定都是形而上学的观点，他的偶然性是绝对的偶然性，不是必然性的补充形式，不是黑格尔所讲的并为恩格斯所同意的"这偶然性又宁可说是绝对的必然性"[1]。

维纳在反对古典力学的时间可逆性时，引进了熵的概念。我们知道，在物质的种种属性中，只有熵是单值的，因而把熵作为时间单向流动的标志是有一定根据的。但是，如果把熵作为时间单值的绝对标志，问题就出来了，因为熵只是物理状态的部分特征，而时间则是物质存在的普遍形式。熵增加过程不一定适用于微观世界，因为量子可能把能量从本征能量较小的系统转移到本征能量较大的系统中去，但我们却不能说，微观世界没有时间过程。熵增加过程也不完全适用于宏观世界，因为封闭系统在趋向统计平衡后，还会产生涨落现象，亦即产生熵减少现象，这时候，如果熵是时间的绝对标志的话，时间就倒流了。

---

① 恩格斯：《自然辩证法》，人民出版社 1957 年版，第 182 页。

熵概念是从热力学第二定律导出的。维纳把熵作为时间的绝对标志，也就不免把热力学第二定律用到整个宇宙中去。这样，维纳的宇宙就变成了时间有限而最后趋于热寂的宇宙。维纳说："随着熵增加，宇宙和宇宙中的一切封闭系统将自然地趋于衰退。"（乙，12 页）我们知道，热寂论自 19 世纪后半期由汤姆逊提出后，就受到了许多批判。首先，这个理论含糊地承认了世界是在过去创成的，因而它和神学密切结合着。其次，时间无限性是由物质不灭并且持续变化这个观念推导出来的，承认物质不灭而又承认时间有限，便是矛盾。再次热只是一种运动形态，除热之外，还存在着其他种种的运动形态，要假定一切运动形态都不可逆地转化为热，而热又不可逆地散失掉，这是没有根据的，相反，应当承认，热也是会转化为其他运动形态并重新参与到发展过程中来的。

熵是无组织程度的测度，是事物退化的标志，而科学研究的对象在时间过程中都是进化着的，其组织程度也是不断加强的，这两种情况相反，应当怎么解释呢？维纳答复说："在吉布斯的宇宙中，秩序是最少可能的。混乱是最大可能的。但是，当整个宇宙（如果真有整个宇宙的话）趋于衰退时，其中就有一些局部区域，其发展方向似乎和这整个宇宙的发展方向相反，并且它们的内部组织程度有着暂时的和有限的增加趋势。生命就是在这样一种局部区域中找到了它的寄居地，控制论这门新科学正是以这个观点为核心而开始它的发展的。"（乙，12 页）

维纳就是这样地把两个发展方向相反的东西"似乎"地结合起来了，对立物统一于偶然！

维纳的宇宙论大体如此，这种宇宙论就在理论上成为他的悲观主义的根据。

＊　　　　　　　＊　　　　　　　＊

如上所述，维纳认为宇宙有限，其发展方向是增熵，最后趋于热寂。在这样的宇宙中，有局部反熵区域，生命寄居在这上面，其情况好比大海中的孤舟。反熵是暂时现象，到头来还是增熵，因此，人类的处境又好比"失事船只上的旅客"（乙，40页）。船总归要沉的，人种总归要绝灭的！维纳说："这是职业科学家的理智得多的悲观主义。"（乙，41页）

反熵就是组织性加强，维纳认为，这是进步。暂时反熵就是进步有限，因为到头来还是组织瓦解，还是退步。这样，维纳就给人类社会的进步加上了宿命论的观点。他说："能让这个地球上任何形式的生命（甚至不限于像人这样的生命）得以延续下去的幸运的偶然性，非达到全盘不幸的结局不可。"（乙，40页）

照理，我们依据维纳的宇宙论可以逻辑地推得一个相当长期的社会进步，因为地球毕竟不是明天就毁灭的，反熵过程从宇宙的尺度看来虽然是暂时的现象，但从人类历史的尺度看来，无疑是长期的。维纳自己在理论上也承认这一点，他说："这种悲观主义情绪仅仅以我们的无知无能为前提，因为我相信，当我们一旦认识到新环境强加于我们的新要求以及我们可以掌握的符合这些新要求的新手段时，那么在人类文明毁灭和人种消灭之前，就还可能有一段很长的时间……"（乙，47页）

但是，维纳自己又承认他是完全悲观的，何以故？问题不在于他的宇宙观，而在于他的社会观，在于我们前述的维纳的阶级意识。

维纳是历史唯心地看待人类社会的发展的。首先，他把进步看作信仰问题，维纳列举了各种宗教观点，指出："无论是天主教、基督教或是犹太教都没有把尘世看作一块可以期望得到经久快乐的好地方。"（乙，42 页）其次，维纳断言，人类社会在过去历史上未见有什么进步，他举例说，"值得怀疑的是滑膛枪的射程是否远远超过最好的长弓……可是长弓是旧石器时代以来几乎没有改进过的发明"（乙，44 页）。对于近代文明，维纳承认美洲大陆被发现以后，人类社会进步很快，但维纳认为这是通讯发达和科学技术进步的结果。他并且推论说："现代的通讯……已经使得'世界国家'成为不可避免的了。"（乙，92 页）人们从这里可以清楚地看到，在维纳的思想中，一点儿也没有关于社会发展及其动力的科学概念。

对于近代文明，维纳看到了两种现象，一是科学技术的发展，一是大社会的建立。对于前者，维纳否定了它的终极意义，对于后者，维纳也同样地加以否定。

维纳认为人类对自然界的统治，后果可悲。他说："在地球这样一个范围有限的行星上，这种统治归根到底都会加强我们作为自然界的奴隶的身份的。因为，我们从这个世界取出愈多，给它留下的就愈少，到最后，我们就得还债，那时候，就非常不利于我们自己的生存了。我们是自己技术改进的奴隶。"（乙，46 页）又说："进步不仅给未来带来了新的可能性，而且也带来了新的限制。从本质上说，进步本身和我们反对熵增加的斗争，都似乎必然以我们正在力图避免的毁灭道路为结局。"（乙，47 页）

对于大社会，维纳断言，它是乱七八糟的、没有规律可循的、无法进行科学研究的东西。维纳认为：我们是生活在"政治混乱和智力混乱的世界"里（乙，11 页）。又说："承认世界中有着非完全决定论的、几乎是非理性的要素，这从某一方面讲来，是和弗洛伊德之承认人类行为和思想中有着深厚的非理性的成分并行不悖。"（乙，79 页）社会科学，在维纳眼里，不是一门客观的科学，他说："社会政治组织中最令人惊异的一个事实就是极度缺乏有效的稳态过程。"（甲，158页）"在社会科学中，极难使被观察的现象和观察者之间的耦合减到最低限度"，"社会科学家没有从永恒的、与时间地点无关的角度来冷静观察他的科目的那种便利。""……在社会科学中……我们不能成为好的研究者，因为我们同我们的研究对象太一鼻孔出气了。"（甲，163页）

对于这样一个非理性的、无法研究的大社会，加上科学技术的进步，维纳就十分担忧。他担忧近代机器被某一伙人所利用，成为助纣为虐的东西，给人类带来了很大的不幸。因此，维纳作出了一个反历史的结论，不要大社会，让我们回到"小小乡村"去。因为，在大社会中，"残忍才能到达它的最高峰"，而在小社会中，人们的生活态度"都有一个很可尊敬的标准"，同时，"小而紧密地结合着的社会有极大程度的稳定性"（甲，160页）。维纳又说，科学技术的进步已使我们不必去建立大工厂了，我们可以"重新回到农舍式的工业上来"（乙，43页）。

维纳的这种见解并非独创，法西斯主义者克拉格斯（Klagges）在他的《思想和体系》一书（1934）中已经有过同样的主张了。

＊　　　　　　＊　　　　　　＊

显而易见，维纳的这一套悲观主义哲学不是控制论这门科学的必然产物，而是维纳硬套在这门科学上面的。

我们当然也看得到哲学家维纳之所以探讨哲学问题，是有他的善良愿望的，他意识到了自己的科学成就"和原子弹一样地革命"（丙，308页），意识到了自动化时代的来临关系到人类的命运，关系到许许多多的社会问题。他为此非常苦恼，感到悲观失望。他也有一个理想，认为自动化时代到来后，"答案自然是要建立一个以人的价值为基础而不是以买卖为基础的社会"（甲，28页），但是，他找不到解决这个问题的办法，找不到通向这个理想的道路。

维纳曾用他的悲观哲学进行了道德说教，他讲了许多寓言和故事，诸如歌德的《魔术师的徒弟》、耶考比的《猴掌》等，希望用此来警世、训世。但是，人们知道，这种说教绝不会使剥削阶级放下屠刀，相反，他们欢迎这种说教，因为这正好用来吓唬劳动人民，使他们就范。

事实说明：不是维纳说服了美国垄断资产阶级，使他们发善心、做好事，相反，是垄断资产阶级说服了维纳，并且改变了维纳的思想。在《人作为人的用处》一书中，维纳说道："新工业革命是一把双刃刀，它可以用来为人类造福，但是，只有当人类生存的时间足够长，我们才有可能进入这个为人类造福的时期。新工业革命可以用来毁灭人类，如果我们不去理智地利用它，它就可以很快地发展到这个地步。然而，目前已经呈现出一些有希望的迹象。自从本书初版发行以来，我曾经参加过两次大实业家的代表会议。我很高兴地看到有很大部分的与会者已经意识到新技术给社会带来的威胁，已经意识到自己在经营管理上应负的社会义务，那就是要关心利用新技术来为人类造福，减少人的劳动时间，丰富人的精神生活，而不是仅仅为了获得利润和把机器当作人的偶像来崇拜。我们面前还有许多危险，但是，善良愿望的种子也在生根发芽。所以我们在不像本书初版的时候那样地感到完全悲观绝望了"（乙，162页）。

维纳发表这些欺人之谈正是垄断资产阶级对他施行笼络的结果。

# 中国传统和马克思主义

本文通过我国向印度学佛学和向欧洲学科学这两段历史的回顾，对于中西文化传统的不同特点进行了比较分析；证明中国的传统在人类思想文化史上是一个特殊的现象。据此，作者指出，我们既要向西方学习，又要从中国的实际出发；马克思主义在中国的胜利和发展，就是同中国革命和建设实践密切结合的结果。

新中国成立以来，我们积累了大量正反经验，并在近年作出了大体相应的总结。本文在这个基础上，就我国向西方学习这个专题作一历史探讨。

在历史上，我国曾两次向西方学习。第一次是向西方"极乐世界"的印度学佛学，这事早已结束，但留下重要经验；第二次是向欧洲学科学，从明清算起，三四百年了，曲折多端，现在正处在大规模学习阶段。从时代的紧迫感着眼，对过去的学习进行回顾，不算多余。

# 一　佛学东传问题

公元2世纪，安息王子安世高来中国行医并译经，这是佛经东传的开始。就已有资料看来，安世高没有传教，佛教东传要略晚于佛经东传。

安世高译经主要是小乘，到了鸠摩罗什，经他之手传到中国的主要是大乘。小乘是有神论，大乘是泛神论。依据大乘，"一切众生，皆具佛性"，这是说，他有成佛的可能性；"放下屠刀，立地成佛"，这是说，他有成佛的现实性。所以，中国西藏带有自然神教成分的喇嘛教有活佛，即人与佛等同。在哲学史上，泛神论和无神论只有一纸之隔，所以，为与小乘作明显区别起见，也可以称大乘为无神论。

我们在这里看到一个非常奇特的历史现象：大乘发源于印度，但以后在印度泯灭无闻。佛教在亚洲作了非常广泛的传布，它可以称作亚洲第一宗教，但主要是小乘，只有中国例外。这个"例外"不是表示中国没有小乘，而是讲其基本倾向。正如有神论民族中并非没有无神论者一样，一个无神论民族同样有有神论者。中国的佛学主要是大乘，亦即在印度业已泯灭无闻的东西却在中国得到繁荣昌盛。

这里所讲的繁荣昌盛有表里二义：在表面上，中国庙宇林立，但佛教并非唯一宗教；在实质上，我们发展的是哲学，因为中国本质上没有宗教（少数民族除外）。

还应该说明一下：这里所讲的宗教是指人格神教而言的。至于自然神教，任何民族都经历过这样一个漫长的宗教信仰过程。自然神教衰落标志着文明史的到来，但在文明史中，自然神教的宗教仪式如果不被人格神教所取代，那它就会长期保留着。例如，中国的道教和古代的巫有密切联系，羽步、踏罡、捏诀等等都是巫术，又都大量取材于古代神话即关于自然神的传说。自然神的前身是图腾，例如，西王母大概是一只母狗，麻姑仙女大概是一只母鸡。这个宗教又部分取材于老庄哲学，主要是养生学。既然中国没有人格神教，既然封建统治者需要推行愚民政策，那么，一个对自然神教作某种回归的伪宗教就会应运而生。

儒家不是宗教。孔子当过吹鼓手，参加过各种祭祀和红白喜事，认为这些仪式有助于推行礼治，但他本人是个无神论者。《论语》是一部记载他生前言论的语录，他没有讲过的话理应不列，但是《论语》中就有一句孔子没有讲过的话："子不语怪力乱神。"这里的"不语"是禁止的意思，换言之，神的问题是不能讨论的。作为参证，孔子讲过："祭神如神在。"这个"如"字是当作的意思，换言之，无神而有神，照仪式办事，以假当真。

儒道两家是中国土生土长的。庄子有定义，他用方内和方外来区分两家，就是说，儒家是研究社会问题的，道家是研究自然问题的。所以，儒道两家都是自然神教残余仪式的保留者。从人格神教的眼光看来，它们都是无神论者。在先秦诸子中，儒道两家对后世影响最大。人们有时把道家限于老庄，实际上，兵家、法家、纵横家都是道家的分支。

佛经东传到中国，势必要与中国传统相结合。结合的过程非常艰巨，时间长达一千多年，大体可分为三个时期：一是魏晋玄学清谈期；二是隋唐禅学清谈期；三是宋明理学清谈期。在第一个时期中，由于大小乘并存，佛学本身很乱，引起一团混战，抽象思维因之得到高度发展。第二个时期表明中国人的佛学造诣已经很不错了。这是因为，早在5世纪初，鸠摩罗什来中国传播大乘空宗，这是佛学的本体论；唐初又有取经回国的玄奘，他传播了大乘有宗,这是佛学的认识论。有了这两论,中国人就可以集中研究并探讨佛教中的最高境界即涅槃,以及通达这个境界的途径即禅定。当时的禅宗有五家七派之分,讨论的结果是大乘佛学胜利,承认佛涅槃就是佛死亡。讲得文雅一点,就是"返璞归真",换言之,人佛相同。第三个时期是进行儒道佛三教的理论统一,称作道学或理学。其中,有的唯心,有的唯物,情况不等。三教归一不是归于宗教,而是归于哲学。

黑格尔断言中国有国家宗教,这不是事实。

三教归一的实例,可参看《红楼梦》关于秦可卿丧事的铺张场面的描写。那里有和尚,有道士,有尼姑,有达官贵人,大家按照仪式有节奏地办丧事,很像一场文艺大会演。

反面的证据是,中国没有宗教战争。中国人的造神运动都是以失败而告终,包括前不久"文化大革命"中的造神运动在内。

谁参加上述各个时期的"清谈"?和尚、道士和居士。其中,居士主要是在野的知识分子,他们是中国文化传统的当然继承人。

在漫长的封建社会中,中国人不谈政治,因为统治者不给这种自由。但是,佛教传到中国是统治者支持的。精通佛典的和尚也是知识分子。于是,在空门中,和尚和居士们找到了双方共同的话题。到了宋代,书院成立,哲学讨论又转到书院中。

有人指责"清谈误国",这是不公平的。总的讲来,中国人不是谈多了,而是谈少了。

如果说,佛经东传在中国所产生的特殊情况还不足以说明中国文化传统,那么,反过来比较一下佛经西传的情况,或能澄清这个问题。

1600年,东印度公司成立。它在长达二百八十多年的历史中做了两项闻名于世的工作:一是种植鸦片以换取中国的元宝;

一是翻译佛经作为精神鸦片运回欧洲。爱好玄思的德国人从中吸取养料，于是有了叔本华、尼采和希特勒的哲学。如果把二次世界大战看作精神鸦片战争，那是错的；但如果说法西斯主义中包含有婆罗门经典和小乘佛学的某些思想，那是千真万确的。罗素在《西方哲学史》中虚构了一段尼采和佛陀的对话，并把希特勒划归自由主义的柔心肠派，不是没有原因的。但中国人不这样理解佛学，因而不能同意他的讲法。

2世纪的佛学东传和17世纪的佛学西传虽是时代条件不同的两桩事件，但如果中国人是有神论民族，那就会像印度人那样地把大乘消灭掉；又如果欧洲人是无神论民族，那么，西方传教士早该从中国发现大乘佛学了。这事不难，只要听人讲一下中国哲学史，找出龙树的《中论》和玄奘的《成唯识论》，就会大开眼界。

总之，如果我们把民族文化传统看作一个民族的基本倾向，那么，该倾向是会限制自己的眼界并决定自己的取舍的。上述的情况就是如此。

## 二　东西文化比较

在讨论中国人向西方所作的第二次学习之前，我们先对东西文化作一粗略的比较。

世界各民族都有漫长的史前史，都经历了自然神教时期，这是大家共同的。

大约一万年前，"第一次浪潮"到来。先进民族率先进入文明史，自然神教衰落。自然神的神秘外衣逐步剥除，人对周围环境的知识增多，人第一次摆脱神的束缚而与自然相对，这就是古科学时期。古希腊第一个哲学家泰利士实质上是一位古科学家，中国春秋战国时代的阴阳家就是古地质学家，在世界三大冶金史上中国两次居先。否认古科学是不对的。

但是，好景不长，古科学受到求知手段的限制，它只能凭借观察和机遇而取得某些经验知识。这类知识是零散的，无法汇总；若要把它们联系起来，那就只好进行概念或观念的编织工作，这就是哲学。当时的哲学是从事实出发的，我们称之为朴素唯物论。东西方的哲学史都从朴素唯物论开始，不是偶然。

到此为止，中外思想史基本同步。往后，步伐就快慢不同而且发生了分歧。

欧洲思想史是典型的。早在古希腊时代，概念编织工作成为智慧的表现。朴素唯物论的进一步编织，自然导致唯心论哲学的诞生。有了这样的体系，人的思维就会发生变化；用语言编织起来的世界也许比这个变动不居的世界更加真实，人对自身所具有的、可以用来编织世界的伟大力量很不理解，这些，需要探讨。

探讨中的问题恰恰是古科学无法解答的问题。基督教的早期思想家就像古婆罗门教徒一样查问到躯体的个体性：为什么小我与大我之间有隔障？为什么灵魂受到肉体的禁锢？陆生生物的个体性是明显的，外环境是陆圈，内环境是水圈，内外之间有一层死物质包围着，例如皮肤上的角质层、眼球上的盐溶液等，它好比一件紧身衣，就像今天宇航员的宇宙服一样。古人因此查问到灵魂的归宿问题，于是，一个永恒的天国和全智全能的上帝应运而生。

这样一来，史前时代匍匐在自然神脚下的人，在进入文明史之后，作了一百八十度的转变，再度匍匐在人格神之前。人站立在自然面前的古科学时代是短暂的。只是在欧洲经历了漫长的中世纪之后，理性再度苏醒，知识陆续增加，生产力向前发展，科学从哲学中分化出来，这才有了近代科学，从而有了人在自然面前的第二次站立。

在世界上，有神论民族居多，故上述模式是典型的。中国与此相违，只能算作特例。

特例表明：中国文化发展到朴素唯物论之后，最多再倾倒到唯心论，而不会倾倒到人格神教。这怎么可能呢？中国传统是反对空谈的，中国人不做概念编织工作。我们没有柏拉图、亚里士多德、康德和黑格尔，就是说，中国学者从来不去建立绝对体系。儒家主张"君子讷于言而敏于行"；道家主张"多言数穷，不如守中"；佛经对言辞同样取轻蔑态度，称之为"挂一漏万"。黑格尔关于"东方和东方哲学之不属于哲学史"，"哲学从希腊开始"的论断，就是以概念编织工作为准的。但这个标准是不公平的。历史事实可以作证。

已知宗教是会衰落的，自然神教如此，人格神教也如此，所以，中国人避开这条道路，换得了光辉灿烂的古文明，这是有利的。在今天，这也是合乎科学迅速发展的时代潮流的。

已知当代哲学家一般不去建立绝对体系，又已知唯心论已经在衰落中，所以，中国人不强调概念编织工作，这至少有有利的一面，在今天的科研工作中也是有益的。

但是，古科学不能直接产生近代科学，理论思维是经验主义的对立物。我们有缺点，因而历史地注定了我们必有第二次向西方学习的任务。

在今天，理论思维可以是唯物论的，但在历史上，在知识无多的情况下，唯心论是不可避免的，它是历史进程的当然产物。我们可以把唯心论看作概念编织工作的最高成就，人们可以据之训练理论思维，但理论思维只是求知过程的必要环节之一，不是全程，不能中止。

中国人的基本倾向，依其文化传统是唯物主义的、自然主义的、现实主义的、经验主义的、无神论的、重视社会问题和爱好和平的。所以，我们不仅会革命，而且会建设，前景是好的。

但是，中国人学科学，远算几百年，成就无多；近算百余年，比不上日本，为什么呢？

以中国的中古史和欧洲中世纪比较，自然经济是一样的，封建制度是一样的，但中国多了一个大一统中央集权制，少了一个本土出生的人格神教。后者讲过了，前者再讨论一下。

有人把旧中国的落后归咎于大一统，这不对。从三代以来我们就是大一统的，已经有四五千年的历史了；我们不是发达国家，估计大一统到了下一世纪仍有强大的生命力。

问题在于大一统与封建制度相结合。世界上大概没有哪一个封建阶级比中国的封建阶级更加腐朽没落和作威作福，但中国封建主义寿命最长，"百足之虫，死而不僵"。早在明代，中国资本主义已经萌芽，但都被镇压下去了；清末洋务运动产生了民族资产阶级，但力量非常之弱，时间也很短。在欧洲，封建主束缚的是农民的人身自由，自由民聚居于城市，称作第三等级，资产阶级就是从中分化出来的；在旧中国，城市也是封建的，封建统治阶级束缚农民以及其他阶级的手段是让他们生活在宗法社会的结构中：五代同堂，六亲同运，个人的聪明才智被淹没在大家族主义中，变得无所作为。倘若个人作点努力，取得初步成就，那么，"学而优则仕"，使你半途而废，或者，得不到社会支持，使你劳而无功。封建阶级是一个仅次于奴隶主阶级的没落阶级，它不像资产阶级那样为了生产而调节其生产关系；相反，生产是不重要的，自然经济就够了，它唯一重视的是与自身利益攸关的生产关系。这样的阶级不能不是保守的和愚昧的。在它的统治下，旧中国不能不处在落后状态中。

但是，从太平天国革命算起，中国的资产阶级革命一律失败。所以，"中国人找到马克思主义"，认识到"只有社会主义能够救中国"。

# 三　马克思主义的中国化

本文讨论传统，但不给传统下定义，因为它在历史上是一种变化着的东西。在史前时代，没有科学，没有哲学，只有自然神教，它就是传统。文艺起源很早，但它最初只是宗教仪式的附属物。这个领域自古人才辈出，但它始终是米西纳斯（Mæcenas）怀中的婴儿。齐白石讲过："艺术需要贵人扶持。"原因是，这个领域有太多的争论，而争论的背后存在着某种含糊不清的东西，文艺理论家迄今不能对之作出妥善的解答。在文明史中，人们一般采用经久起作用的三个因素即科学、哲学和宗教作为文化传统的基本内容，但这三者是此消彼长的，不同民族不同时期有不同情况。在未来，宗教将继续衰落，若干宗教仪式将仅作为无害的交际工具而保留着，但文艺将成长起来。于是，人类有两个活动领域，一是认识，一是创造。前者是科学（自然科学和社会科学），后者是文艺和工艺。作为理论思维，哲学将被保留着，但其范围将会缩小，理论问题将分属于各个学科并由该学科率先进行讨论。所以，传统应该放在历史中作探讨，不宜从定义出发。

本文讨论的马克思主义同样是不易定义的。马克思主义是世界性的历史现象，任何定义都会引起轩然大波。好在大家公认一个事实：马克思主义将随着科学的发展而发展。好在中国共产党早就以创造性的态度来运用马克思主义。毛泽东思想就是马克思主义和中国革命实践的结合。农村包围城市就是不见经传的创造，我国的新民主主义革命以至社会主义革命都据之取得了胜利，现在的经济改革也是据此来进行的。这是中国式的马克思主义，与中国的特点相符。

诚然，在现代史上，我们有过好几次使马克思主义僵化的现象，这都是学习不好，理论脱离实际之故。在革命时期，除一次右倾外，连续三次"左"倾，把白区和苏区基本丢光；在建设时期，又一次"左"倾，使国民经济濒于破产的边缘，损失之大，错误之多，是惊人的。然而，这一切毕竟都过去了。中国是个大国，经得起摔几个跟斗的。

世界学术发展的趋势是日益重视事物的个体性，这和马克思主义对具体事物作具体分析的思想相符。今天的未来学家断言，在未来国际社会中，民族无须融合，语言不必统一，所以，斯大林关于语言统一的观点未必成立；今天的经济学家都能看出帝国主义手段已经部分地被经济手段所取代，这种趋势将有增无已，它虽然仍具有帝国主义性质，但毕竟是两相情愿的；今天的政治家提出一国两制方案是从实际情况出发的，旨在解决争端，今天的世界性纠纷将会解决得更加明智些。世界在前进中。

三十多年前，中国人民解放战争是以排山倒海之势进行的，广大人民群众曾经直接间接地参与其中。他们不是马克思主义者，他们是以中国传统作为依据，以其自发倾向定取舍的。正因为如此，得道多助，革命才取得辉煌胜利，马克思主义理论因之在中国得到空前的发展。如果胜利之后我们努力发展生产，则中国文化传统中的消极面就可以因势利导而得到改造。非常可惜，我们遭到重大挫折，生产落后了，因而种种落后意识也有了某种回归。

我们是一个"三次浪潮"同时并举的国家：还有自然经济，农业和手工业仍须发展；我们初步建立了工业体系，但不平衡，西部还相当落后；至于信息开发，国防工业和教育系统已经先行，社会信息化还需要时间才能跟上。

　　所以，除了马恩著作中的个别词句外，马克思主义对中国是适用的。当然，要建设一个社会主义国家，使马克思主义合乎中国国情和文化传统，发展马克思主义是一项重大的任务。这项工作是千头万绪的，既要调查研究，又要集思广益。所以，一个封建社会和资本主义社会所不能有的学术自由，就提到日程上来了。

# Chinese Cultural Tradition and Marxism

Since the founding of the People's Republic we have accumulated a wealth of positive and negative experience, and in recent years made a more or less relevant summary; on this foundation this article makes a historical probe into the problem of China's reception of Western learning.

Historically, there are two ages in which China received knowledge from the West. In the first age we received Buddhism from the "Western Paradise", India; the age passed, but left important experience. The second age was the time of receiving science from Europe, beginning in the Ming and Qing dynasties and extending over five or four hundred years, with many complications. Now we are in a new stage of extensive reception of learning from the West. With the urgency of the present uppermost in mind, a retrospect of the past may not be superfluous.

# I   The Propagation of Buddhism from India to the East

In the second century of the Christian era the prince of Parthia, An Shi Gao（安世高）came to China to practise medicine and to translate the Buddhist scriptures, marking the beginning of the introduction of Buddhism in China. From available sources, however, we know that An Shi Gao was not a missionary and that the actual propagation of Buddhism in China took place somewhat later than its introduction.

The Buddhist scriptures translated by An Shi Gao were chiefly Hinayana texts; and up to the time of Kumaralabdha（鸠摩罗什）that which came to China through his hands（almost at the beginning of the fifth century）was chiefly Mahayana. Hinayana is a type of theism, while Mahayana is pantheistic. According to Mahayana doctrine, "all living creatures have Buddha-nature", meaning that they all can become Buddha. "A butcher becomes a Buddha the moment he drops his cleaver", means that even a butcher has the potential to become a Buddha. Chinese Tibetan Lamaism, which has an ingredient of deism, recognizes the existence of Buddha, i. e. , an institution that equates man and Buddha. In the history of philosophy, pantheism and atheism are separated only by a thin sheet of paper, therefore, in order to differentiate it from Hinayana we may term Mahayana as atheistic, though this wording is tenable.

Yet we confront a most peculiar historical phenomenon: Mahayana Buddhism originated in India, but later disappeared there. Buddhism in Asia was propagated very widely and can be called Asia's first major religion, but it was chiefly Hinayana Buddhism, with the conditional exception of China. There were Hinayana Sects in China, but the basic inclination was towards Mahayana. Just as theist nations are not devoid of atheists, so in an atheistic nation there are theists. Chinese Buddhism is chiefly Mahayana. Thus that which became extinct in India, continued to flourish in China.

But "flourishing" has its respective meanings: superficially temples and shrines stand in great number in China, but they are Mahayana's pantheistic in majority; actually what we developed is philosophy, because China has essentially no religion (with the exception of some national minorities).

It must be explained that by religion we mean belief in a personal god. As to deism, for any nationality that has experienced a long history of religious faith, the decline of deism symbolizes the approach of civilization. Yet, in the history of civilization if the ceremonies of deism are not substituted by a personal deity, they then will be retained for a long time; for example, Chinese Taoism was closely related to ancient witchcraft and shamanistic rites and much of its material is derived from ancient mythology, i. e. , the folklore of deism. Totem worship is the predecessor of deism, for example, the Queen Mother of the West (西王母) was probably originally a female dog, and the Goddess Ma Gu (麻姑) was probably a hen. Taoism again partially draws materials from the philosophy of Laozi (老子) and Zhuangzi (庄子), chiefly health preserving science. Since China never had the concept of a personal god, and feudal rulers had to enforce obscurantist policies, therefore, Taoism, as a false religion which is a certain regression to deism, emerged as the times require.

Confucianism is not a religion. Confucius was a eulogist, and participated in every kind of sacrificial, conjugal or burial rites which he considered to be helpful in enforcing ceremonial domination, but he was himself an atheist. The *Analects of Confucius* is a volume of quotations recording utterances of the living Confucius; there is a sentence in it: "Master did not say cynical force disturbs divinity. " Here "did not say" means prohibit, in other words, the problems of a deity are not discussible. As proof, Confucius said: "Offer sacrifices to a deity as if the deity is present," the term "as if" means "as though", in other words, though no deity is there, do as the rites require. Take falsehood as reality.

Confucianism and Taoism were born and raised in China. Zhuangzi used the inside and outside of a square to differentiate the two schools. Confucian study social problems, Taoist study natural problem.

Therefore, the two schools, Confucianism and Taoism, are retainers of deistic ritual rites; as viewed from the criterion of a personal god, they are atheists. Among scholars of the Qin Dynasty, the two schools of Confucianism and Taoism had the greatest influence upon later generations. Sometimes one limits Taoism to Laozi and Zhuangzi, but in fact, military strategists in ancient China, the Legalists and the Political Strategists (in the Warring States Period) all belong to branches of Taoism.

In their eastern propagation, Buddhist scriptures were certain to combine with Chinese tradition. But the process of combination was extremely difficult, and it took as long as a thousand years, probably divisible into three periods. One is the metaphysics "Pure talk" period of the Wei and Jin dynasties, one is the Buddhist Ch'anzen "Pure talk" period of the Sui and Tang dynasties, one is the "Pure talk" Confucian school of idealist philosophy of the Song and Ming dynasties. During the first period, because of the natural existence of Mahayana and Hinayana, Buddhism itself was in confusion, including tangled warfare, whereby abstract thought attained a high degree of development. The second period shows that the attainments of Chinese Buddhism were not bad, for early in the fifth century Kamaralabdha came to China to disseminate Madhyamika, which is Buddhist ontology, and early in the Tang Dynasty Xuan Zhuang (玄奘) came back from a pilgrimage seeking Buddhist scriptures and disseminate Yogacara, which is Buddhist epistemology. With these two teachings the Chinese people could concentrate and study the highest realm of Buddhism, which is Nirvana, and through it proceeded to Dhyana. The Ch'anzen at that time was divided into five schools and seven cliques, the result of the discussions was the victory of Mahayana Buddhism. The recognition of Buddhistic Nirvana is the death of Buddha; more eloquently it is the "return from the simple to the true"; in other words, man and Buddha are the same. The third period was to carry on the unification of Confucianism, Taoism and Buddhism, known as the Confucian school of philosophy of the Song Dynasty or the Confucian school of idealist philosophy of the Song and Ming dynasties, which vary in idealism and materialism according to conditions. The three "isms" merge not into a religion, but into a philosophy.

Hegel asserted that China has her state religion. In fact, it has never so.

For an example of the three "isms" merging into one, please refer to the scene in the novel *A Dream of the Red Chamber* which describes the extravagant arrangements for Oin Keqing's（秦可卿）funeral. There were Buddhist monks and nuns, Taoist priests, high officials and noble lords, all acting out the rituals as it was in a grand performance.

A negative proof is that China has never had a religious war. Deification movements of the Chinese people all ended in defeat, including the deification movement of the Cultural Revolution not long ago.

Historically, who participated in this "Pure talk"? Monks, Taoists and lay Buddhists (lay Buddhists were chiefly non-official intellectuals). They should be successors of the Chinese cultural tradition.

In the endless feudal society the Chinese people would not talk politics because their rulers gave them no such freedom, but the propagation of Buddhism into China was supported by the rulers. Monks well versed in Buddhist scriptures were also intellectuals, hence, in Buddhism monks and lay Buddhists found mutual topics of conversation. In the Song Dynasty academies of classical learning were established. Philosophical discussions again turned into academies of classical learning.

Somebody censures, "Pure talk" subjugates a nation. This is unfair. In all, we Chinese have not talked too much, but too little.

In case the special condition produced in China because of the propagation of the Buddhist scriptures is not sufficient to explain Chinese cultural tradition, then, possibly a comparison with the conditions produced by the later propagation of Buddhist scriptures in the

West will clarify the problem.

The East Indian Company was established in 1660. The company in its long history of over 280 years made two world-known accomplishments: one was the implementation of opium in exchange for Chinese gold and silver ingots used as money in feudal China, and the other was the translation of the Graminic and Buddhist scriptures as spiritual opium to be transported back to Europe. The Germans absorbed elements from the scriptures to feed their abstruse thoughts, and we have the philosophies of Schopenhauer, Nietzsche and Hitler. If we regard World War II as a war of spiritual opium, it is wrong; but if we say fascism consists of the Grahminic classics and some thoughts of Hinayana Buddhism, it is true and correct. That Russell in his *History of Western Philosophy* included part of a fictitious dialogue between Nietzsche and Buddha, and incorporated Hitler into the soft hearted clique of liberalism, is not without reason. But, I think the Chinese people do not understand Buddhism in this way and thus disagree with Russell's interpretation.

Although Buddhism's spread to China in the second century and its spread to the West in the 17th century are two things of different times and circumstances, yet in case the Chinese people were a theist nationality, then they would as the Indian people did annihilate Mahayana; and if the Europeans an atheist nationality, then Western missionaries must have early found from China Mahayana Buddhism. Hear other people talk about Chinese philosophy, find out Nagarjuna's (龙树), *Madhyamikasastra* (《中论》) and Xuan Zhuang's *Vijnanamatrasiddhisastra* (《成唯识论》) and you will broaden your horizon, which is not difficult.

In short, if we talk the cultural tradition of a nationality as the basic tendency of a nationality, then that tendency will limit our own horizons and determine our own choice as showed above.

## Ⅱ  A Comparison Between Eastern and Western Cultures

Prior to our discussion of how we Chinese have to learn for the second time from the West, let us make a brief comparison between the Eastern and Western cultures.

Every nationality of the world has its long prehistoric era and all experienced a period of deism. This is common to all.

About ten thousand years ago came the frist tide of revolution, when several advanced nationalities took the lead and entered the civilizational history, during which deism declined. As the mysterious cloak of deism was gradually dismantled the knowledge of man's environment increased. Man for the first time became disentangled from the bonds of deity worship and came face to face with nature in the ancient scientific age. The first Greek philosopher Thales was actually an ancient scientist. The Chinese School of Positive and Negative Forces in the Spring and Autumn Period of the Warring States Era were ancient geologists. In the world's three big metallurgical histories China came foremost twice. Therefore, it is wrong to deny the credibility of the ancient scientists.

But, good times don't last long and ancient science was restricted by the means of acquiring knowledge, it only increased its empirical knowledge by means of observation and chance. Such knowledge is scattered, and there is no methodological way to gather it. In order to correlate knowledge, we have to evolve conceptions or deal in generalities, which is philosophy. Philosophy at that time started from facts, and we call it naive materialism. History of Eastern and Western philosophies both started from, naive materialism. This is not accidental.

Up to here, Chinese and foreign history of thought was basically synchronous, later on, the pace was different and divergence occurred.

Let us observe the history of European thought. Early in the ancient Greek period, rational thinking became the expression of intellect. Further weaving the system of naive materialism of course brought about the birth of idealism. With these systems, man's thought had to change. The world woven by language was perhaps more authentic than the ever changing world. Man did not quite understand the enormous power he possessed for weaving the world, which ancient thinkers probed into.

The problem probed into was exactly the one which ancient science was unable to solve. Early Christian thinkers like the believers of Brahmanism inquired into the individuality of the body: why is there a partition between ego and transcendent ego? Why is the soul imprisoned by the flesh? The individuality of terrestrial living beings is evident: the outer environment is land sphere, the inner environment is water sphere, in-between is enveloped by a layer of dead substance, e. g. , the cuticle of the skin, the salt solution in the eyeball erc. It is like a close-fitting undergarment, just like the spacesuits worn by today's astronauts. Ancient people, therefore, inquired into the problem of the home of the soul. Thus, an everlasting kingdom of Heaven and an omniscient omnipotent God emerged as the times required.

So the prehistoric man who prostrated himself before God after entering into historical culture made a one hundred and eighty degree transformation, and prostrated himself again before a personal God. The ancient scientific age when man stood before nature was only temporary. Right after the Europeans experienced the long middle ages, rational knowledge regained consciousness, knowledge continued to increase, productivity advanced, science split from philosophy, and thus was born modern science, whereby, man stood before nature for the second time.

In the world, the majority of cultures are theists, therefore, the above stated mode is typical. The case of China is contrary to this, and can be only considered a special case.

Evidence shows that after China developed naive materialism she inclined towards idealism rather than towards the concept or a personal God. How did this happen? Chinese tradition is opposed to "Pure talk", yet Chinese did not undertake the work of weaving concepts. We did not have a Plato, Aristotle, Kant or Hegel; that is to say, Chinese scholars never undertook to establish absolute systems. The confucianists maintained: "A man of noble character is slow of speech but quick in action"; the Taoists maintained: "Much talk increases the poor it is better to remain neutral"; Buddhist scriptures likewise looks down upon talk, saying "For one thing cited, ten thousand may have been left out". Hegel's inference "the East and Eastern philosophy do not belong to the history of philosophy", "philosophy begins with Greece", is actually based upon the work of weaving conception as criterion. Using this standard to assess philosophy is commonly opposed by the Chinese because it is unjust. We cite following historical facts as our reasons.

It is known that religion is liable to decline; deism did so, and belief in personal God is the same. Chinese people avoided taking this road, and in exchange they attained a brilliant ancient culture. This is profitable and is also in accord with the rapid development of science today.

We know present day philosophers generally do not establish absolute systems; we also know idealism is declining. Since the Chinese people do not emphasize the work of weaving concepts, at least it has a profitable phase; in today's scientific research it is also beneficial.

But ancient science could not directly produce modern science. Theoretical thinking was the antithesis of empiricism. We had our shortcomings, so historically, we were destined to have to learn from the West for the second time.

Today, theoretical thinking may be materialistic, but historically, in the situation of the scantiness of knowledge, idealism is unavoidable. It is the natural product of historical progress. We can consider idealism as the greatest achievement of the work of weaving concept, according to which one can train theoretical thinking, but theoretical thinking is but one of the necessary rings of the process of acquiring knowledge; it is not the whole process, therefore, we can't discontinue it.

According to the Chinese cultural tradition, the basic tendencies of the Chinese are materialistic, naturalistic, empiric, atheistic, socially concerned and peace loving. Therefore, we not only can revolutionize the society, but can also construct it.

But the Chinese people studied science for several hundred years

with little accomplishment. Our achievements are by no means compa-
rable with those of Japan. Why?

The reason is the combination of unification with the feudal sys-
tem. Some have ascribed Chinese backwardness to the high degree of
unification. This is incorrect. From the Xia, Shang and Zhou dynas-
ties we have been a nation of great unification, with a history of four
or five thousand years; we are not a developed country nowadays, yet
we reckon this great unification will retain its strong vigour into the
next century. Historically perhaps there was no feudal class more cor-
rupt, degenerated and tyrannical than the feudal class of China. But
China's feudalism had the longest life of any feudal systems; "a cen-
tipede does not topple over even when dead". Early in the Ming Dy-
nasty Chinese capitalism had sprouted, but it was suppressed. By the
end of the Qing Dynasty, the Westernization movement produced a na-
tional bourgeoisie, but its power was very weak and its time short. In
Europe, feudalism bound the freedom of farmers only, free people in-
habited the cities, called the third class, and the bourgeoisie were di-
vided from it; in China, conditions were different, the cities were also
feudal, the means used by feudal lords to bind farmers and other clas-
ses was to let them live in the structure of the patriarchal society: five
generations lived together, six relations (father, mother, elder broth-
ers, younger brothers, wives and children) had the same fate; a per-
son's intelligence and wisdom was submerged by big family chauvin-
ism, attempting nothing and accomplishing nothing; if one made some
effort and attained preliminary success, then "a good scholar will
make an official"; he would "give up halfway", or getting no support
from society. He made "to work hard but to no avail". The feudal

class was a declining class next to the slave owner class; it is not like the industrial capitalist class which produced by adjusting its relation of production. On the contrary in feudal society, production is not important; the natural economy suffices. The only thing emphasized is the relations of production connected with its own interest. Such a class could not help being backward.

But, starting from the Taiping Revolution, all capitalist class revolutions failed. Therefore, with "one cannon roar of the October Revolution bringing Marxism to China", the Chinese people began to realize that "only socialism can save China".

## Ⅲ   Sinicization of Marxism

This article treats upon tradition, but gives it no definition, because historically, tradition is always changing. In the prehistoric age there was no science, no philosophy—only deism, which was the tradition. Literature and art originated very early, but at first they were only the accessories of religious rites. Since ancient times this has been the realm where people of talent come forth in large numbers, but it is always like a child in Maecena's bosom. Deceased painter Qi Baishi (齐白石) said: "Art needs the support of high officials. " Indeed, the reason is there are too many disputes in this realm, and at the back of these disputes there are certain things ambiguous and vague, for which theorists of literature and art have hitherto not been able to make proper solution. In the history of culture one usually takes the three factors that have lasting effects in the history of culture, i, e. , science, philosophy and religion as the basic content of cultural tradition, but these three develop as one falls and another rises; and different culture in different ages confront different conditions. In future, religion will continue to decline, and literature and art will grow up. Thus, a man has two fields of activity, knowing and creating. The former is science (natural and social science), the latter is literature and art, Philosophy will be retained as theoretical thinking, but its scope will be reduced; theoretical problems will be divided into different branches of learning, and will first be discussed by those branches of learning. Therefore, tradition must be probed into historically; to approach the term from mere definition is inadvisable.

The Marxism discussed in this article is likewise not definable. Marxism is a world-wide historical phenomenon, of which any definition will lead to a mighty upsoar. It is good that there is a generally accepted fact: Marxism will develop as science develops. It is good that the Chinese Communist Party, since its birth, has taken a creative attitude in applying Marxism. Mao, Zedong Thought was thus produced. It is the combination of Marxism with Chinese revolutionary practice. "Encircle the cities from the rural areas and then capture them" is a creation not to be found in the former works of Marxism. Socialist revolution depends upon this to win victory; socialist economic renovation also depends upon this for its execution. This is Marxism of the Chinese type, in accord with the peculiarities of China.

To be sure, as shown by recent history, there have been several times when the phenomenon of Marxism's becoming rigid happened in China, all because we did not learn well, and theory lost contact with reality. For examples, during the revolutionary period, we turned away

the whole White areas and ( Chinese ) Soviet areas; during the con-
struction period, we let our national economy be on the brink of bank-
ruptcy. However, all these are bygone, and we start again. China is a
big country and can suffer several tumbles.

The trend of world learning is to increasingly emphasize the in di-
viduality of things. This is in accord with Marxism's idea of making
specific analysis of specific matters. Futurists of today assert: in the
future international society, nationalities need not be combined, and
language need not be unified. Therefore, Stalin's view of the unifica-
tion of languages may not hold; today's economists can see that the
means of imperialism have been potentially substituted by economic
means. This tendency is increasing incessantly. Although it still has
the nature of imperialism, it is "both parties are willing"; today's
statesmen advocate the scheme of one country with two systems; this
proceeds from actual conditions, with a view to settling disputes; to-
day's world-wide entanglements will be settled more sensibly. The
world is advancing.

Over thirty years ago, the Chinese people's liberation war was
carried on with the force of a landslide and the power of a tidal wave,
and the broad masses directly or indirectly participated. They were not
Marxists; they acted according to Chinese tradition; they determined
their choice by a spontaneous tendency. Because of this spirit of a
"just cause enjoys abundant support", the revolution gained glorious
victories, whereby the theory of Marxism received unprecedented de-
velopment. If after victory we strived to develop production, the nega-
tive side of our Chinese tradition could make the best use of the situa-
tion and be greatly changed. It's a pity we suffered serious setbacks.

Semi-feudal and semi-colonial backward consciousness resulted in some regressions, but this was to be expected.

We are a country attacked by three waves simultaneously, and there are the natural economy, agriculture and handicraft industry to be developed; we have preliminarily established an industrial system, but it is unbalanced; north China is quite backward; as to information development, the national defence and education system will start off before the others, and social informationization needs time to catch up.

Therefore, Marxism is adaptable to China. Of course, to construct a socialist country and make Marxism fit in with the condition and cultural tradition of China it is a big task to develop Marxism. This trend has thousands of strands and loose ends, and we must not only investigate and study but also draw on collective wisdom and absorb all useful ideas. Therefore, a freedom of learning, that cannot exist in feudal and capitalistic society, is put on the order of the day.

> This article first appeared in the
> journal of the Graduate School of
> CASS. The author Chen Bu is research
> fellow of the Institute of Marxism-Leninism
> and Mao Zedong Thought, the
> Chinese Academy of Social Sciences.

# 关于自然科学的
## 哲学研究

# 稳态和中医学

## ——兼评坎农的《躯体的智慧》

《躯体的智慧》（*The Wisdom of the Body*）一书是 W. B. 坎农（Cannon）教授诸多科研成果中的精华，是他个人学术成就的代表作，也是今天研究稳态问题的必读名著。此书已由范岳年、魏有仁译出，将由商务印书馆出版①，我现在结合此书讲述两点个人意见，谨供读者参考。

## 一　稳态史的回顾

躯体的稳定性或稳态（homeostasis）是一个似乎人人都懂但又不是人人都懂的问题。躯体自古就被看作"小宇宙"，以之来和大宇宙作比较，要弄清它的机制，不是一朝一夕之功。生理学上对这个问题的研究要从 1859—1860 年算起，这一年，法国著名生理学家 C. 伯纳德提出了这个问题并且作出了血液、淋巴液和躯体全部液体这三个依序相续的推测。大约 70 年后，美国的

①　该书已于 1982 年出版，本文为中译本《代序》。

坎农作了实验证明和理论阐述并撰成此书（1932）。再过十余年，美国 N. 维纳教授发表《控制论》（1948），对稳态问题作出了非常重要的贡献。从那时到现在，三十多年的时光过去了，稳态理论未见有进一步的发展。所以，我们现在讨论的是一个历史上有过重大突破但眼前却又进退两难的课题。

维纳 1960 年在论及控制论中最重要的问题时说："首先是研究自行组织系统、非线性系统以及同生命是怎样一回事有关的那些问题。但是，所有这些——三种提法说的是同一样事情。"

这三种提法说明了问题的难度。生命、生命体的自行组织以及该组织的非线性性质，这三者是互相联系着的。如果我们把生命体粗略地划分为整体、器官、细胞、分子和亚分子五个水平作考虑时，我们看出，不论维纳从任何一级水平出发，他的提法都和理论中医学颇为相似，因为该提法是指躯体整体这个最高一级水平的。然而，这一水平的问题最难解决，因为，在生命科学中，水平愈低就愈能方便使用已有的科学方法作出近似的处理；反之，水平愈高，则常用的科研方法自身就有一个疑问：我们能用研究无生命科学的方法来研究生命科学吗？这是一个世界上诸多学者一再讨论而仍无结论的问题。换个角度看，情况也是如此。生命是什么？它迄今很难完全摆脱哲学性质的讨论，维纳本人在其所著的《人有人的用处》一书中甚至说它是个语义学的问题。其次，生命体的自行组织是亿万年进化过程的产物，在今天的研究工作中，从遗传信息开始，无论取得什么水平，都是采用信息论的观点进行探讨的。这也就是说，躯体中的任一水平的任一基元都被看作一个既能收讯又能发讯的"电台"，由此建立了不同形式的同步聚合系统，人们以此近似地解释了躯体的组织性。在这里，信息和物质是等义的，因为在客观世界中，没有无载体的信息，也没有无信息的载体，信息论无非是从诸物质载体中抽取其作为信息的共性进行研究罢了。上述思想远远超出了旧组织学的概念，它有重要的科研价值，但它在很大程度上仍然是个假说，谁要是能在这上面作出新的突破，无疑将把稳态研究推向前进。第三，紧跟着自行组织问题的就是非线性系统，因为"同步聚合"和"非线性"几乎同义。人们已知，在数学上，非线性系统大部分无解，有解或有近似解的只是其中的极少数，这样，我们的科研工作就被局限在非常狭小的范围之内了。所以，维纳的见解虽然是有价值的，但他安排的这条科研道路从理论到实践都是困难的。

这个困难纯粹是人为的吗？不然。就前述的五个水平而言，生理学研究从来都是从中间水平着手，或是从器官水平出发，或是从细胞水平出发。我们知道，凡从中间水平入手的研究工作，其进一步发展的方向必然有二：一是向下研究，一是向上研究。举例说，当代的分子生物学研究和遗传学研究就是属于前者，而一百多年来的稳态研究就是属于后者。正因为稳态研究必然涉及躯体的统一性，又因为当前的稳态研究是从中间水平开始作向上的探讨，所以，它本来就是一个预期出现种种困难的研究工作，所以，维纳的思路以及由此而面临的困难都是逻辑的必然。

现在我们再回顾一下伯纳德——坎农——维纳这条关于稳态研究的思想线索的实际情况：

伯纳德和坎农都曾长期从事神经生理研究，虽则他们的重点都是内效应神经系统；引人注意的是：在他们提出的稳态概念中，神经系统都居次要地位。前面已经提到伯纳德关于躯体稳定性的三个答案。依据这三个答案，伯纳德提倡的是一种"没有脑袋"的生理学。然而，伯纳德的思想是正确的，今天看来，它的正确性是建立在非正常生理学即病理学中，正因为如此，伯纳德在生理学史上作出了划时代的贡献。

在伯纳德生前，除法国外，他不为世人所知。在他逝世之后，稳态思想又长期不为世人所理解。美国的坎农原是沿着自己的研究道路前进的，经过几十年的探索，他才恍然大悟，原来他的全部工作都是伯纳德思想的证明。坎农的证明是多方面的，其中，最杰出的证明就是他用完善的手术给动物摘除交感神经系统。实验证明：在交感—肾上腺和迷走—胰岛腺这对拮抗装置中，如果仅给动物摘除肾上腺，则它必在 36 小时内死亡；如果仅给动物摘除交感神经系统，则它继续存活。因此，躯体血糖升降的决定因子是液体，不是神经，换言之，信纳德的答案成立。

应当怎样看待神经系统？坎农把它看作保持稳态的次要和辅助的工具。但是，当读者面对《躯体的智慧》一书时，会对其中的一段记载感兴趣。这段记载的大意是：坎农曾经偶然地把一只摘除了交感神经系统的猴子放到庭院中去享受初夏的阳光和新鲜的空气，然而，这只猴子没有因此而受益，它反而中暑昏倒了。这是一个非常重要的问题，但它却在坎农的手指缝中溜走了。今人自然明白，猴子的昏倒是因为它的外效应神经系统和体液之间的部分通道中断即交感神经系统摘除之故。照理，半个世纪以前的坎农已经明白这个道理了，他的这部著作对外效应神经系统已经讲得颇为详尽：讲到了躯体的超前反映，讲到了躯体的安全界限，讲到了在变动不居的世界中一个活跃生活之所需，然而，他恰恰就在这只不幸的猴子面前搁笔，不作进一步的推论。

原因何在？这有非常深远的历史背景。远者从略，我这里只讲一下伯纳德，他有一个著称于世的论断；生命体有两个环境：一是 milieu interne（内环境），一是 milieu externe（外环境）。这个论断是科学的，陆生生物尤应如此看待。然而这个论断迄今仍有一部分是哲学的，甚至还有一部分是宗教的。人们不妨查看一下 19 世纪的名家著作，他们有时把从属于个体的外环境说得很大，有时则说得很小，换言之，他们在这个问题上是犹豫不决的，正确讲，是弄不清楚的或含含糊糊的。仅就生理学而言，伯纳德的这个论断自然形成一个内外有别的观点，稳态这个概念就是从内环境这个概念推导出来的，所以它先天地要把外环境问题排除掉。由此可知，坎农之所以在猴子问题面前停步，并非偶然，他着重探讨的是内环境，他无意把藩篱撤除，仅在他讲述一般生理问题时才把外效应神经系统一并概括在内。今人也不例外，稳态之被称为内稳态，就是沿袭这个传统的。我们前面曾把伯纳德—坎农所研究的稳态称作没有脑袋的生理学，事实上，我们即使给躯体安装上一个本来就已存在的脑袋，说得苛刻点，他们也会视而不见的。

　　正因为这个缘故，仅仅经过一代，即在哈佛大学中，把坎农看作父执并把坎农的助手和同事罗森勃吕特看作朋友的维纳，对稳态的研究作出了重大的突破。维纳的科研道路更加特殊，他是从数学、物理和工程出发而后进入生理学的。我们没有证据说明他对外效应神经系统有特殊的偏爱，但他接触到的生理问题诸如小脑颤震症、帕金森症候群以及各种有关疾病所带来的姿态反馈失常等问题无一不与外效应神经系统相关。神经系统的这些类型的不稳定性自然而然地导致了物理学上的反馈在生理学上的推广。维纳对这些生理失常问题作出机械模拟和数学阐释，称之为正反馈。于是，负反馈就成为正常人和外环境进行随机应答的必要工具。

　　在这里，我们无须把物理反馈等同于生理反馈，维纳本人对此也是十分慎重的，因为躯体任何水平的任何元件都是处在"水居"状态中，而任何类型的机器，其大部分元件都是处在"陆居"状态中，就我们已有的知识而言，蛋白质制成的材料和金属制成的材料很难同日而语。但是，我们要从这条研究线索中看到一个事实：当伯纳德断言躯体液体是保持躯体稳定性的条件时，不论他讲的是哪一种液体。不论该液体是有管道的或是无管道的。他所提供的只不过是材料，而非机制。机制是坎农提出的，他称之为拮抗装置，并且断言：躯体中这类装置非常之多，它们一般都是多重的，情况非常复杂。我们躯体之保持恒温就是一个十分浅显的例子。仅在血液流中，血糖、血盐、血脂、血蛋白之保持恒定就可以为心血管系统的部分机制刻画出一个相当复杂的内容。至于躯体在多变化的环境中，例如动物处在生死存亡之际的搏斗过程中，它的自我调节过程如此之灵敏，以致我们不得不承认稳态机制非常精巧，其精巧程度远不是力学上几乎可以方便制成的拮抗装置堪与比拟的。于是，信息反馈必然对拮抗装置作出取代，这在当代科研中几乎是唯一可行的办法。与此同时，有了这个取代，稳态就变成了一刻也不会静止而又一刻也不许偏离的东西——它是生和死的界限：稳态保持就是健康，稳态破裂就是死亡。

综上所述，我们以为，在稳态问题的研究中，前人的步伐是稳妥的，当前的困难是暂时的。

## 二　问题的展望

《躯体的智慧》已经问世50年了，一般读者都能很好地理解它，现在推荐此书，旨在给中医学研究提供一本必要的参考著作，用处有二：其一，稳态问题将有助于中医学的研究；其二，中医学已有的成果亦将有助于稳态问题的进一步探讨。

对于第一个论题，我们粗略地说明如下：

中医学拥有几千年亿万人次临床实践的经验，又拥有大量文献特别是历代名家的理论著作，所以，它至少在形式上具备了一切实证科学所共有的特征，但是，中医学又自有其特点，第一，它是古医学，广泛使用古思维，而且和医学哲学紧密结合；第二，它是"新"医学，它的方法论在中国虽然很古，但在外国很新，新到尚未被人们广泛接受的地步，所以，它的科学性有待于进一步鉴定。我们已知，鉴定中医学的科学性既不能凭借已有的科学史著作，又不能凭借已有的中医学文献，二者相距太远。我们需要一个良好的中介物作为从事这项鉴定工作的起点。该起点当然存在于已有的生命科学中。中医学是把生理学、病理学、理论医学和实用医学合为一体的，所以我们本来有一个比较广阔的选择范围，然而，实际情况恰恰相反，没有一门 19 世纪以前确立的生命科学可资选用，鉴定工作之所以久悬未决的原因就在于此。举例说，人们曾经寄希望于解剖学，因为中国古代也有解剖学，但是，《内经》中的解剖学是一种我们可以称之为"君之官"的解剖学，它是向上的，而当代的解剖学是向下的，对二者进行比较不免有南辕北辙之讥。所以，要使中医学进入科学之林或者把它驱逐出科学的园地，我们要在科学的进程中耐心等待并反复进行检验，所以，20 世纪的稳态学说理应成为这项鉴定工作的中介物。我们有理由断言：联系稳态学说对中医学作科学的鉴定，即使不是完全成功的，至少是十分有益的，因为，该学说已经取得重大的科研成果，它又和中医学一样是一门方向向上的学科。

假如进行这种比较，人们首先关心的是双方的方法论问题，我们为此作一些简单的说明。

生理学和医学的研究都有一个发生学的次序，亦即它的研究对象大体上有先后之分并循序而进，不论研究者意识到这种次序与否。举个浅显的例子：宰鸡和解剖鸡，这是两种不同的工作，前者是实用的，后者是科学的，实用在先，科学在后，从实用导至科学。在漫长的时间中，内科是受巫医统治的，但外科已经通过实用逐步萌芽，所以，外科在先，内科在后。先秦著作表明：巫医之争在那个时代是突出的，这标志着内科学的逐步成长。但内科如何成为一门科学呢？这得借助于外科。这时候，外科应该成长到了不仅能够解剖躯体的外部，而且能够着眼于躯体的内脏。把它打开并对各个器官进行细致的分解，分解之后，我们首先研究的是各个器官的结构，而后再去研究该各结构的功能。在这个范围内，内科和外科是交错的，因为这两者对两种各有其用。通过器官结构研究器官功能的方法，生理学上称为功能主义，它一度登峰造极并占据绝对优势，但是，久而久之，这个研究方法也会不断碰壁，因为躯体任一器官的功能都要受到其他器官的制约，仅从单一器官的结构入手研究其功能，势必失之片面。大脑定位问题如此，单一器官的功能亦如此，我们即使在细节上讲得头头是道，但在躯体整体问题上仍是茫然无知。此外，有些领域例如人脑的种种机制，它们是不能用"白箱"作研究的。这些，迫使我们在难度更大的问题面前采用新方法，它称作行为主义研究。这个研究方法是把器官的结构搁置在旁，着重去研究器官行为或作用。譬如说，我们把全部器官的全部作用看作一个集，把我们所求的某一器官的作用看作其中的子集，再把其余的作用看作该子集的补集并把它定义为干扰，然后，我们用种种方法消除干扰，从而近似地求得该器官的作用，它实际上是该器官在其他器官制约之下的作用，或者，反过来讲，它是以该器官为主并结合其他器官而共同发生的作用。求得这样的作用是很有用的，因为它切合实际。既然有机体是统一的，既然躯体各器官的作用是如此紧密地联系着的，那么，单一器官单一功能的研究自然要用新的研究方法对之作出校正。所以，在当代的生理学中，功能主义和行为主义同时并存，相互为用，就我们讲述的稳态问题而言，伯纳德当然是功能主义的，他的三大发现就是胰功能、肝功能和血管收缩功能。坎农也是功能主义的，但他的多重复合的拮抗装置是只能趋向于行为主义的。至于维纳，他本人是标榜行为主义的，这在维纳的著作中有过细致的论述。他们之间研究方法的变化也是循序渐进的。

现在再看一下中医学。我们古代的外科学是发达的，失传的《外经》计有 37 卷①，它为 18 卷的古《内经》的两倍，这和春秋战国时代战争频繁，金创患者较多，外科学相对领先的情况相符，也和上述的医学发生学的次序相符。

在我们现有的文献中，能否稍为窥见先秦外科学的水平呢？能的。《内经》中的经筋学派就是来自外科学，《素问·皮部论》

--------

① 班固：《汉书·艺文志》记载先秦医经、经方、房中和神仙的书籍计九种，书目如下：〈一〉《外经》（三十七卷）；〈二〉《内经》（十八卷）；〈三〉《泰始黄帝扁鹊俞拊方》（二十三卷）；〈四〉《神农黄帝食禁》（七卷）；〈五〉《黄帝三五养阳方》（二十卷）；〈六〉《黄帝杂子步引》（十二卷）；〈七〉《黄帝岐伯按摩》（十卷）；〈八〉《黄帝杂子芝菌》（十八卷）；〈九〉《黄帝杂子十九家方》（二十一卷）。这些书籍除《内经》外全部失传，《内经》计分《素问》和《灵枢》各九卷，其中，《素问》第七卷失传，晋皇甫谧和唐王冰都承认这个事实，王冰在编撰《素问》时，说他找到了第七卷，但后人在校刊此书时指出王冰所找到的第七卷各篇不是真正的《素问》。至于没有失传的八卷，王冰在序言中承认它们都是断简残篇，他花了 12 年时间进行整理，所以，这部新的《素问》（计二十四卷八十一篇）和先秦的《素问》有很大出入。至于新的《灵枢》（计十二卷八十一篇）则是宋史崧编撰的，史崧在序言中说："但恨灵枢不传久矣"，他是"参对诸书，再行校正"的。既然不传，怎么校正？他说他有"家藏旧本灵枢九卷"。这个讲法和王冰的"先师秘本"同样是托词。所以，今人所读的《内经》应是从先秦到宋代大约长达一千五百年的中医内科学百科全书。

正因为先秦医书丢得太干净了，以致医学史家一般都把《内经》中代表经筋学派的雷公看作一名内科大夫，其身份和代表经脉学派的岐伯相同。实际情况不应如此，当岐伯和巫医作战时，雷公是他们十分倚重的同盟军，又当岐伯探讨内科疾病时，雷公又是一个当然的参与者。所以，《内经》的雷公有双重身份：既是外科大夫，又是内科大夫，他是从外科进入内科的。

和《灵枢·经筋篇》是这个学派的代表作。我们前面论及医学发生学时承认内、外科在一定范围内是交错的，所以，内科学中必有外科学的痕迹，其中，主要内容是外科大夫参加内科疾病的讨论。例如《素问·阴阳类论》中有一个主肝的雷公，《灵枢·经脉篇》所讲的肝足厥阴之脉等等，把一部分神经病看作肝病，这在中医内外科大夫中大体想法一致，岐伯学派也是主张"春脉者肝也""故春气者，病在头"。中医学中的这一见解当然不为西医学所接受，但西医学对于歇斯底里的定义几乎人言言殊。这个问题大概值得作进一步探讨。

我们现在把《内经》中从事内科学讨论的雷公删去，雷公的真面目就比较清楚了。我们的筋有两类，一是筋骨，一是筋脉，前者是肌腱和韧带，后者是外效应神经系统。《灵枢·九针篇》："筋脉不通，病生于不仁。"《皮部论》又在筋脉问题上提供了解剖学证据："皮有分部，脉有经纪，筋有结络。"肌腱和韧带是没有经络的，有经络的当然是神经系统，诸如神经干、神经结等。由此可知，中国古代有神经生理学。但是，筋脉之筋和筋骨之筋之所以合称为经筋，并建成一个学派，这恰恰是治疗金创的外科大夫的职业内容。

以上的解释无非说明了中医学同样是沿着发生学的次序前进的，先外科，后内科，先结构，后功能。我们的外科学肯定没有超出功能主义，又肯定不像当代解剖学那样对躯体各器官的功能作出相对系统化的研究，原因很简单，我们的科学过早地受到儒家思想的影响。依据儒家，"身体发肤，受之父母，不可毁伤"。解剖学因之停顿下来了。清王清任《医林改错》是一部名著，其中，关于心血管系统的讲法远远落后于威廉·哈维，他把动脉称为气管，把静脉称为血管，"气管行气"、"血管盛血"。中医学有落后面，这桩事情是无法否认的。

　　现在再看一下内科学。经脉学派的经脉，有本义，还有申义。本义就是心血管系统，在这一点上，岐伯和伯纳德的答案相同，如果说，中国人的某些答案能比外国人早两千年，这事并不奇怪，因为我们早在从事"君之官"的讨论了，这个讨论对解剖学是有所失的，但对内科学是有所得的。

　　经脉的申义很多，无法用功能主义作解释。因为中医内科学在解剖学停步不前的情况下被迫作了研究方法的改变，这个改变仍然是发生学的，既然弄不清器官的结构，那就着重去研究器官的作用了。《灵枢·经脉篇》一再提到"是动则病"，"是主……所生病"标志着研究方法的逐步转向，在先秦，"动"是脉动，"主"是器官，到了唐宋，含义更广，"动"是能动，"主"是所动，我们很早就有"能所相依"的哲学术语，它是从佛经转译过来的。宋明理学的重点就是能动研究，所动是被讲得含含糊糊的，例如气，既是物质，又是精神。中医内科学如此之早地发生方法论上的转变是有哲学思想作背景的，只不过医学和哲学不同，它的能动研究比较有节制，因为医生必须面对事实，这事和患者生死攸关。这个转变实质上就是行为主义的，只不过我们不宜用今天的术语去套古人的思想，这不仅因为古人欠缺当代的科研手段，也因为中医学颇像一种由于环境不良以致提前成熟的作物，其中焕发着中国人的聪明才智，但它禀赋不足，身体单薄。

　　综上所述，岐伯研究的是一种没有脑袋的生理学，正如外科大夫雷公所研究的经筋是一种没有内脏的生理学一样。中国的岐伯和伯纳德、坎农有某种近似，中国的雷公和维纳也有某种关联。所以，用稳态学说和中医学作比较研究是有利于中医学的发展的。

　　至于第二个论题即中医学已有的成果将有助于稳态问题的进一步探讨，涉面很广，既非本文篇幅所及，亦非介绍坎农著作非讲不可的问题，所以，只好另文讨论。我们这里只请读者注意一个问题：伯纳德所讲的全部液体并非必然地包含了躯体纳水之后的水储。坎农的液床（fluid matrix）是包括了水储的，但他的水库是各自分立的。中国人不同，我们不仅承认躯体有三百六十五个黎谷，而且承认躯体有十二条水渠道，换言之，我们承认躯体有个水系统，这样讲，不单是理论上的某种推测，我们还有针灸学的实践。在针灸学上，所有的进针穴位都是肌肉，并且都是水库所在地，我们的穴位迄今还沿用着水库的名称，例如，曲池、后黎、合谷等等。毋庸赘言，该系统的性质是非线性的。

这样一来，如果我们把外效应神经系统称为（1），内效应神经系统称为（2），躯体各种液体统称为（3），水系统称为（4）；则在稳态研究中，（3）的研究迄今还是初步的，有待于展开；（4）是付缺的；（1）、（2）、（3）、（4）的综合是目前根本谈不上的。所以，维纳所论的生命言之过早，而我们则可以把外国人的稳态研究接过手来沿着我们的途径继续研究下去。

# HOMEOSTASIS AND CHINESE TRADITIONAL MEDICINE: COMMENTING ON CANNON'S *THE WISDOM OF THE BODY* *

*The Wisdom of the Body*, the culmination of W. B. Cannon's many scientific research achievements, is not only representative of his personal academic accomplishments but is also a prerequisite for current research on homeostasis. This work has already been translated by Fan Yuenian and Wei Youren to be published by the Commercial Press. Here I shall offer two personal comments on the book.

## I  A REVIEW OF THE HISTORY OF HOMEOSTASIS

Homeostasis, or the stability of the body, is an issue which everyone seems to understand but in fact not everyone really does. From

* Journal of Dialectics of Nature IV (4) (1982) 72—77.

antiquity, the body has been regarded as a 'microcosm' comparable to the macrocosm. An understanding of its mechanism cannot be achieved in a single day. Physiological research on this problem began in 1859—1860 when the well known French physiologist Claude Bernard conjectured that the blood, lymph, and body fluids are maintained in an orderly continuum. About seventy years later, the American W. B. Cannon worked out experimental demonstrations and a theoretical description which appeared in his book in 1932. Some ten years later, Norbert Wiener published *Cybernetics* (1948), making a very important contribution to the understanding of homeostasis. More than thirty years have passed since then, and the theory of homeostasis has not been developed further. Therefore, we are now discussing a subject which, despite important breakthroughs in the past, is at present stalled.

In 1960, in a discussion of the most important problems of cybernetics, Wiener said, "First is research on self-organizing systems, non-linear systems and questions related to what life is. However, each of these three topics actually refers to the same thing."

These three topics demonstrate the difficulty of the problem. Life, the self-organization of organisms, and the non-linearity of such organization are all interrelated. If we consider living bodies at roughly five levels (the body as a whole, organs, cells, molecules and submolecules), we can see that at whatever level Wiener begins, his approach is very similar to that of theoretical Chinese medicine because it eventually leads to the highest level, the body as a whole. However, the problems of this level are the most difficult to solve because, in the life sciences, the lower the level the easier it is to use existing scientific methods to make approximations. At higher levels, on the other hand, the commonly used scientific research methods are themselves doubtful: can we use the methods applied to non-living things to study living things? This is a question which many scholars throughout the world have discussed time and again without reaching any conclusion. Approaching the issue from a different angle, we encounter the same problem. What is life? As yet it is still difficult to go beyond philosophic discussions. In Wiener's book *The Human Use of Human Beings*, he even called it a question of semantics. Secondly, self-organizing systems in living bodies are products of an evolutionary process which has lasted for hundreds of millions of years. Today, research at any level employs the approach of information theory, starting with genetic information. That is to say, any element at any level is regarded as a 'transmitter-receiver' which can both send and receive signals, thus establishing different synchronized, polarized systems. The nature of the body's organization is thus approximately explained. Here, information and matter are of equal significance because in the material world information cannot exist without a carrier and no carrier is entirely lacking in information. What information theory does is nothing more than extract similarities from various material carriers and use these similarities as information for research. The above ideas go far beyond the concepts contained in the old research on organization and have important value for scientific research. However, they are still largely hypothetical. New breakthroughs in this area will undoubtedly contribute to progress in the study of homeostasis. Thirdly, non-linear systems follow immediately on the problem of self-organization because 'synchronous polarization' is almost equivalent to 'non-linearity. It is widely recognized that most non-linear systems are insoluble mathematically. Only a tiny minority of such systems are soluble or approximately soluble. Thus, research is confined to a very narrow area. Therefore, although Wiener's views are valuable, his scientific approach is very difficult, both in theory and in practice.

　　Is this problem purely man-made? No. In terms of the five levels described above, physiological studies always begin in the middle, at the level of organs or cells. We know that further development of research inevitably moves either downward, as in the case of contemporary studies in molecular biology and genetics, or upward, as in the case of studies on homeostasis during the past century or so. This is because research on homeostasis inevitably concerns the unity of the body and because present research on homeostasis is an upward exploration which begins at the middle levels. Various difficulties will predictably arise in research of this nature. Therefore, Wiener's reasoning and the resulting difficulties are all logically necessary.

　　Now let's review the practical consequences of the Bernard-Cannon-Wiener approach to homeostasis research. Both Bernard and Cannon conducted extensive studies on the physiology of the nervous system. Although they both emphasized the internal effects of the nervous system, it is worth noting that in the homeostatic concepts they proposed, the nervous system occupies a secondary position. We have already mentioned Bernard's three factors in the homeostasis of the body. Based on these, what he proposed is a 'brainless' physiology. The correctness of Bernard's views is demonstrated from a modem point of view by abnormal physiology, i. e. , pathology. Thus, Bernard made epoch-making contributions to physiology.

　　Few people outside France heard of Bernard during his lifetime. For a long time after his death, his views on homeostasis were not understood. Cannon originally advanced independently along his own research path. After several decades of exploration, he suddenly realized that all his work was, ultimately, confirmation of Bernard's ideas. Cannon's evidence covered many areas. The most outstanding was his skillful removal of the sympathetic nervous system of animals, thus experimentally demonstrating that in the antagonic device of the sympathetic nervous system-adrenal gland and vagus-insulin pairs, if only the adrenal gland is removed, the animal will die within 36 hours. If only the sympathetic nervous system is removed, it will survive. Liquids, not nerves, determine the increase and decrease in blood sugar within the body. In other words, Bernard was right.

How should we regard the nervous system? Cannon saw it as a secondary and supplementary instrument which preserves homeostasis. However, readers of *The Wisdom of the Body* might be interested in Cannon's account of how he accidentally released a monkey whose sympathetic nervous system had been removed into a yard to enjoy the fresh air and early summer sunshine. The monkey did not benefit, but rather fainted from heat stroke. This is an extremely important problem, but it slipped through Cannon's fingers. Now, of course, it is understood that the monkey fainted because the channel between its external effect nervous system and body fluids was partially blocked due to the removal of the sympathetic nervous system. A half century ago, Cannon already generally understood this. He described the central nervous system in great detail in his book, including advanced bodily reactions, the safety limits of the body, and the requirements for an active life in a constantly changing world. However, when confronted by this unfortunate monkey, he put down his pen without making any further inferences.

Why? There are far-reaching historical causes. Omitting distant influences, let's concentrate only on Bernard. According to his well-known thesis, living bodies have two environments, the 'milieu interieur' and the 'milieu exterieur.' This is a scientific proposition which particularly applies to all terrestrial animals. However, this idea still retains philosophical and even religious overtones. Examining authoritative nineteenth century works, one finds that some claim that the '*milieu exterieur*,' which is subordinate to the individual body, is very big and some that it is very small. They hesitate on this issue because they're uncertain. Bernard naturally formed the view, based on physiology, that the inside and outside are different. Since the concept of homeostasis was deduced from the '*milieu interieur*,' the problem of the '*milieu exterieur*' is naturally eliminated. Evidently, it's no accident that Cannon stopped in the face of the problem of the monkey. His research emphasizes the '*milieu interieur*,' and he had no intention of removing the fence. He only discussed the central nervous system when talking about general physiological problems. This way of thinking continues today. Following this tradition, homeostasis is called '*internal homeostasis*.' We previously labeled the homeostasis that Bernard and Cannon studied '*brainless*' physiology. In fact, even if we add a brain to the body, they will still, strictly speaking, turn a blind eye toward it.

For this reason, only a generation later Wiener, whose father was Cannon's friend and who himself was the friend of Rosenblueth, Cannon's assistant and colleague, made important breakthroughs in homeostasis research at Harvard University. Wiener's research route is even more peculiar. He first started in mathematics, physics, and engineering and later entered the field of physiology. We have no evidence to show that he had any special partiality to the nervous system as a whole, but the physiological questions he dealt with, such as cerebellum shock, the explanations for Parkinson's disease and the problem of abnormal posture feedback caused by various diseases, are all associated with the external effect nervous system. These kinds of instability in the nervous system naturally led Wiener to apply feedback concepts drawn from physics to physiology. Wiener constructed mechanical simulations and mathematical explanations of these examples of abnormal physiology and called them ' positive feedback. ' Negative feedback then became a necessary instrument in random communication between normal people and the ' *milieu exterieur.* '

Here, we need not equate the feedback in physics with physiological feedback. Wiener was cautious about this because any part of the body at any level exists in a ' liquid environment, ' while most parts of any machine exist in a ' terrestrial environment. ' As far as we know, substances made of protein and those made of metal cannot be mentioned in the same breath. However, we note that when Bernard claimed that the body fluids provide the necessary conditions for preserving stability within the body, whatever the fluid, regardless of whether it has channels or not, he identified only the material not the mechanism. Cannon proposed the mechanism, which he called ' antagonic devices, ' and claimed that there are many such devices in the body. They are generally multiple and very complicated. The preservation of a constant temperature within the body is a very simple example. In blood flow alone, the preservation of constant levels of sugar, salt, lipids and protein within the blood constitutes a fairly complex partial mechanism within the cardiovascular system. As for the body in a constantly changing environment, as in the case of animals engaged in life-and-death struggle, the self-adjustment process is so sensitive that we have to admit that the mechanism of home ostosis is exquisite. The incomparable ingenuity far exceeds that of antagonic devices which can easily be constructed mechanically. Thus, concepts of information feedback are bound to replace reference to such devices.

This is almost the only feasible possibility for current scientific research. At the same time, with this replacement it becomes clear that homeostasis never remains still and never deviates, even for a single moment. It's the boundary between life and death: the preservation of homeostasis is health and a rupture of homeostasis brings death.

To summarize, we think that past approaches to research on homeostasis have been appropriate and reliable. The present difficulties are only temporary.

## II  LOOKING TOWARD THE FUTURE

The Wisdom of the Body was published 50 years ago and is easily understood by the layman. This book is recommended now because it provides a necessary reference for research on Chinese traditional medicine. The purpose is two-fold: knowledge of homeostasis is useful in research on Chinese medicine and, conversely, research findings from Chinese medicine also promote research on homeostasis.

As for the first, I offer the following general explanation. Chinese medicine includes the clinical experience of hundreds of millions of people over several thousand years. A large volume of literature exists, especially theoretical works by eminent authorities from different dynasties. At least in form, Chinese medicine possesses features common to all positivist sciences. However, it also has its own distinctive characteristics. First, since it is ancient, it makes extensive use of ancient methods of reasoning in which medicine and philosophy are closely interrelated. However, it is also 'new' medicine. Although its methodology is very ancient in China, it's so new abroad that it is not yet widely accepted. Therefore, its scientific nature still awaits further evaluation. We already know that this judgement cannot rest solely on existing works in the history of science nor exclusively on the available literature of Chinese medicine. These two are too far apart. We need a good mediator to act as the starting point for such a judgement. A beginning certainly exists in the life sciences. Chinese medicine combines physiology, pathology, theoretical medicine, and applied medicine into a single whole, so we seem to be faced with a relatively vast area for selection. However, the practical situation is quite the opposite. No single life science established before the nineteenth century is appropriate for our purpose, and that's why the evaluation has not yet been made. For example, anatomy once seemed a likely approach because anatomy was also studied in ancient China. But the purpose of the anatomy of the *Canon of Internal Medicine* (*Nei Jing*) can only be to search for the 'king's organ' and so anatomy moves upward, while contemporary anatomy moves downward, so a comparison between them would be ridiculous and self-defeating. Therefore, to decide whether to incorporate Chinese medicine into the body of science or to exclude it, we must patiently wait and make repeated scientific tests. Twentieth-century homeostasis theory should become the mediator in this judgement process. We have reason to believe that even if an evaluation of the scientific nature of Chinese medicine based on homeostasis theory is not entirely successful, it will at least be very beneficial because the theory has already produced important achievements in scientific research and because research is directed upward, as is Chinese medicine.

If such a comparison is to be carried out, the first concern is methodology. Let us explain this simply.

Research on physiology and medicine both have a natural order of development. That is, each research subject sets general priorities and advances in a gradual, orderly manner, whether researchers are aware of this order or not. To take a simple example, to kill and dissect a chicken are two different tasks. The former is applied; the latter is scientific. The applied task comes first and leads to the scientific one. For a long time, internal medicine was dominated by witch doctors and surgery gradually began to develop through practice. Therefore, surgery came first and internal medicine followed. Early Qin literature reveals a fierce struggle among witch doctors at that time. Although this is a sign of the gradual growth of internal medicine, it could not become a science without the assistance of surgery.

By that time, surgery had developed to the extent that it could describe not only the anatomy of the external parts of the body but also of the viscera, which involved opening the body and carefully dissecting each organ. We first examine the structure of each organ, then study the function of each structure. Here, internal medicine and surgery meet because each is important in understanding both structure and function. In physiology, the method which studies the function of the organs by understanding their structure is called 'functionalism.' For a time, it reached a high level of perfection and completely dominated, but later this method also eventually reached its limit.

Because the function of any organ in the body is subject to the restrictions of other organs, studying function by examining the structure of an organ necessarily yields only a partial understanding. This applies to the problems of the role of the brain and the function of any single organ. Even if we can make a clear, logical, detailed argument, we will still remain ignorant of the body as a whole. Moreover, some subjects, such as the various mechanisms of the human brain, cannot be studied with black boxes.

In the face of more difficult problems, we are forced to adopt new methods from behaviorist research. These methods ignore the problem of the structure of organs and focus instead on their behavior or function. For example, we can regard the functioning of all the organs together as a set and the function of the particular organ we are examining as a subset. The functioning of the remaining organs form another set which is supplementary to that subset and can be defined as interference. Then, using various methods, we remove interference and thus approximately obtain the function of the organ under examination which is, in fact, the function of the organ under the restriction of other organs or, expressed in another way, the function of a number of organs together, in which that particular organ dominates.

Such functions are very useful because they are consistent with reality. Since organisms are unified wholes, and since the function of all the organs in the body are so closely related, the study of a single function of an isolated organ naturally needs to be modified as new research methods develop. Therefore, in contemporary physiology functionalism and behaviorism coexist and are complementary. As for the homeostasis we described, Bernard's approach is certainly functionalist. His three big discoveries are the function of insulin, of the liver, and of the contraction of blood vessels. Cannon's approach is also functionalist, but his multiple and complex antagonic devices tend toward behaviorism. And Wiener thought of himself as a behaviorist, as he described in detail in his work. The change in the research methods of these three scientists is also gradual and orderly.

Now let us take another look at Chinese medicine. In ancient times, surgery was well developed. *External Medicine ( Wai Jing )*, which has been lost, consisted of a total of 37 volumes, [1] twice as many as the ancient, 18-volume *Internal Medicine*. This is not only

---

[1]    The 'Literature Section' of Ban Gu's *History of the Han Dynasty ( Han Shu )* records that nine books on early Qin medicine, prescriptions, hygiene and celestial beings existed. They were *External Medicine ( Wai Jing )* (37 chapters), *Internal Medicine ( Nei Jing )* (18 chapters), *Tai Shi Huang Di Bian Que Yu Fu Fang* (23 chapters), *Shen Nong Huang Di Shi Jin* (7 chapters), *Huang Di San Wu Yang Yang Fang* (20 chapters), *Huang Di Za Zi Bu Ying* (12 chapters), *Huang Di Qi Bo An Mo* (10 chapters), *Huang Di Za Zi Zhi Jun* (18 chapters), and *Huang Di Za Zi Shi Jiu Jia Fang* (21 chapters). All have been lost, with the exception of *Internal Medicine* which includes the 9-chapter *Questions and Answers ( Su Wen )* and the 9-chapter *Canon of Acupuncture ( Ling Shu )*. The seventh chapter of *Questions and Answers* has been lost. Both Huangpu Mi of the Jin dynasty and Wang Bing of the Tang dynasty admitted this fact. Wang Bing claimed to have found the missing chapter while he was compiling *Questions and Answers*. However, when people later checked the book for publication they pointed out that the articles in the chapter Wang Bing found were not authentic. Wang Bing admitted that the eight chapters which survived consisted of broken bamboo fragments and incomplete articles which took twelve years to sort out. Therefore, there are many discrepancies between this new *Questions and Answers* ( which consists of 81 articles in 24 chapters) and that of the early Qin dynasty. The new *Canon of Acupuncture* ( which also contains 81 articles in 24 chapters) was compiled by Shi Song of the Song dynasty. In the preface, Shi noted, "I wish that the *Canon of Acupuncture* had not been lost. " He "rectified the work based on references from many books. " How could he correct a book that had been lost? Shi said he had "an old edition of the ninechapter *Canon of Acupuncture* which had been kept in his family. " This was merely a pretext, as was Wang Bing's "teacher's copy. " Therefore, the *Internal Medicine* available today is an encyclopedia of traditional Chinese internal medicine which lasted for about 1500 years, from the early Qin to the Song dynasty.

Because almost all of the early Qin medical books have been lost, historians of medicine usually regard Lei Gong, a representative of the Jing Jing' (Tendon and Nerve) School of internal medicine whose role was similar to that of Qi Bo who represented the 'Jing Mai' (Channels) School, as a doctor of internal medicine. Actually, this was not the case. When Qi Bo was struggling against the witch doctors, they heavily depended on Lei Gong as their ally. When Qi Bo discussed internal diseases, Lei Gong naturally participated, so the Lei Gong in *Internal Medicine* had a double identity. Both a surgeon and a physician, he entered internal medicine from surgery.

consistent with the occurrence of frequent wars during the Spring and Autumn and the Warring States periods when the many cases of metal-inflicted wounds led to advances in surgery, but also with the order of development described above.

Does the available literature give us a glimpse of the level of surgery in the early Qin dynasty? Yes. The Jing Jing ( Tendon and Nerve) School in *Internal Medicine* derives from surgery. *Questions and Answers ( Su Wen )*, 'On Skin' ( 'Pi Bu Lun') chapter, and the *Canon of Acupuncture ( Ling Shu )*, 'On Tendons and Nerves' ( 'Jing Jing') chapter, are the representative works of this school. In the previous discussion of medical development, we noted that internal medicine and surgery are to some extent interconnected. Therefore, internal medicine is bound to contain a trace of surgery, largely derived from discussions by surgeons who cooperated in treating internal diseases. For example, in *Questions and Answers*, 'On Principles Classified' ( 'Ying Yang Lei Lun') chapter, there is a physician Lei Gong who emphasized the dominance of the liver. The *Canon of Acupuncture* identifies some nerve diseases as liver diseases, associated with the liver channel ( beginning at the big toe and traveling along the inside of the leg past the groin to the liver) and other channels mentioned in the 'On Channels' ( 'Jing Mai') chapter, This is basically consistent with the views of doctors of Chinese medicine, both internal and surgical. The Qi Bo school also advised that "the spring channel is the liver channel ··· therefore the spring evil makes disease in the head. " These ideas of Chinese medicine are, of course, unacceptable in Western medicine. However, the definition of hysteria in Western medicine is quite different. This question deserves further study.

If we delete Lei Gong, who played a role in discussions in the *Canon of Internal Medicine*, then Lei Gong's true face becomes clearer. There are two types of 'jing' : one consists of bones and muscles and the other of arteries and veins. The former refers to tendons and ligaments and the latter refers to the external effect nervous system. The *Canon of Acupuncture*, 'On Nine Needles' ( 'Jiu Zhen' ) chapter, notes, "When the channels are obstructed, the blockage causes disease. " 'On Skin' provides anatomical evidence for the problem of the nervous system. "The skin of the body can be divided into twelve parts. The veins are administered by twelve channels and the nervous system possesses joints. " Tendons and ligaments have no joints ( jie lo) . Of course, it is the nervous system, the nerve cord and ganglia, for example, which possesses joints. Thus it is evident that the physiology of the nervous system was studied in ancient China. However, the 'jing' of 'jing mai' ( nervous system) and the 'jing' of 'jing gu' ( tendons and ligaments) are linked together to form the Jing Jing ( Tendon and Nerve) School precisely because surgeons who treated metal-inflicted wounds dealt with both.

The above explanation only demonstrates that Chinese medicine has also followed the order of development: first surgery, then internal medicine; first structure, then function. Our surgery has definitely not gone beyond functionalism and certainly differs from modern anatomy which conducts relatively systematic research on the function of all the organs in the body. The reason is very simple. Our science was too early influenced by Confucianism. According to Confucius, "Body, hair and skin are all passed down from our parents and must not be damaged. " Anatomy therefore stopped. *Corrections in Medicine ( Yi*

*Lin Gai Cuo*) by Wang Qingren of the Qing dynasty is a well known work in which the understanding of the cardiovascular system is far inferior to that of William Harvey. He called the arteries 'windpipes' and the veins 'blood vessels.' "The windpipes carry air···the blood vessels contain the blood." Chinese medicine is undeniably backward in some respects.

Now let's look at internal medicine. The 'jing mai' of the 'Jing Mai' school has an original, narrow meaning and later, broader meanings. Originally, it referred only to the cardiovascular system. In this respect, the answers of Qi Bo and Bernard are the same. It is not strange that the Chinese found some of these answers two thousand years before foreigners because discussions on the 'king organ' began quite early. This discussion, while it detracts from anatomy, adds to internal medicine.

There are many expanded meanings of 'jing mai' which cannot be explained by functionalism. In China, internal medicine was forced to change its research methodology because anatomy was stalled. Nevertheless, this shift remained consistent with the order of development. Since the structure of organs could not be made clear, then research had to emphasize the function of the organs. The *Canon of Acupuncture*, 'Jing Mai' chapter, repeatedly emphasized, "If a 'jing mai' is 'dong' it means something is wrong··· It is the 'zhu' ··· which causes the ill." In the early Qin dynasty 'dong' meant a kind of abnormal action, i. e. , of the channels, and 'zhu' referred to the organ to which the channel connects, while in the Tang and Song dynasties the meaning was even broader. 'Dong' is 'neng dong,' meaning that the channel can act independently, and 'zhu' is 'suo dong, ' meaning that the organ is the ultimate source of the problem. A long time ago we had a philosophic term ' neng suo xiang yi, ' meaning that ' neng ' and ' suo' are interdependent, which is a translation from Buddhist scripture. This symbolizes the gradual shift in research methodology. Neo-Confucianists concentrated on the study of the channels, and the connecting organs were not so important. Therefore, the meaning of ' suo dong ' is very ambiguous. For example ' qi' refers to both matter and spirit. There were philosophical reasons for such an early shift in methodology in Chinese internal medicine. However, medicine differs from philosophy in that the study of the channels was relatively limited because doctors had to face reality: the life and death of the patient. Although the shift was behaviorist in nature, we cannot use today's terminology to label ancient ideas. This is not only because ancient people lacked modern scientific methods but also because Chinese medicine is quite like a crop which ripened too early due to an inappropriate environment. Although it displays the wisdom and talents of the Chinese people, its natural endowment is insufficient and therefore fragile.

To summarize, what Qi Bo studied is a brainless physiology just as the ' Jing Jing' (Tendon and Nerve) School of the surgeon Lei Gong is a physiology which has no internal organs. The Chinese Qi Bo shares something in common with Bernard and Cannon. And the Chinese Lei Gong has some relationship to Wiener. Therefore, a comparative study of homeostasis theory and Chinese medicine would be beneficial to the development of Chinese medicine.

The second proposition, that the existing achievements of Chinese medicine will be helpful to further research on homeostasis, is very broad and lies beyond the bounds of the present article. Moreover, it is not necessary to deal with this issue in an introduction to Cannon's book, so it will be discussed in a separate article.

Here we'd like to draw the reader's attention to a problem: Bernard's 'whole fluid' does not necessarily include the water reserves which exist when the body is filled with water. Cannon's fluid matrix includes the water reserves, but his reservoirs are independent of each other. The Chinese concept is different. We not only believe that the body has 365 valleys with brooks but also that there are 12 water channels, i. e. , the body has a water system. This view is not merely a theoretical conjecture. We have the practice of acupuncture. All the acupuncture points where needles enter are muscles which are the locations of reservoirs. The acupuncture points still use the names of reservoirs, such as 'bent pool' ( 'qu chi' ) , 'reserve brook' ( 'ho xi' ) , 'combined ravine' ( 'he gu' ) , etc. It's unnecessary to point out that this is a non-linear system.

Thus, if we consider the central nervous system as ( 1 ) , the sympathetic nervous system as ( 2 ) , various fluids of the body as ( 3 ) , and the water system as ( 4 ) , then in homeostasis studies research on ( 3 ) remains in the preliminary stages and awaits further development, ( 4 ) is lacking, and it's still not feasible to combine ( 1 ) , ( 2 ) , ( 3 ) , and ( 4 ) . Therefore, it's still too early for Wiener to talk about life, and we can use foreign research on homeostasis to further research in our chosen direction.

# 论 经 络

## 引 言

中医学是不是一门科学？[①] 预期的答案计有四个，它们由全称、特称、肯定、否定这四者两两组合而成。其中，中医学完全是一门科学或完全不是一门科学这两个答案是当前无能为力的，因为文献非常之多，鉴定工作费时，至少几十年，很可能还要长些，因为鉴定之时还会出现并非简单的争论包括对鉴定标准的再鉴定在内。目前可行的办法是对中医学作出部分肯定或部分否定，这又有两种方案。一种方案是任意选定研究对象，对之进行分析，作出初步结论，但留此存照表示有所保留，等到将来，

---

[①] 本文直接查问中医学的科学性，不提自然哲学，这是因为古科学并非必然地都是自然哲学，例如，欧几里得几何学、古希腊的筑城学等，它们都不被称作自然哲学。一般讲，实用科学与哲学关系不多，理论科学则相反。当然，古科学和今科学的含义不同，恩格斯《自然辩证法·导言》一开始就讲了这个问题。至于古科学的发生学问题即科学与哲学何者居先，作者另有考虑，容我们以后有机会时再作阐释。中医学具有实用和理论双重性质，允许从不同角度作不同的考虑。鉴于本文只对中医学作出特称肯定，亦即只肯定其中的科学部分，所以有如上的提法。——作者

积少成多之后，再作总结算；另一种方案是选择专题，把它限在对中医学举足轻重或支配全局的对象上，经过探讨和再探讨之后，期望做出这样的结论：中医学基本是或基本不是一门科学。这样的答案对研究工作非常有利，因为它和全称肯定或全称否定相对接近。

有没有这样的对象呢？有的。

中医学在形式上和经验科学相同，它有几千年亿万人次的临床实践，又有浩如烟海的理论著作。当一个学科的科学性受到查问时，查问的对象不是经验，不是事实本身，而是人们对事实所作的解释，即理论。当然，这里所讲的经验是有特定含义的，它应当称作必然经验，具有可重复性，但在生物科学中，可重复的经验一般带有统计性质，因为躯体有变异，允许有例外。在医学中，例外可以称作事故，但不称作庸医杀人，除非防止出现例外的手段已经具备。

理论中医学就是在上述经验的基础上建立起来的，其中，有小部分尚未建成理论或其理论化的程度很低，例如，个别单方，屡试不爽，但讲不出道理，我们只好说它是知其然，而不知其所以然的东西。中药也是如此，它绝大多数是有机物，我们现在只能知道它的主要的化学结构，不是全懂。几千年来，我们的医生就是用药物这个近似的黑箱去治疗躯体这个近似的黑箱，我们对双方都不算太懂，但这不妨碍我们在两个近似的黑箱之间建立起必然联系。和今天的思维以及当代科研手段相较，古人便用古思维来建立这种联系是相对困难的，但并非不可能。这个问题涉及思维发展史研究，这里从略。

撇开上述的内容，我们就进入理论中医学的主体。中医学计分大、小两支：大支是草药医学，小支是针灸学。大支有多个理论，诸如五行学说、阴阳学说和脉学，小支只有一个理论，它称作经络学说。但是，如果我们作追本溯源的探讨时，我们就会发现。大支的理论一律根源于小支，例如，五行学说的前身就是经络学中的五经，脉学和阴阳学说的前身就是经络学中的六经。汉张仲景的《伤寒论》对草药医学的发展影响甚大，历代各家各派的学说，包括反对派的见解在内，都得直接、间接地溯源于《伤寒论》，而《伤寒论》的前身就是《素问·热论》。《热论》是什么呢？它是经络学中的六经诸模型之一。

所以，理论中医学的主体是一个有理论结构和层次的主体，它的核心课题就是经络学。今人已经相当注视这个课题并发表了多篇论文了，我们现在抛砖引玉，也来论经络。

## 一　经络模型概况

我们有两类经络：一是作为认识对象的经络，它讲的是经络实体；一是作为认识成果的经络，它讲的是经络模型。今人提问：何谓经络？他问的是这个实体，而非模型；今人看到的针灸挂图或铜人，他看到的是模型，而且只是诸模型中的部分模型，不是实体。

作出这个区别，是因为历史上有过混淆。混淆是以一个难题的形式表达出来的，它提问：经络与穴位何者为先？申言之，如果经络在先，何必穴位连线？如果穴位在先，何必循经取穴？

实际上，在先经络是指经络实体，在后的经络是指经络模型。所谓循经取穴，就是依模型而取穴，只有治疗学的含义，把模型当作实体，那就乱了套了。

为使读者便于明了起见，我们从《内经》摘取模型并依序列表如下：

1. 四经（《素问·阴阳别论》）

2. 五经（《素问·五藏生成论》）

3. 六经（《素问·四时刺逆从论》）

4. 六经（《素问·热论》）

5. 六经（《素问·厥论》）

6. 六经（《素问·脉解篇》）

7. 六经（《素问·阴阳离合论》）

8. 六经（《灵枢·根结篇》）

9. 九经（《素问·气府论》）

10. 十经（《素问·刺热论》）

11. 十一经（《灵枢·本输篇》）

12. 十二经脉（《灵枢·经脉篇》）

13. 十二经别（《灵枢·经别篇》）

14. 十二经水（《灵枢·经水篇》）

15. 十二经筋（《灵枢·经筋篇》）

《内经》还有其他模型，这见于《素问·诊要经终篇》、《素问·阴阳脉解篇》、《素问·调经论》、《素问·皮部论》、《灵枢·官针篇》、《灵枢·九针篇》、《灵枢·逆顺肥瘦篇》等。为免与表中模型重复，故删。

现在，我们作如下两点的讨论。

（甲）分期问题。我们知道，《素问》是唐王冰整理的，《灵枢》是宋史崧整理的。依据王冰的讲法，十八卷古《内经》只剩下八卷而且残缺不堪，他把这八卷加以整理，花了12年时间，整理成二十四卷共八十一篇的《素问》。人们自然要问：先秦《内经》有这么多的内容吗？答案是否定的，不可能如此，它大部分是从汉至唐的许多无名研究家添补进去的，王冰本人也有添补。现在我们进一步查问：这部《素问》有没有发明和创造？

依作者看来，至少在经络学上限于述古，没有创新，证据有二：第一，我们在马王堆出土了两个十一经，它们是公元前168年随葬的，入土时间距秦亡仅40年，殉葬品一般是珍物，所以我们有理由用十一经断代。我们从《素问》中只能找到十经，所以王冰连述古都没有述全，十一经被藏匿起来了，到了史崧手里，十一经再现，题为《本输篇》。第二，针灸有化简法，这就是手针是足针，手针一直保留下来，它称作"灵龟八卦法"，足针少见，但国外存在，足针的老祖宗应推到《根结篇》，它讲的是足六经，这也是王冰没有述全到了史崧手里才再现的。

面对古《内经》、《素问》的主要工作理应是整理。但面对已经整理出来了的《素问》、《灵枢》的主要工作理应是创新，没有创新，这部著作不值得问世，问世了也不足以《灵枢》之名托古，该书当然也整理了一些先秦遗篇，并且作了补充，例如和马王堆的十一经相较，《本输篇》充实得不可以道里计，也比晋王叔和《脉经》卷六的内容丰富。但是，重要的问题不在于此，重要的问题是十二经诸模型的相继出现并在书中依序排列，这肯定是一次思想上的飞跃，理由如下：第一，十二经脉中的心包络经是一条虚经，根本没有这个器官，医学不能乱弹琴，在古人思想中要求有实体作为依据，把每条经脉和藏器连接起来这是煞费心思的工作，时间持续一千多年，现在，发生了突变，拿出一个没有器官的器官来，这是有理论背景的，我将另文讨论；第二，这些模型都冠以十二经，意思是：偶经模型到此结束，这必须对穴位的性质有了进一步的理解才是可能的；第三，《经水篇》是经络学研究的高度成就，一般人都能断定，这必然是后世著作，不是先秦所能有的；第四，在《素问》中从来被当作贬斥对象的雷公学派，在《灵枢》中以《经筋篇》的形式和其他模型结合起来了。所以，我们有理由把《灵枢》中的一部分篇幅看作唐宋时代特别是宋代的著作。我们这个讲法仅限于经络学，它和从经络学中派生出来的草药医学的情况不同，草药医学在历史上都是发展的。

这样分期，表明了经络学在历史上有两个繁盛期，一在先秦，一在唐宋，后者主要是宋代。在两个繁盛期之间，存在着间隔期，从秦到宋是第一个间隔期，约一千年；从宋到今是第二个间隔期，时间已经八百年了。

（乙）研究内容。不难看出，表中诸模型应该分为两类，一类是四经至十一经或十二经，它们是依序相替的；一类是十二经诸模型，它们是互为叠加的。现在解释一下。

在第一类模型中，1. 古人把躯体作六分：上和下、左和右、前和后，其中，左和右是对称的，如果经络研究不从奇经开始而从偶经开始，那就可以消去一对因子，只需考察上和下（或称手和足）以及前和后（或称腹和背）了，躯体的这四个区域理应都有经脉，至少各一条，所以，四经是偶经研究的初始模型。2. 十二经诸模型合起来称为终极模型即经络实体，但十二经脉只是该实体的一个组成部分，其所以止于十二，因为穴位是个面，穴位与邻近穴位之间还有一个中间地带，这样一来，肘膝以下可以连线的数目就很有限，经验证明，它是十二条，其他部位，主要是躯干，可以继续连线，这样的数目又有十二条，称为经别即十二经脉的分支，所以，偶经研究到此为止。3. 表中有多个六经模型，它们是不同研究家的不同总结，有理论价值，所以古人保留下来了，这里从略。4. 表中缺七经和八经，实际上还缺九经和十经，这些模型古人都研究过，而后才能产生十一经，但在有了十一经以后，这些中介模型就淘汰掉了，它们没有理论意义。表中的九经实际是六经加上三条奇经，它暗示了偶经研究完毕后应当再和奇经结合；表中的十经是五经的双经，即两条经脉连接一个藏器，这个思想早在六经研究中就已出现：藏器和经脉的关系究竟是一一对应还是一多对应或多一对应？针灸学就在这个问题上分为两派：一派以《灵枢·经脉篇》和元滑寿《十四经发挥》为本，主张一藏一线，凡病证属于某一藏器者则在相关经脉上取穴位治疗之，这叫作"循经取穴"，另一派以《灵枢·本输篇》和晋皇甫士安《甲乙经》为本，承认穴位是多功能的，从而承认一藏多线和一线多藏的结合。十经的出现，说明了后一种结合也是合理的。十经的另一个含义就是给五行学说以新的内容：既然一个藏器可以连接两条经脉，其中的另一条经脉又连接到另一个藏器，那么，五个藏器自身也是互为连接的。

5. 经脉、经别再加上奇经构成了一个可以连线的模型，它概括了三百多个穴位。但在模型之外，还存在着两种东西：一是经外奇穴，现在已经发展到几百个了；一是阿是穴，哪儿痛哪儿就是穴位，理论讲，它是无限个的。这说明针灸模型有局限性，而作为针灸学理论基础的经络学则具有更为丰富的内容，它迫使研究家在建立了可以连线的模型之后仍须作进一步的研究，第二类模型于是产生。

在第二类模型中，经脉和经别已在上面讲过了，我们只需补充两个内容：1. 《经水篇》承认躯体有一个水系统，它之被分作十二条，无非是配合十二经脉的一种讲法，实际上它是一种"外有源泉而内有所禀，此皆内外相贯，如环无端"的系统。这个系统和经脉的关系非常紧密，"经脉十二者，外合于十二经水"，这个讲法在解剖学上是正确的。正因为如此，经水和经脉名称一致，一一配对并且内外结合。但是，经水是没有穴位的，所以，经水的穴位和经脉的穴位统一，换言之，在这篇经文里，承认穴位有两个内容，一是毛细血管，一是水库，正因为有两个内容，所以经文提出"合而以治"和"合而以刺"的道理。我们前面已经提到穴位是个面，不是点，这只需考虑针灸工具诸如砭石、艾绒也就可以明白了。另外，我们的骨度法，所以长期保留，原因是，面上取穴只求近似，进针时可以再作调整。由此可知，《经水篇》把穴位的内容分解开来，这就为经络研究作出了巨大的贡献。2. 经筋是雷公学派提出的，"以痛为输"，没有固定穴位，但它并非没有传导经路，《经筋篇》对这些传导经路作了描述，分为十二条，它的缺点是：十二条经筋没有连接藏器，至少局部地落在古代刺筋法之后；也没有汇总于脑，这当然远远落后于当代神经生理学；而且，这篇经文把经筋疾病限于痹症。仅仅适合于内科大夫的职业内容。所以，这篇经文有很大局限性。但是，重要之点是：内科大夫岐伯终于承认了神经系统并且把它连成一个模型用来和经脉、经别、经水相配合。这样，它就暗示了一个事实，除毛细血管和水库外，穴位还包括了末梢神经。这三者在十二经名义下得到结合。于是，"合而以治"和"合而以刺"的针灸学乃是一箭三雕的治疗法。

在古代，刺法有五：刺皮、刺肉、刺筋、刺脉和刺骨。刺骨是特殊疗法，今人不用。肉（水库）、筋（末梢神经）和脉（毛细血管）这三者在多数情况下不易区分，因为针刺有深度。经内穴位的"合而以刺"就是在这个基础上提出的。刺皮可以不伤肉和脉，这个刺法和阿是穴对应。剩下的是经外奇穴，它的结构也许是三合一，也许是二合一，情况不等。

从有机体的统一性这个科学命题出发，理应导出一个结论：牵一发而动全身。所以，躯体是一个安装有数之不尽的和性质不等的开关系统。古人用针灸学对之进行研究，很有成绩，而进一步的研究，则有俟于来日。

# 二　《内经》中的经络实体

针灸有疗效。它从特定穴位开始，施以特定刺激（包括刺激工具、刺激时间、刺激量大小和刺激方式等），该刺激经过特定的距离并以特定的方式作传导，然后到达特定的病灶并对之作出特定的调整。这里有很多因子，情况是很复杂的。但是，其中有个主要的问题，它就是这条未知的传导经路，古人称之为经络。

我们认为，经络是古人提问的，答案是待于研究。不同时期的不同讲法是逐步研究而后得出的并非定论的见解，虽则研究的过程自身形成一个传统，它规范着继后可能得到的答案。

我曾在《稳态和中医学》[①] 一文中讲到一点医学发生学，这就是，器官结构的研究在先，器官功能的研究在后。在古代，功能研究依其思想是离不开器官结构的，举例说，经络模型研究工作的重点有二：一是是否经脉和藏器连接，一是对经脉进行阴阳分类。古人在进行分类时很难兼顾连接工作，但尽管如此，可连接的还要连接，无法连接的则虚位以待。十一经以前的情况都是如此，只有六经诸模型中有一部分例外，这部分模型在形式上不连藏器，但实质上是把问题悬挂起来，留给后人作进一步的考虑的。这里有一个哲学思想，古代唯物论是直观的，它要求有一个看得见和摸得着的实体。十一经就做到了五脏六腑皆有脉，十二经的心包络是个虚拟的藏器。前面讲过，古人把经脉和藏器相连是煞费苦心的，花了很多的时间。但是，在漫长时间中，有没有思想上的闪光，对经脉连藏问题作出根本的否定呢？有的，仅有

---

① 　参见《自然辩证法通讯》1982 年第 4 期。

一例，这见于《史记·仓公扁鹊列传》，讲到了十二经的流注方向，没有藏器，也没有穴位。就流注方向而言，它和《灵枢·逆顺肥瘦篇》不同，就连接藏器与否而言，它和《灵枢·经脉篇》不同。王冰和史崧并非不读《史记》，他们的著作都提到淳于意（仓公）和秦越人（扁鹊），但他们无视于这个流注图。所以，思想上的闪光一闪而灭。藏器在中医学史上占据支配地位。

正因为如此，要了解经络，必先了解藏器。

古代有个"君之官"的讨论，主题是：何者是主宰生命的器官。《内经》对此有多个答案：一个岐伯主心，另一个岐伯主肺。一个雷公主肝，还有一个方士主脑。现简述如下：

《素问·五藏别论》："黄帝问曰：余闻方士，或以脑髓为藏……"方士就是方外之士，他和方内之士相对峙。庄子有个定义，用方内和方外对儒道两家作划分。这里的儒家相当于今天所讲的社会科学家，这里的道家相当于今天所讲的自然科学家，后者包括医生。中医学之被看作黄老之术的一个组成部分，就是这个道理。所以，中医师的前身就是方士。随着中医学的向前发展，内科和外科分开，内科大夫是方内需要的，所以岐伯到方内来了。外科大夫战时随军，平时没有太多用处，因为方内找不到多少缺腿断胳膊的患者，所以，雷公只好回家，到方外去。方是地域概念，最远的方外就是野，它是一个无人管辖区，所以，方外是相对自由的，但其生活条件是非常简陋。古代的解剖学大概就是在这样条件下产生，它不可能发达。解剖学培养了一批雷公，主脑说来源于此。岐伯已经转到方内了，他是贬斥雷公的，方士的含义以后又有了变化，于是，他把主脑说归给方士，把该学说看作不经之谈。

《素问·阴阳类论》："黄帝燕坐……而问雷公曰：……何藏最贵？雷公对曰：春、甲、乙、青，中主肝……臣以其藏最贵。"这个雷公是主肝的。雷公为什么主肝？试把一活体的脑袋砍下，他死了，躯体分为两截。在这个情况下，死亡一定是躯干和脑袋分离之故，亦即躯体这一端不能失却另一端，所以，主脑的雷公还需要在内脏中找出一个藏器与脑髓相结合，这个藏器就是肝。为什么是肝？由于《外经》佚传，我们现在只有两个证据：其一，我们迄今保留一个没有典故的典故，叫做"肝脑涂地"，其流传之广，不下于孟子的"心之官则思"。肝脑涂地这个讲法首见于《汉书》，在《蒯通传》中是用来描述战场惨状的，在《苏武传》中用来表示尽忠报国的。总而言之，肝脑并提，代表生命，这是古代战士的见解，当然也是随军外科大夫的见解，其理论依据理应出自雷公。但是，除《汉书》外，我们无法追溯了，所以，这个典故是讲不清道理的。其二，歧伯学派虽然反对主脑和主肝，但是，肝的重要性以及肝和神经系统的关系则是歧伯学派一致肯定的，"肝主筋"、"肝合筋"、"肝生筋"等等都是歧伯的讲法，足厥阴肝经所示的种种神经科疾病，也是出自歧伯学派的手笔。

这样，"君之官"的讨论给雷公学派带来了肝和脑两个器官的结合。

在歧伯学派这一方，情况类似。《素问·灵兰秘典论》："心者，君主之官也，神明出焉。"《素问·痿论》："肺者，藏之长也，为心之盖也。"沿用上面砍脑袋的提问法，歧伯学派当然不愿意把脑袋一端结合过来。他把死亡看作颈动脉割断或气管割断之故这个讲法也能说明问题。但是，在古代，全世界医生对心血管系统的认识都是错误的，错误迫使中医师把循环系统和呼吸系统结合起来，称"心肺相通"。这个结合取得了显著的成果，死亡诊断以脉息俱无为准，它提供了生和死的界限。

所以，"君之官"的讨论同样使歧伯学派把两个器官系统结合起来。

所以，中医学着重研究的，不是单个器官的功能，而是器官与器官结合之后的功能。

现在，我们沿着这个讨论作进一步的展开。

《素问·灵兰秘典论》是"君之官"讨论中的比较早期的经文，这时，五脏六腑尚未确定下来，经文是给十二藏排队的，其中多出了一个器官，命名为膻中。《素问·五藏别论》的思想应该产生在《素问·五藏生成论》之前，因为这篇经文是给五藏五府排队的，胆藏是和脑、髓、骨、脉、女子胞等归为一类，名曰奇恒之府，其地位介在藏与府之间。

排队是什么意思？排队就是承认这些器官都很重要，都能决生死，但其重要性不同。这个排队方法说明了"君之官"的讨论成效不大，器官太多了，很难作进一步研究。于是，古人化简。

《素问·五藏生成论》是化简方法之一，它选出了最重要的五种器官，称为五藏。据此，建立了五行学说。在这个学说中，其他器官及其功能是和五藏作种种不同性质的复合的，所以中医藏器的含义和生理学上的器官不同。有人说，它们是近似的。近似是事实，但从学理讲来，二者是两码事。

所以，从结构考虑，中医学研究的是多个器官的复合，中医学理论是建立在高于一单个系统的复合系统之上。

化简的方法之二就是从结构研究进入功能研究，这就是代表某种未知的传导经路的经络。

先秦经络首先也是实体，它有结构，计分为经脉、络脉和孙络三类，实际上它是心血管系统的模拟物，所以，经脉传导的途径是树状的。

《素问》中的经脉，含义不断变化。它的第一义就是心血管系统。当歧伯把呼吸系统引到循环系统中时，气的概念也就带进来了，这就是经脉的第二个含义。古人很早就研究水库，《素问·气穴论》说："肉之大会为谷，肉之小会为谿，肉分之间，谿谷之会，以行荣卫，以会大气"。《素问·痹论》进一步解释说："荣者水谷之精气也，和调于五藏，洒陈于六府，乃能入于脉也""卫者水谷之悍气也，其气慓疾滑利，不能入于脉也。"这样一来，气的概念变了，它把全部新陈代谢包括进去，经络的概念也变了，因为卫气不能入脉，这是经脉的第三义。歧伯学派又承认体外有风、寒、湿三气，它们侵入体内后成为邪气，它和躯体所固有的经气相搏，于是产生了痛、痹、痿这些显然与神经系统有关的疾病。《素问·举痛论》说："经脉流行不止，环周不休，寒气入经而稽迟，泣而不行，客于脉外则血少，客于脉中则气不通，故卒然而痛。"这里，气的概念又扩大了，它至少承认了经脉与神经系统有关，这是经脉的第四义。所以，在先秦思想中，经脉主要是由心血管系统和水系统复合成的，也许还有神经系统，但后者欠缺有力的证明，只能捎带谈到。

真正讨论经络实体的是《灵枢》，现摘引有关讲法如下：

1. 《邪气藏府病形篇》："经络之相贯，如环无端。"

2. 《脉度篇》："气之不得无行也，如水之流，如日月之行不休，故阴脉荣其藏，阳脉荣其府，如环之无端，莫知其纪，终而复始，其流溢之气，内溉藏府，外濡腠理。"

3. 《经水篇》："凡此五藏六府十二经水者，外有源泉而内有所禀，此皆内外相贯，如环无端。"

4. 《荣卫生会篇》："荣卫者，精气也；血者，神气也。血之与气，异名同类焉"，"荣在脉中，卫在脉外，营周不休……阴阳相贯，如环无端。"

这四条的共同点就是"如环无端"，承认经络不限于若干条分立的经脉，而是一个其通道联系在一起而其内容能够在躯体中自行运转的系统；承认经络有血、气、水三个内容，它们分别成为独立的系统而又合起来成为一个统一的系统。

在这里，血就是气，气又是水，如果把气消去，则经络只剩下两个内容：血和水。它们各自成为独立系统，复合为经络时，则应称为复合系统。用稳态学说作比较，中医学关于经络的明确答案和19世纪的贝纳德以及20世纪初的坎农的答案相同。歧伯学派一贯以心代脑，其确定思想只能推导到这个地步为止。

但是，气这个内容含糊的概念是不宜简单消去的。经络的第四义与神经系统有关，《灵枢·经筋篇》的十二经筋毕竟是一个关于神经系统的描述，虽则内容不算高明。所以，这个气又是含含糊糊地涉及神经系统。中国人的经络就是这样研究的，研究工作到此停顿下来了，进一步的明确答案就落在后人身上。

## 三 经络今释

古人对于经络内容的分析虽然不够明确，但古人对于经络功能的定义却是一清二楚的。《灵枢·经脉篇》说："经脉者，所以决死生、处百病、调虚实，不可不通。"调虚实，是说躯体中的经络自行运转，虚者实之，实者虚之，使全身协调一致。从而保证健康。从这个含义看，经络不是生命，它是生命得以维持的基本机制。处百病，是说经络可以人工控制，针灸疗法就是其例，推而广之，医药治疗也是对经络的某种调节。决死生，是说经脉通与不通决定了生和死，这个讲法是把经络看作随生命存在而存在、随生命消逝而消逝的活体机制，正因为如此，它不是解剖学的对象，它是几个器官系统复合而成的复合系统。

死亡，绝大多数是疾病死亡，它有急性疾病死亡和慢性疾病死亡之分。死亡的原因，可以是器质性病变，也可以是功能性病变。只有极少数的达到高龄的老年人才能享受一种愉快的死亡，他油干灯灭，无疾而终。我们把这种死亡称作自然死亡。自然死亡有二解，一种解释仍然把它纳入疾病死亡的范畴中，虽则它没有显著的病变；另一种解释是把它看作非疾病死亡，虽则它是躯体结构和功能的全面崩溃。除此之外，我们还可以看到另外一种死亡，它称作强迫死亡，办法很多，其中，突出的例子有二：一是剥夺躯体的供氧条件，他可以很快地窒息而死；一是剥夺躯体从外界摄入的供作新陈代谢的物质：食物和水，这种情况向我们提供了一个典型的慢性强迫死亡。

《灵枢·平人绝谷篇》记载："平人不食饮，七日而死者，水谷精气津液皆尽故也。"平人就是一个健康人，绝食饮是在饥饿或战争中、在沙漠或监狱中而出现的一种死亡现象。死者骨瘦如柴，他的一部分组织在死亡之前已经进入休眠状态，用以节约消耗，他的另一部分组织被"吃掉"了，供作自身维持生命的养料。这种死亡现象是古代医生作过观察的，持续时间约七日。

坎农在《躯体的智慧》一书中讲到这种死亡的特征。死者在断气之前，头脑是清醒的，心搏是正常的，此外，心和脑之间的水循环保持着，直到这种小范围的、最低限度的供水条件发生异变为止。这种异变就是水"中毒"，亦即最低限度的生化过程无法继续进行，于是，水循环中断，死亡到来。

反过来看一下：如果水循环尚未中断，患者得水，又继而逐步得食，那他无须任何药物就会康复起来，休眠了的组织复苏了，被自己"吃"掉的组织再度产生，他在复壮之后并无任何后遗症。

这里，我们看到了一个事实：躯体确有一个决死生的机制，它同时也是躯体自身用全部力量加以保护的机制，它由心、脑、水三个系统组成并表现为以心和脑为其两极的水场。

用这个机制解释窒息死亡时，受到破坏的是心和脑。

用这个机制解释自然死亡时，受到破坏的是水系统。在生化过程的长链条中，任一环节的中断就是"中毒"，水的毒化足以使躯体解体，他是没有疾病的死亡。

用这个机制解释各种疾病死亡时，死亡诊断书就是证据。诊断的方法有二，或者用心搏停止为准，或者用脑在非药物影响下的昏迷时间超过十二小时为准。

生理学家是重视心和脑的，但是，只有中医学才给予水系统以足够的重视。我们讲过，贝纳德虽然承认躯体全部液体是维持躯体稳定性的必要条件，但他的这个见解并非必然地包括了躯体纳水之后的水储。水储是坎农承认的，但他的水库是分立的，血液和淋巴液，淋巴液和水，水和细胞等，彼此之间的沟通办法都是通过渗透机制进行的。《经水篇》说："夫十二经水者，其有大小、深浅、广狭、远近，各不固。"它承认了水是通过不定型的渠道作传输的，这个渠道就是各器官组织的间隙。人们只须想到，有些低等生物的心血管系统是没有管道的，它利用组织间隙用开放泵作传输，那么，本来就是水居的器官组织，其间隙有水流动是理所当然的了，在绝食饮的强迫死亡的例子中，存储在结缔组织每个网眼中的水储必须极其节约地加以利用并作远距离的传输，仅用渗透压作解释显然是不够用的。

上面讨论的三合一机制和我们第二节所讲的针刺穴位的一箭三雕治疗法完全一致，所以，现在只剩下一个问题：三种不同性质的刺激在传输过程中是否结合的问题。在这里，我们引入一个新概念，它称作虚调节器（virtual regulator）。N. 维纳 1958 年在《我和控制论的关系》一文中作了论述，现摘引如下：

> 自行组织是人们熟知的生物学概念，生物学中讨论过许

许多多的关系到种种本体的物质组织者，它们会在胚胎中使不同器官演变出来。

自行组织系统中最使我感到兴趣的问题就是系统自身产生节律这一方面的问题。例如，在脊椎动物胚的血管系统的形成中，若干收缩细胞先行形成，它们很快地组成一个律动的心脏。这些细胞如何使其自身作出协同一致的活动呢？

我发现了如下的情况：这些细胞作为信息器官是具有双重身份的。一方面，它们发出能够影响其同类细胞的电刺激。另一方面，它们接收这样的刺激并且随着它们所接收到的刺激来校正它们的活动。如果这些作为发送者和接收者的器官之间的关系是线性的，那么，它们就不能改变彼此之间的振荡频率。但是，如果两个振荡成员的频率存在着相互作用的趋势，或者，彼此趋近起来，或者，也有可能彼此更加差异，那么，组织的可能性就出现了。这样一个愈来愈大的同步聚合系统将发出一个刺激，这刺激有愈来愈大的趋势来校准尚未安排妥当的振荡器，直到它们通过。集体活动组成了一个确定的脉动器官为止。我们在许多交流电机与同一汇流条相接的电工系统中也看到这样的情况。这时，运转快或超过周相的发电机要比常态发电机带有较大的负荷，而那些运转慢或周相落后的发电机则带有较小的负荷。这个结果便使得慢者加快而快者减慢。对于个别发电机而言，即使它的快慢是由自己的调节器调节着，但整个系统中存在着一个虚的调节器，其作用要大于组成它的任一个别调节器。这个虚调节器分布于整个系统，不能在系统的任一特定部分找到。认识到这一点是有意思的。这表明，在许多组织问题中，例如，就人脑而言，当我们假设某个部位在起作用时，都不免带有过份其辞的倾向。

　　自行组织是物质组织物质，躯体自身组织其自身。这个概念中的组织者不是创造主，它寄寓在被组织的对象中。由此而建成的一门学科自然和旧组织学的含义大不相同。今人不会不乐意从这门学科中吸取一些营养，但是，遗憾的是，科学的进程不像中医师所期望的那样从生命科学开始，相反，迄今为止的多数成果仍然出自无生命科学，普利高津（Prigoqine）1969年的耗散结构理论就是一例，他在物质结构中找到一种很像生命现象的现象，这比20世纪50年代以来许多科学家就热力学第二定律讨论生命体中的反熵机制大大前进了一步，但这论证了什么呢？论证大体是：既然高级运动形式中包含着低级运动形式，已知低级运动形式中存在着一种远离平衡状态的耗散结构，那么，和外环境不断地进行物质交往的生命体理应也是一种耗散结构，虽则它也许更加复杂些。请注意，这个论证不算太新，坎农1928年提出稳态一词的论文中已经讲到了，那时候，没有耗散结构这个术语，但是，生命体不是一个封闭系统则在半个世纪以前已经有言在先。

　　虚调节器的论证也是同一性质的，今人称之为类比。既然电工学中存在着虚调节器，那么，躯体中的几个独立的并自行运转的系统可以和几个具有不同周相和运转速度的发电机作类比，我们的四肢就像汇流条，它是比较粗大的但结构相对简单的"管道"，刺激是被迫沿着这些"管道"前进的，所以，在四肢上，穴位的刺激可以形成一条三合一的传输途径，其中，神经系统的传导本是最快的，水系统的传导本是最慢的，但在这个虚调节器中，我们将有一个不是心血管系统的但又近似于心血管系统的传导速度。中医学中的经脉之所以不能停留于心血管系统而必须引出种种申义的原因也许就在于此。这样，我们就能解释何以经络敏感人的四肢上能够呈现出经络来。

至于躯干中的传导经路，情况很复杂，古人长期为连接藏器而费尽心思是有其不易解决的困难的，我们的讨论也只能到此作个结束。

## 四　几点说明

综上所述，中医两千多年的经络研究是沿着一条正确的途径前进的，其科研手段就是针灸。针灸的科研成果是双重的，就实用医学而言，它可以治病；就理论医学而言，它对躯体的一个未知的传导经路进行研究。这个研究虽然花费了大量时间和精力，虽然迄今还没有研究完毕，但就已经取得的知识而言，它和当代的科研成果相符，所以，经络学作为中医学的核心理论是正确的，因之，中医学基本上是一门科学。

经络问题之尚未研究完毕，这在意料中。我在《稳态和中医学》一文中提到一个关于躯体自古以来的观点，它是被当作一个小宇宙来和大宇宙作比拟的，它理应具有非常丰富的内容，要彻底理解它，绝非一朝一夕之功。在当代，人体科学将会迅速发展，因为促使其发展的动力是多方面的，不单有医学方面的需要，还有诸多学科的共同要求，所以，中医学的发展将有助于其他学科的发展，反之亦然，关起门来作研究是与时代潮流相背驰的。

历史表明：东方医学的相互结合是容易的，例如印医和中医。《开元释教录》记载："东汉之末，安世高医术有名，译经传入印度之医药。"唐代，有印医在中国开业。《隋书·经籍志》记载翻译过来的印度医书有：《龙树菩萨药方》、《龙树菩萨和香法》、《龙树菩萨养性方》、《婆罗门诸仙药方》、《婆罗门药方》、《西录婆罗门仙人法》、《西域名医所集要方》、《释僧鍼灸经》等。这些医书虽均散佚，但它说明了中国人锲而不舍地研究针灸和经络，历经几千年而不衰，是以东方医学为其背景的。

历史又表明：西医和中医的结合不是一桩易事，这有原因：第一，对象不同。西医研究的是器官系统以下的结构和功能，中医研究的是器官系统以上的结构和功能，这个讲法虽是粗略的，但它是近似的。第二，方法不同。西医从解剖学入手，其对象基本上是个白箱，但是，由于死体和活体不同，这个白箱实际上是个黑白相间的泛箱；中医学的对象基本上是个黑箱，但也有一些解剖学知识，其研究方法主要是从活体的种种表现作比较入手，所以，它同样也是一个黑白相间泛箱，但在具体情况下，双方的对象和研究方法就很不同，因而论断和治疗也就产生差异。第三，语言系统不同，各有各的术语，各有各的推理，西医主要用逻辑，中医主要用类比，当然，这个讲法又只能是粗略的，在西医学中，希波克拉提的四种体液学说迄今沿用，这只能称作类比；而中医经络模型研究法本质上是逻辑推理，我们以后另文讨论。

所以，西医和中医是研究了同一对象的不同侧面。

有了这些不同，我们就得承认，中西医的结合需要一个过程。从远景看，它们终归会结合的，但从近景看，白箱研究法应居优势，所以，当代的中国歧伯处在困难的境地中。

粗略讲，中医目前有四个困难。第一，在中西医结合的过程中，中医有被吞并的趋势。所以，保持中医的相对独立性并努力继承中医传统是必要的措施。第二，在中医现代化的过程中，电算的引入，利弊参半，它强化了中医学重实践而轻理论的缺点，所以，强调理论中医学的研究工作是必要的。第三，我们历史上有过歧伯打倒雷公这个事实，它算是我国百家争鸣这个优良传统中的不良现象。现在，情况倒过来了，国外脑科学和神经生理学在阔步前进中，理所当然，中国歧伯会面对着一个挨打的局面，我以为，中国歧伯不宜固守孟子"心之官则思"这个不是阵地的阵地了，他应当高瞻远瞩，努力前进；另一方面，中国的新雷公要记取历史教训，手下留情。第四，我们历史上有过长期的封建社会及其统治阶级所推行的愚民政策，所以社会平均知识水平相对低些，中医学是老师带徒弟的，不论是老师还是徒弟，只要一方有些草包，则所传授的医学知识只好化简，于是，草药医学变成《汤头歌诀》，针灸学变成《灵龟八卦》，理论扔掉了，医学变成知其然，而不知其所以然的一批经验的集合，这种情况是旧社会造成的，今天不可延续。

本文只讨论《内经》经络，不涉及《道藏》经络，因为这二者的研究方法不同，前者是经验的和推理的，后者是直观的和内省的，前者易，后者难，我们把难题留给读者。这里只作一点说明：这两个经络是统一的，至少统一于奇经，明李时诊《奇经八脉考》就是倡导这一见解的，他断言："医不知此，罔探病机；仙不知此，难安炉鼎"，这里所讲的"仙"就是养生学家，他也要采药、炼药和服药，以求健康长寿的。

本文对《内经》经络所作的阐释，除讲述古人明确具有的见解外，还把古人话到舌头而尚未讲出的话作了进一步的展开，但仅限于此，没有创新。

阐释工作之所以必要，因为今人对经络重视起来了，文章很多，此亦一经络，彼亦一经络，所以，需要查问一下古人究竟讲了什么。另一方面，人体科学将会有很多新发现，如果每个发现都被命名为经络，都乐意和中国人长期研究的经络混为一谈，则中医学将会蒙受巨大损失，举例说，在我谈到的不算太多的国外文献中，弄虚作假者有之，冒名顶替者有之，所以，"必也正名乎？"

本文是否能够完成正名的任务，我们有过估计，所以本文一开始就提到了探讨和再探讨的问题。读者高明，敬请批评指正。

# 中医理论探源

中医学计分大、小两支：大支是草药医学，小支是针灸学。大支有多个理论，诸如五行学说、阴阳学说和脉学；小支只有一个理论，它称作经络学说。但是，如果我们作追本溯源的探讨时，我们就会发现，大支的理论一律根源于小支，例如，五行学说的前身就是经络学中的五经、脉学和阴阳学说的前身就是经络学中的六经。汉张仲景的《伤寒论》对草药医学的发展影响甚大，历代各家各派的学说，包括反对派的见解在内，都得直接、间接地溯源于《伤寒论》，而《伤寒论》的前身就是《素问·热论》。《热论》是什么呢？它是经络学中的六经诸模型之一。

所以，理论中医学的主体是一个有理论结构和层次的主体，它的核心课题就是经络学。

## 一　模型

我们有两类经络：一是作为认识对象的经络，它讲的是经络实体；一是作为认识成果的经络，它讲的是经络模型。今人提问：何谓经络？他问的是这个实体，而非模型；今人看到的针灸挂图或铜人，他看到的是模型，而且只是诸模型中的部分模型，不是实体。

作出这个区别，是因为历史上有过混淆。混淆是以一个难题的形式表达出来的，它提问：经络与穴位何者为先？申言之，如果经络在先，何必穴位连线？如果穴位在先，何必循经取穴？

实际上，在先经络是指经络实体，在后的经络是指经络模型。所谓循经取穴，就是依模型而取穴，只有治疗学的含义，把模型当作实体，那就乱了套了。

为使读者便于明了起见，我们从《内经》摘取模型并依序列表如下：

1. 四经 （《素问》）          2. 五经 （《素问》）

3. 六经 （《素问》）          4. 六经 （《素问》）

5. 六经 （《素问》）          6. 六经 （《素问》）

7. 六经 （《素问》）          8. 六经 （《灵枢》）

9. 九经 （《素问》）          10. 十经 （《素问》）

11. 十一经 （《灵枢》）       12. 十二经脉 （《灵枢》）

13. 十二经别 （《灵枢》）     14. 十二经水 （《灵枢》）

15. 十二经筋 （《灵枢》）

《内经》还有其他模型，为免与表中模型重复，故删。

# 二　分期

我们知道，《素问》是唐王冰整理的，《灵枢》是宋史崧整理的。依据王冰的讲法，十八卷古《内经》只剩下八卷而且残缺不堪，他把这八卷加以整理，花了 12 年时间，整理成二十四卷共八十一篇的《素问》。人们自然要问：先秦《内经》有这么多的内容吗？答案是否定的，不可能如此，它大部分是从汉至唐的许多无名研究家添补进去的，王冰本人也有添补。现在我们进一步查问：这部《素问》有没有发明和创造？依作者看来，至少在经络学上限于述古，没有创新，证据有二：第一，我们在马王堆出土了两个十一经，它们是公元前 168 年随葬的，入土时间距秦亡仅 40 年，殉葬品一般是珍物，所以我们有理由用十一经断代。我们从《素问》中只能找到十经，所以王冰连述古都没有述全，十一经被藏匿起来了，到了史崧手里，十一经再现，题为《本输篇》。第二，针灸有化简法，这就是手针是足针，手针一直保留下来，它称作"灵龟八卦法"，足针少见，但国外存在，足针的老祖宗应推到《根结篇》，它讲的是足六经，这也是王冰没有述全到了史崧手里才再现的。

　　面对古《内经》、《素问》的主要工作理应是整理。但面对已经整理出来了的《素问》、《灵枢》的主要工作理应是创新，没有创新，这部著作不值得问世，问世了也不足以《灵枢》之名托古，该书当然也整理了一些先秦遗篇，并且作了补充，例如和马王堆的十一经相较，《本输篇》充实得不可以道里计，也比晋王叔和《脉经》卷六的内容丰富。但是，重要的问题不在于此，重要的问题是十二经诸模型的相继出现并在书中依序排列，这肯定是一次思想上的飞跃，理由如下：第一，十二经脉中的心包络经是一条虚经，根本没有这个器官，医学不能乱弹琴，在古人思想中要求有实体作为依据，把每条经脉和藏器连接起来这是煞费心思的工作，时间持续一千多年，现在，发生了突变，拿出一个没有器官的器官来，这是有理论背景的；第二，这些模型都冠以十二经，意思是：偶经模型到此结束，这必须对穴位的性质有了进一步的理解才是可能的；第三，《经水篇》是经络学研究的高度成就，一般人都能断定，这必然是后世著作，不是先秦所能有的；第四，在《素问》中从来被当作贬斥对象的雷公学派，在《灵枢》中以《经筋篇》的形式和其他模型结合起来了。所以，我们有理由把《灵枢》中的一部分篇幅看作唐宋时代特别是宋代的著作。我们这个讲法仅限于经络学，它和从经络学中派生出来的草药医学的情况不同，草药医学在历史上都是发展的。

这样分期，表明了经络学在历史上有两个繁盛期，一在先秦，一在唐宋，后者主要是宋代。在两个繁盛期之间，存在着间隔期，从秦到宋是第一个间隔期，约一千年；从宋到今是第二个间隔期，时间已经八百年了。

## 三　内容研究

不难看出，表中诸模型应该分为两类，一类是四经至十一经或十二经，它们是依序相替的；一类是十二经诸模型，它们是互为叠加的。现在解释一下。

在第一类模型中，1. 古人把躯体作六分：上和下、左和右、前和后，其中，左和右是对称的，如果经络研究不从奇经开始而从偶经开始，那就可以消去一对因子，只需考察上和下（或称手和足）以及前和后（或称腹和背）了，躯体的这四个区域理应都有经脉，至少各一条，所以，四经是偶经研究的初始模型。2. 十二经诸模型合起来称为终极模型即经络实体，但十二经脉只是该实体的一个组成部分，其所以止于十二，因为穴位是个面，穴位与邻近穴位之间还有一个中间地带，这样一来，肘膝以下可以连线的数目就很有限，经验证明，它是十二条，其他部位，主要是躯干，可以继续连线，这样的数目又有十二条，称为经别即十二经脉的分支，所以，偶经研究到此为止。3. 表中有多个六经模型，它们是不同研究家的不同总结，有理论价值，所以古人保留下来了，这里从略。4. 表中缺七经和八经，实际上还缺九经和十经，这些模型古人都研究过，而后才能产生十一经，但在有了十一经以后，这些中介模型就淘汰掉了，它们没有理论意义。表中的九经实际是六经加上三条奇经，它暗示了偶经研究完毕后应当再和奇经结合；表中的十经是五经的双经，即两条经脉连接一个藏器，这个思想早在六经研究中就已出现：藏器和经脉的关系究竟是一一对应还是一多对应或多一对应？针灸学就在这个问题上分为两派：一派以《灵枢·经脉篇》和元滑寿《十四经发挥》为本，主张一藏一线，凡病证属于某一藏器者则在相关经脉上取穴位治疗之，这叫作"循经取穴"；另一派以《灵枢·本输篇》和晋皇甫士安《甲乙经》为本，承认穴位是多功能的，从而承认一藏多线和一线多藏的结合。十经的出现，说明了后一种结合也是合理的。十经的另一个含义就是给五行学说以新的内容：既然一个藏器可以连接两条经脉，其中的另一条经脉又连接到另一个藏器，那么，五个藏器自身也是互为连接的。

5. 经脉、经别再加上奇经构成了一个可以连线的模型，它概括了三百多个穴位。但在模型之外，还存在着两种东西：一是经外奇穴，现在已经发展到几百个了；一是阿是穴，哪儿痛哪儿就是穴位，理论讲，它是无限个的。这说明针灸模型有局限性，而作为针灸学理论基础的经络学则具有更为丰富的内容，它迫使研究家在建立了可以连线的模型之后仍须作进一步的研究，第二类模型于是产生。

在第二类模型中，经脉和经别已在上面讲过了，我们只需补充两个内容：1.《经水篇》承认躯体有一个水系统，它之被分作十二条，无非是配合十二经脉的一种讲法，实际上它是一种"外有源泉而内有所禀，此皆内外相贯，如环无端"的系统。这个系统和经脉的关系非常紧密，"经脉十二者，外合于十二经水"，这个讲法在解剖学上是正确的。正因为如此，经水和经脉名称一致，一一配对并且内外结合。但是，经水是没有穴位的，所以，经水的穴位和经脉的穴位统一，换言之，在这篇经文里，承认穴位有两个内容，一是毛细血管，一是水库，正因为有两个内容，所以经文提出"合而以治"和"合而以刺"的道理。我们前面已经提到穴位是个面，不是点，这只需考虑针灸工具诸如砭石、艾绒也就可以明白了。另外，我们的骨度法，所以长期保留，原因是，面上取穴只求近似，进针时可以再作调整。由此可知，《经水篇》把穴位的内容分解开来，这就为经络研究作出了巨大的贡献。2. 经筋是雷公学派提出的，"以痛为输"，没有固定穴位，但它并非没有传导经路，《经筋篇》对这些传导经路作了描述，分为十二条，它的缺点是：十二条经筋没有连接藏器，至少局部地落在古代刺筋法之后；也没有汇总于脑，这当然远远落后于当代神经生理学；而且，这篇经文把经筋疾病限于痹症。仅仅适合于内科大夫的职业内容。所以，这篇经文有很大局限性。但是，重要之点是：内科大夫歧伯终于承认了神经系统并且把它连成一个模型用来和经脉、经别、经水相配合。这样，它就暗示了一个事实，除毛细血管和水库外，穴位还包括了末梢神经。这三者在十二经名义下得到结合。于是，"合而以治"和"合而以刺"的针灸学乃是一箭三雕的治疗法。

在古代，刺法有五：刺皮、刺肉、刺筋、刺脉和刺骨。刺骨是特殊疗法，今人不用。肉（水库）、筋（末梢神经）和脉（毛细血管）这三者在多数情况下不易区分，因为针刺有深度。经内穴位的"合而以刺"就是在这个基础上提出的。刺皮可以不伤肉和脉，这个刺法和阿是穴对应。剩下的是经外奇穴，它的结构也许是三合一，也许是二合一，情况不等。

从有机体的统一性这个科学命题出发，理应导出一个结论：牵一发而动全身。所以，躯体是一个安装有数之不尽的和性质不等的开关系统。古人用针灸学对之进行研究，很有成绩，而进一步的研究，则有俟于来日。

## 四　《内经》中的经络实体

针灸有疗效。它从特定穴位开始，施以特定刺激（包括刺激工具、刺激时间、刺激量大小和刺激方式等），该刺激经过特定的距离并以特定的方式作传导，然后到达特定的病灶并对之作出特定的调整。这里有很多因子，情况是很复杂的。但是，其中有个主要的问题，它就是这条未知的传导经路，古人称之为经络。

我们认为，经络是古人提问的，答案是待于研究。不同时期的不同讲法是逐步研究而后得出的并非定论的见解，虽则研究的过程自身形成一个传统，它规范着继后可能得到的答案。

我曾在《稳态和中医学》①一文中讲到一点医学发生学，这就是，器官结构的研究在先，器官功能的研究在后。在古代，功能研究依其思想是离不开器官结构的，举例说，经络模型研究工作的重点有二，一是是否经脉和藏器连接，二是对经脉进行阴阳分类。古人在进行分类时很难兼顾连接工作，但尽管如此，可连接的还要连接，无法连接的则虚位以待。十一经以前的情况都是如此，只有六经诸模型中有一部分例外，这部分模型在形式上不连藏器，但实质上是把问题悬挂起来，留给后人作进一步的考虑的。这里有一个哲学思想，古代唯物论是直观的，它要求有一个看得见和摸得着的实体。十一经就做到了五脏六腑皆有脉，十二经的心包络是个虚拟的藏器。前面讲过，古人把经脉和藏器相连

---

① 参见《自然辩证法通讯》1982 年第 4 期。

是煞费苦心的，花了很多的时间。但是，在漫长时间中，有没有思想上的闪光，对经脉连藏问题作出根本的否定呢？有的，仅有一例，这见于《史记·仓公扁鹊列传》，讲到了十二经的流注方向，没有藏器，也没有穴位。就流注方向而言，它和《灵枢·逆顺肥瘦篇》不同，就连接藏器与否而言，它和《灵枢·经脉篇》不同。王冰和史崧并非不读《史记》的，他们的著作都提到淳于意（仓公）和秦越人（扁鹊），但他们无视于这个流注图。所以，思想上的闪光一闪而灭。藏器在中医学史上占据支配地位。

正因为如此，要了解经络，必先了解藏器。

古代有个"君之官"的讨论，主题是：何者是主宰生命的器官。《内经》对此有多个答案：一个歧伯主心，另一个歧伯主肺。一个雷公主肝，还有一个方士主脑。现简述如下：

《素问·五藏别论》："黄帝问曰：余闻方士，或以脑髓为藏……"方士就是方外之士，他和方内之士相对峙。庄子有个定义，用方内和方外对儒道两家作划分。这里的儒家相当于今天所讲的社会科学家，这里的道家相当于今天所讲的自然科学家，后者包括医生。中医学之被看作黄老之术的一个组成部分，就是这个道理。所以，中医师的前身就是方士。随着中医学的向前发展，内科和外科分开，内科大夫是方内需要的，所以歧伯到方内来了。外科大夫战时随军，平时没有太多用处，因为方内找不到多少缺腿断胳膊的患者，所以，雷公只好回家，到方外去。方是地域概念，最远的方外就是野，它是一个无人管辖区，所以，方外是相对自由的，但其生活条件是非常简陋的。古代的解剖学大概就是在这样条件下产生，它不可能发达。解剖学培养了一批雷公，主脑说来源于此。歧伯已经转到方内了，他是贬斥雷公的，方士的含义以后又有了变化，于是，他把主脑说归给方士，把该学说看作不经之谈。

《素问·阴阳类论》:"黄帝燕坐……而问雷公曰:……何藏最贵?雷公对曰:春、甲、乙、青,中主肝……臣以其藏最贵"。这个雷公是主肝的。雷公为什么主肝?试把一活体的脑袋砍下,他死了,躯体分为两截。在这个情况下,死亡一定是躯干和脑袋分离之故,亦即躯体这一端不能失却另一端,所以,主脑的雷公还需要在内脏中找出一个藏器与脑髓相结合,这个藏器就是肝。为什么是肝?由于《外经》佚传,我们现在只有两个证据:其一,我们迄今保留一个没有典故的典故,叫做"肝脑涂地",其流传之广,不下于孟子的"心之官则思"。肝脑涂地这个讲法首见于《汉书》,在《蒯通传》中是用来描述战场惨状的,在《苏武传》中用来表示尽忠报国的。总而言之,肝脑并提,代表生命,这是古代战士的见解,当然也是随军外科大夫的见解,其理论依据理应出自雷公。但是,除《汉书》外,我们无法追溯了,所以,这个典故是讲不清道理的。其二,歧伯学派虽然反对主脑和主肝,但是,肝的重要性以及肝和神经系统的关系则是歧伯学派一致肯定的,"肝主筋"、"肝合筋"、"肝生筋"等等都是歧伯的讲法,足厥阴肝经所示的种种神经科疾病,也是出自歧伯学派的手笔。

这样,"君之官"的讨论给雷公学派带来了肝和脑两个器官的结合。

在歧伯学派这一方,情况类似。《素问·灵兰秘典论》:"心者,君主之官也,神明出焉。"《素问·痿论》:"肺者,藏之长也,为心之盖也。"沿用上面砍脑袋的提问法,歧伯学派当然不愿意把脑袋一端结合过来。他把死亡看作颈动脉割断或气管割断之故这个讲法也能说明问题。但是,在古代,全世界医生对心血管系统的认识都是错误的,错误迫使中医师把循环系统和呼吸系统结合起来，称"心肺相通"。这个结合取得了显著的成果，死亡诊断以脉息俱无为准，它提供了生和死的界限。

所以，"君之官"的讨论同样使歧伯学派把两个器官系统结合起来。

所以，中医学着重研究的，不是单个器官的功能，而是器官与器官结合之后的功能。

现在，我们沿着这个讨论作进一步的展开。

《素问·灵兰秘典论》是"君之官"讨论中的比较早期的经文，这时，五脏六腑尚未确定下来，经文是给十二藏排队的，其中多出了一个器官，命名为膻中。《素问·五藏别论》的思想应该产生在《素问·五藏生成论》之前，因为这篇经文是给五藏五府排队的，胆藏是和脑、髓、骨、脉、女子胞等归为一类，名曰奇恒之府，其地位介在藏与府之间。

排队是什么意思？排队就是承认这些器官都很重要，都能决生死，但其重要性不同。这个排队方法说明了"君之官"的讨论成效不大，器官太多了，很难作进一步研究。于是，古人化简。

《素问·五藏生成论》是化简方法之一，它选出了最重要的五种器官，称为五藏。据此，建立了五行学说。在这个学说中，其他器官及其功能是和五藏作种种不同性质的复合的，所以中医藏器的含义和生理学上的器官不同。有人说，它们是近似的。近似是事实，但从学理讲来，二者是两码事。

所以，从结构考虑，中医学研究的是多个器官的复合，中医学理论是建立在高于一单个系统的复合系统之上。

化简的方法之二就是从结构研究进入功能研究，这就是代表某种未知的传导经路的经络。

先秦经络首先也是实体，它有结构，计分为经脉、络脉和孙络三类，实际上它是心血管系统的模拟物，所以，经脉传导的途径是树状的。

《素问》中的经脉，含义不断变化。它的第一义就是心血管系统。当歧伯把呼吸系统引到循环系统中时，气的概念也就带进来了，这就是经脉的第二个含义。古人很早就研究水库，《素问·气穴论》说："肉之大会为谷，肉之小会为谿，肉分之间，谿谷之会，以行荣卫，以会大气。"《素问·痹论》进一步解释说："荣者水穀之精气也，和调于五藏，洒陈于六府，乃能入于脉也""卫者水穀之悍气也，其气慓疾滑利，不能入于脉也"。这样一来，气的概念变了，它把全部新陈代谢包括进去，经络的概念也变了，因为卫气不能入脉，这是经脉的第三义。歧伯学派又承认体外有风、寒、湿三气，它们侵入体内后成为邪气，它和躯体所固有的经气相搏，于是产生了痛、痹、痿这些显然与神经系统有关的疾病。《素问·举痛论》说："经脉流行不止，环周不休，寒气入经而稽迟，泣而不行，客于脉外则血少，客于脉中则气不通，故卒然而痛。"这里，气的概念又扩大了，它至少承认了经脉与神经系统有关，这是经脉的第四义。所以，在先秦思想中，经脉主要是由心血管系统和水系统复合成的，也许还有神经系统，但后者欠缺有力的证明，只能捎带谈到。

真正讨论经络实体的是《灵枢》，现摘引有关讲法如下：

1. 《邪气藏府病形篇》："经络之相贯，如环无端。"

2. 《脉度篇》："气之不得无行也，如水之流，如日月之行不休，故阴脉荣其藏，阳脉荣其府，如环之无端，莫知其纪，终而复始，其流溢之气，内溉藏府，外濡腠理。"

3. 《经水篇》："凡此五藏六府十二经水者，外有源泉而内有所禀，此皆内外相贯，如环无端。"

4. 《荣卫生会篇》："荣卫者，精气也；血者，神气也。血之与气，异名同类焉"，"荣在脉中，卫在脉外，营周不休……阴阳相贯，如环无端。"

这四条的共同点就是"如环无端"，承认经络不限于若干条分立的经脉，而是一个其通道联系在一起而其内容能够在躯体中自行运转的系统；承认经络有血、气、水三个内容，它们分别成为独立的系统而又合起来成为一个统一的系统。

在这里，血就是气，气又是水，如果把气消去，则经络只剩下两个内容：血和水。它们各自成为独立系统，复合为经络时，则应称为复合系统。用稳态学说作比较，中医学关于经络的明确答案和19世纪的贝纳德以及20世纪初的坎农的答案相同。歧伯学派一贯以心代脑，其确定思想只能推导到这个地步为止。

但是，气这个内容含糊的概念是不宜简单消去的。经络的第四义与神经系统有关，《灵枢·经筋篇》的十二经筋毕竟是一个关于神经系统的描述，虽则内容不算高明。所以，这个气又是含含糊糊地涉及神经系统。中国人的经络就是这样研究的，研究工作到此停顿下来了，进一步的明确答案就落在后人身上。

## 五　经络今释

古人对于经络内容的分析虽然不够明确，但古人对于经络功能的定义却是一清二楚的。《灵枢·经脉篇》说："经脉者，所以决死生、处百病、调虚实，不可不通。"调虚实，是说躯体中的经络自行运转，虚者实之，实者虚之，使全身协调一致，从而保证健康。从这个含义看，经络不是生命，它是生命得以维持的基本机制。处百病，是说经络可以人工控制，针灸疗法就是其例，推而广之，医药治疗也是对经络的某种调节。决死生，是说经脉通与不通决定了生和死，这个讲法是把经络看作随生命存在而存在、随生命消逝而消逝的活体机制，正因为如此，它不是解剖学的对象，它是几个器官系统复合而成的复合系统。

死亡，绝大多数是疾病死亡，它有急性疾病死亡和慢性疾病死亡之分。死亡的原因，可以是器质性病变，也可以是功能性病变。只有极少数的达到高龄的老年人才能享受一种愉快的死亡，他油干灯灭，无疾而终。我们把这种死亡称作自然死亡。自然死亡有二解，一种解释仍然把它纳入疾病死亡的范畴中，虽则它没有显著的病变；另一种解释是把它看作非疾病死亡，虽则它是躯体结构和功能的全面崩溃。除此之外，我们还可以看到另外一种死亡，它称作强迫死亡，办法很多，其中，突出的例子有二：一是剥夺躯体的供氧条件，他可以很快地窒息而死；二是剥夺躯体从外界摄入的供作新陈代谢的物质：食物和水，这种情况向我们提供了一个典型的慢性强迫死亡。

《灵枢·平人绝谷篇》记载："平人不食饮，七日而死者，水谷精气津液皆尽故也。"平人就是一个健康人，绝食饮是在饥饿或战争中、在沙漠或监狱中而出现的一种死亡现象。死者骨瘦如柴，他的一部分组织在死亡之前已经进入休眠状态，用以节约消耗，他的另一部分组织被"吃掉"了，供作自身维持生命的养料。这种死亡现象是古代医生作过观察的，持续时间约七日。

坎农在《躯体的智慧》一书中讲到这种死亡的特征。死者在断气之前，头脑是清醒的，心搏是正常的，此外，心和脑之间的水循环保持着，直到这种小范围的、最低限度的供水条件发生异变为止。这种异变就是水"中毒"，亦即最低限度的生化过程无法继续进行，于是，水循环中断，死亡到来。

反过来看一下：如果水循环尚未中断，患者得水，又继而逐步得食，那他无须任何药物就会康复起来，休眠了的组织复苏了，被自己"吃"掉的组织再度产生，他在复壮之后并无任何后遗症。

这里，我们看到了一个事实：躯体确有一个决死生的机制，它同时也是躯体自身用全部力量加以保护的机制，它由心、脑、水三个系统组成并表现为以心和脑为其两极的水场。

用这个机制解释窒息死亡时，受到破坏的是心和脑。

用这个机制解释自然死亡时，受到破坏的是水系统。在生化过程的长链条中，任一环节的中断就是"中毒"，水的毒化足以使躯体解体，他是没有疾病的死亡。

用这个机制解释各种疾病死亡时，死亡诊断书就是证据。诊断的方法有二，或者用心搏停止为准，或者用脑在非药物影响下的昏迷时间超过十二小时为准。

生理学家是重视心和脑的，但是，只有中医学才给予水系统以足够的重视。我们讲过，贝纳德虽然承认躯体全部液体是维持躯体稳定性的必要条件，但他的这个见解并非必然地包括了躯体纳水之后的水储。水储是坎农承认的，但他的水库是分立的，血液和淋巴液，淋巴液和水，水和细胞等，彼此之间的沟通办法都是通过渗透机制进行的。《经水篇》说："夫十二经水者，其有大小、深浅、广狭、远近，各不固。"它承认了水是通过不定型的渠道作传输的，这个渠道就是各器官组织的间隙。人们只需想到，有些低等生物的心血管系统是没有管道的，它利用组织间隙用开放泵作传输，那么，本来就是水居的器官组织，其间隙有水流动是理所当然的了，在绝食饮的强迫死亡的例子中，存储在结缔组织每个网眼中的水储必须极其节约地加以利用并作远距离的传输，仅用渗透压作解释显然是不够用的。

上面讨论的三合一机制和我们第二节所讲的针刺穴位的一箭三雕治疗法完全一致，所以，现在只剩下一个问题：三种不同性质的刺激在传输过程中是否结合的问题。在这里，我们引入一个新概念，它称作虚调节器（virtual regulator）。N. 维纳 1958 年在《我和控制论的关系》一文中作了论述，现摘引如下：

　　自行组织是人们熟知的生物学概念，生物学中讨论过许许多多的关系到种种本体的物质组织者，它们会在胚胎中使不同器官演变出来。

　　自行组织系统中最使我感到兴趣的问题就是系统自身产生节律这一方面的问题。例如，在脊椎动物胚的血管系统的形成中，若干收缩细胞先行形成，它们很快地组成一个律动的心脏。这些细胞如何使其自身作出协同一致的活动呢？

　　我发现了如下的情况：这些细胞作为信息器官是具有双重身份的。一方面，它们发出能够影响其同类细胞的电刺激。另一方面，它们接收这样的刺激并且随着它们所接收到的刺激来校正它们的活动。如果这些作为发送者和接收者的器官之间的关系是线性的，那么，它们就不能改变彼此之间的振荡频率。但是，如果两个振荡成员的频率存在着相互作用的趋势，或者，彼此趋近起来，或者，也有可能彼此更加差异，那么，组织的可能性就出现了。这样一个愈来愈大的同步聚合系统将发出一个刺激，这刺激有愈来愈大的趋势来校准尚未安排妥当的振荡器，直到它们通过集体活动组成了一个确定的脉动器官为止。我们在许多交流电机与同一汇流条相接的电工系统中也看到这样的情况。这时，运转快或超过周相的发电机要比常态发电机带有较大的负荷，而那些运转慢或周相落后的发电机则带有较小的负荷。这个结果便使得慢者加快而快者减慢。对于个别发电机而言，即使它的快慢是由自己的调节器调节着，但整个系统中存在着一个虚的调节器，其作用要大于组成它的任一个别调节器。这个虚调节器分布于整个系统，不能在系统的任一特定部分找到。认识到这一点是有意思的。这表明，在许多组织问题中，例如，就人脑而言，当我们假设某个部位在起作用时，都不免带有过份其辞的倾向。

自行组织是物质组织物质，躯体自身组织其自身。这个概念中的组织者不是创造主，它寄寓在被组织的对象中。由此而建成的一门学科自然和旧组织学的含义大不相同。今人不会不乐意从这门学科中吸取一些营养，但是，遗憾的是，科学的进程不像中医师所期望的那样从生命科学开始，相反，迄今为止的多数成果仍然出自无生命科学，普利高津（Prigoqine）1969年的耗散结构理论就是一例，他在物质结构中找到一种很像生命现象的现象，这比 20 世纪 50 年代以来许多科学家就热力学第二定律讨论生命体中的反熵机制大大前进了一步，但这论证了什么呢？论证大体是：既然高级运动形式中包含着低级运动形式，已知低级运动形式中存在着一种远离平衡状态的耗散结构，那么，和外环境不断地进行物质交往的生命体理应也是一种耗散结构，虽则它也许更加复杂些。请注意，这个论证不算太新，坎农 1928 年提出稳态一词的论文中已经讲到了，那时候，没有耗散结构这个术语，但是，生命体不是一个封闭系统则在半个世纪以前已经有言在先。

虚调节器的论证也是同一性质的，今人称之为类比。既然电工学中存在着虚调节器，那么，躯体中的几个独立的并自行运转的系统可以和几个具有不同周相和运转速度的发电机作类比，我们的四肢就像汇流条，它是比较粗大的但结构相对简单的"管道"，刺激是被迫沿着这些"管道"前进的，所以，在四肢上，穴位的刺激可以形成一条三合一的传输途径，其中，神经系统的传导本是最快的，水系统的传导本是最慢的，但在这个虚调节器中，我们将有一个不是心血管系统的但又近似于心血管系统的传导速度。中医学中的经脉之所以不能停留于心血管系统而必须引出种种申义的原因也许就在于此。这样，我们就能解释何以经络敏感人的四肢上能够呈现出经络来。

至于躯干中的传导经路，情况很复杂，古人长期为连接藏器而费尽心思是有其不易解决的困难的，我们的讨论也只能到此作个结束。

# 六　几点说明

综上所述，中医两千多年的经络研究是沿着一条正确的途径前进的，其科研手段就是针灸。针灸的科研成果是双重的，就实用医学而言，它可以治病；就理论医学而言，它对躯体的一个未知的传导经路进行研究。这个研究虽然花费了大量时间和精力，虽然迄今还没有研究完毕，但就已经取得的知识而言，它和当代的科研成果相符，所以，经络学作为中医学的核心理论是正确的，因之，中医学基本上是一门科学。

经络问题之尚未研究完毕，这在意料中。我在《稳态和中医学》一文中提到一个关于躯体自古以来的观点，它是被当作一个小宇宙来和大宇宙作比拟的，它理应具有非常丰富的内容，要彻底理解它，绝非一朝一夕之功。在当代，人体科学将会迅速发展，因为促使其发展的动力是多方面的，不单有医学方面的需要，还有诸多学科的共同要求，所以，中医学的发展将有助手其他学科的发展，反之亦然，关起门来作研究是与时代潮流相背驰的。

历史表明：东方医学的相互结合是容易的，例如印医和中医。《开元释教录》记载："东汉之末，安世高医术有名，译经传入印度之医药。"唐代，有印医在中国开业。《隋书·经籍志》记载翻译过来的印度医书有：《龙樹菩萨药方》、《龙樹菩萨和香法》、《龙樹菩萨养性方》、《婆罗门诸仙药方》、《婆罗门药方》、《西录婆罗门仙人法》、《西域名医所集要方》、《释僧鍼灸经》等。这些医书虽均散佚，但它说明了中国人锲而不舍地研究针灸和经络，历经几千年而不衰，是以东方医学为其背景的。

历史又表明：西医和中医的结合不是一桩易事，这有原因：第一，对象不同。西医研究的是器官系统以下的结构和功能，中医研究的是器官系统以上的结构和功能，这个讲法虽是粗略的，但它是近似的。第二，方法不同。西医从解剖学入手，其对象基本上是个白箱，但是，由于死体和活体不同，这个白箱实际上是个黑白相间的泛箱；中医学的对象基本上是个黑箱，但也有一些解剖学知识，其研究方法主要是从活体的种种表现作比较入手，所以，它同样也是一个黑白相间泛箱，但在具体情况下，双方的对象和研究方法就很不同，因而论断和治疗也就产生差异。第三，语言系统不同，各有各的术语，各有各的推理，西医主要用逻辑，中医主要用类比，当然，这个讲法又只能是粗略的，在西医学中，希波克拉提的四种体液学说迄今沿用，这只能称作类比；而中医经络模型研究法本质上是逻辑推理，我们以后另文讨论。

所以，西医和中医是研究了同一对象的不同侧面。

有了这些不同，我们就得承认，中西医的结合需要一个过程。从远景看，它们终归会结合的，但从近景看，白箱研究法应居优势，所以，当代的中国歧伯处在困难的境地中。

粗略讲，中医目前有四个困难。第一，在中西医结合的过程中，中医有被吞并的趋势。所以，保持中医的相对独立性并努力继承中医传统是必要的措施。第二，在中医现代化的过程中，电算的引入，利弊参半，它强化了中医学重实践而轻理论的缺点，所以，强调理论中医学的研究工作是必要的。第三，我们历史上有过歧伯打倒雷公这个事实，它算是我国百家争鸣这个优良传统中的不良现象。现在，情况倒过来了，国外脑科学和神经生理学在阔步前进中，理所当然，中国歧伯会面对着一个挨打的局面，我以为，中国歧伯不宜固守孟子"心之官则思"这个不是阵地的阵地了，他应当高瞻远瞩，努力前进；另一方面，中国的新雷公要记取历史教训，手下留情。第四，我们历史上有过长期的封建社会及其统治阶级所推行的愚民政策，所以社会平均知识水平相对低些，中医学是老师带徒弟的，不论是老师还是徒弟，只要一方有些草包，则所传授的医学知识只好化简，于是，草药医学变成《汤头歌诀》，针灸学变成《灵龟八卦》，理论扔掉了，医学变成知其然，而不知其所以然的一批经验的集合，这种情况是旧社会造成的，今天不可延续。

本文只讨论《内经》经络，不涉及《道藏》经络，因为这二者的研究方法不同，前者是经验的和推理的，后者是直观的和内省的，前者易，后者难，我们把难题留给读者。这里只作一点说明：这两个经络是统一的，至少统一于奇经，明李时珍《奇经八脉考》就是倡导这一见解的，他断言："医不知此，罔探病机；仙不知此，难安炉鼎"，这里所讲的"仙"就是养生学家，他也要采药、炼药和服药，以求健康长寿的。

本文对《内经》经络所作的阐释，除讲述古人明确具有的见解外，还把古人话到舌头而尚未讲出的话作了进一步的展开，但仅限于此，没有创新。

阐释工作之所以必要，因为今人对经络重视起来了，文章很多，此亦一经络，彼亦一经络，所以，需要查问一下古人究竟讲了什么。另一方面，人体科学将会有很多新发现，如果每个发现都被命名为经络，都乐意和中国人长期研究的经络混为一谈，则中医学将会蒙受巨大损失，举例说，在我谈到的不算太多的国外文献中，弄虚作假者有之，冒名顶替者有之，所以，"必也正名乎？"

　　本文是否能够完成正名的任务，我们有过估计，所以本文一开始就提到了探讨和再探讨的问题。读者高明，敬请批评指正。

# A Probe into the Theory
# of Chinese Medicine

The theory of Chinese medicine my be divided into two branches, big and small. The big branch is medicinal herbs, while the small branch is acupuncture. The technique of acupuncture is now propagated abroad, whoever learns it must first learn a theory called the theory of main and collateral channels. If we want to trace to its source, we know the theory of medicinal herbs is also developed from the theory of main and collateral channels. "On Fevers" of Zhang Zhong Jing 张仲景 of the Han Dynasty had a great influence upon the development of the medicine of herbs. The theories of various schools and cliques of past dynasties, including the views of antagonists, must be directly or indirectly traced to "On Fevers" as source. What is the predecessor of "On Fevers"? It is "Su-Wen" (Simple Questions) "On heat ilness". What is "On heat ilness"? It is one of the models in the study of main and collatoral channels. Again, for example, the predecessor of the Chinese medicinal theory of the five elements is the five canon of the study of main and collateral channels, the predecessor of the Chinese medicinal theory of Ying and Yang as well as the learning of pulse feeling is the six canon of the study of main and collateral channels. Therefore, the core of theoretical Chinese medicine is the study of main and collateral channels.

Now we speak about three questions:

# Ⅰ Model

We have two kinds of main and collateral channels: one is the object of understanding the main and collateral channels, it speaks about the entity of main and collateral channels; one is the achievement of understanding for main and collateral channels, it speaks about the model of it. One studies ancient books and easily gets mixed up. One asks: What is main and collateral channels ? What he asks must be the entity and not the model, but what one knows now is only a model, For example, acupuncture and moxibustion chart or 铜人, it actually is a simplified model among main antcollateral channels' models, and not an entity.

With a view to facilitating the clarification of our readers, we abstract from "Internal Medicine" the models of main and collateral channel and tabulate them as follows:

1. Four Canons [《Su-Wen》(simple questions)]
2. Five Canons (      ″        ″    )
3. Six (a) Canons (      ″        ″    )
4. Six (b)″ (      ″        ″    )
5. Six (c) ″ (        ″        ″    )
6. Six (d) ″ (        ″        ″    )

7.  Six ( e ) " (        "            "      )

8.  Six ( f ) " ( 《Soul center》)

9.  Nine " [ 《Su-Wen》 ( simple questions ) ]

10.  Ten " (        "            "      )

11.  Eleven " ( 《Soul centre》)

12.  Twelve canons veins ( 《Soul centre》)

13.  Twelve canons alternative ( 《Soul centre》)

14.  Twelve cannons water ( 《Soul centre》)

15.  Twelve canons tendon (        "       )

Those models in "Cnon of Internal Medicine" which are duplicated in the tabulation above are all eliminated.

This means the models of main and collateral channels are developed progressively and not drawn to completion once.

## II  By stages

We know,   "Canon of Internal Medicine" is divided into two parts: "Su-Wen"  ( Simple questions ) and "Soul centren" . "Su-Wen" was put in order by Wang Bing 王冰 of the Tang Dynasty, and "Soul Centre" was pit in order by Shi Song 史崧 of the Sung Dynasty.

According to Wang Bing, ancient "Canon of Internal Medicine" had eighteen volumes, because of chaos caused by war, there remained only eight volumes, these eight volumes were also incomplete, he spent twelve years to put in order these eight volumes, then we have "Su-Wen" . Now "Su-Wen" has twenty four volumes with eighty one treaties. Naturally one would question : Is ancient "Canon of Internal Medicine" so abundant ? The answer must be negative, because the contents of ancient bamboo slips are brief. Eightvolumes cannot be changed into twenty four volumes, the answer can only be: a large part of it was replenished by unknown research fellows of Han to Tang Dynasties. Wang Bing himself also made some replenishment. China has such a tradition, as long as his thoughts are originated from predecessors, his own accomplishments will belong to his predecessors. For example, the book《庄子》"Internal Treatise" was written by himself, in the book there are seven treatises, the others are replenished by his students and descendants, it is not of dubious authenticity, but is of a school of thought. The same is "Canon of Internal Medicine", it is the work of Ch'i Po 歧伯 school of thought, is the most important work of China's internal medicine, although it is not an encyclopedia.

Now let us question: has "Su-Wen" (Simple question) any inventionor blazing new trails? I think, as to the subject of main and collateral channels this book is confined to narrating the old, and has not brought forth new ideas, on two evidences: First, from Ma Wang Dui 马王堆 were excavated two eleven canons, they were burial articles of 168 B. C. , the time of interment was only 40 years apart from the fall of the Qin 秦 Dynasty. Sacrificial objects generally were treasures, therefore we have reason to believe that Qin Dynasty ended with the eleven canons. In "Su-Wen" we had only the ten canons, therefore Wang Bing's narration of the old was not completed, the eleven canon was lost and was concealed. Up until Shi Sung 史崧 of the Sung Dynasty, the eleven canons reappeared in "Soul Gentre" under the subject "Treatise on acupuncture point as basis" "本输篇" . Second, acupuncture and moxibustion have simplified methods, which are acupuncture in hand and in foot. Acupuncture in hand is retained all the way, and it is called "Clever tortoise eight diagrams Method" (灵龟八卦法); acupuncture in foot is not handed down from past generations, but it is present abroad. Its ancestor is "Soul centre treatise on root knot" (灵枢·根结篇). This treatise did not treat about six pairs of channels in the foot, did not mention six pairs of channels in the hand. This was also what Wang Bing narrated was incomplete, up to Shi Sung's hand it reappeared.

If we say, the main work of "Shu-Wen" is narrating the old, then the main work of "Soul Centre" is bringing forth new ideas. Without bringing forth new ideas "Soul Centre" is not worthy to be published. Having come out, it is insufficient to support the old in the name of "Soul Centre". Of course that book also puts in order former Qin Dynasty's left over treatises that Wand Bing had not put in order, and made important supplement. This will be made clear if only we compare Ma Wang Dui's eleven canons mentioned above with "Treatise on acupuncture point as basis" (本轮篇), the latter is much more briliant than the former. Acting as collateral evidence, "Treatise on acupuncture point as basis" when compared with Wang Shu Ho's "Canon of veins" (脉经), its contents is much more abundant, undoutedly had brought forth new ideas.

Important points are: From "Su-Wen" to "Soul Cebtre" there is an evidental leap in the process of thought. That is: there appeared twelve canon's dissimilar models arranged in order. There are four features:

First, in the twelve canons there is a virtual canon, i. e. body of veins and arteries of pericardium but no organ of veins and arteries of pericardium. We understand, medical doctors can not talk non-cense. Medical theorists while undertaking theoretical research demand to have entity or substance as basis. For example, every passage through which vital energy circulates must be connected with viscera, the work of connection is painstaking, it takes over one thousand years of time. Eleven channels were connected with eleven viscera, but when twelve channels appeared there must happen a change, that is producing an organ with no organ, or, so to speak, appeared a passage not connected with viscera. This has theoretical background, because the content is complex it is omitted here.

Second, the appearance of the models of twelve channels marks the end of the research on models of even number channels. This is possible only when we have a correct understanding of the nature of acupuncture points. It will be detailed below.

Third, "Treatise on channels water" （经水篇） is a high ac-chievement of the research on main and collateral channels, it put forward the problem of body fluid matrix, it is more advanced than to-day's theory of homeostasis. It can be stated with certainty that this is the thought of former Qin Dynasty, it can even be asserted this au-thorship was of the Sung Dynasty.

Fourth, Chinese surgery is called Lei Gong's School of Thought, and Chinese internal medicine is called Chi Po's School of Thought. In "Su-Wen", Lei Gong was the object of denunciation, in "Lin Shu" "Soul Centre" Lei Gong and Chi Po were combined. Its symbol was "Treatise on Soul Centre and Channel Tendon" （灵枢·经筋篇）.

By stages as above, Chinese medical learning of main and collat-eral channels historically had two flourishing periods, one in former

Qin Dynasty, the other in Tang and Sung Dynasties, between these two stages was a period of intermission or a period of decline. From Qin Dynasty to Sung Dynasty it was approximately one thousand years, from Sung Dynasty down to the present it was approximately eight hundred years.

## Ⅲ  Substance of Research

It is not difficult to see, according to their nature the models in the table must be divided into two groups: one group is mutual substitution according to order, it developed from four canons to twelve canons; the other group is mutual Superposition, in the name of twelve canons they combined four kinds of main and collateral channels.

The first group of models is developed in this way, first, ancient people divided the body into six parts : upper and lower, left and right, in front and behind. In this group, left and right is symmetric, if the research on main and collateral channels begins not with the odd number channels but with the even number channels, then a pair of factors can be eliminated, we have just to observe and study up and down ( or hands and feet ) and front and behind ( or bosom and back ). These four spheres of the body all have passages through which vital energy circulates regulating bodily functions, at least one passage each. Therefore, four channels is the initial model of the study of even number channels. Next, when acupuncture points continue to he discovered different researchers at different time made different summaries in connection with viscera, thus we have five canons, six canons up to twelve canons. There are six six canons models in the table, they all have theoretical value, and were retained by ancient people; seven and eight canons are lacking in the table, they had no theoretical value and were eliminated; the nine canons in the table is actually six canons plus three odd number channels, is retained tentatively; the ten canons in the table is the double canon of five canons, i. e. , two passages through which vital energy circulates connected with a viscera, they have theoretical value, were also retained. Third, Chinese medicine recognizes only eleven viscera, according to the matching method of passages with viscera, eleven canons is the end, but Chinese medicine attaches much importance to the theory of Y ing and Y ang, therefore it is reasonable to study the even number of channels which has symmetric quality, that is, the eleven canons is not the end, the end is twelve canons. This is the reason why veins and arteries of pericardium is produced. This passage through which vital energy circulates regulating bodily functions has weighting quality, it is the even number passage of heart channel.

Up to now, there happened a question : What is the relationship between viscera and passages through which vital energy circulates regulating bodily functions? It is known the acupuncture points are multifunctional, it must be connected with more than one viscera. After a theorist has connected a group of acupuncture points into a line, its functions are manifested, it may be subordinated to a certain viscera, but it has other functions. Thus, one has two schemes: the one is, these viscera condition each other, this is expressed in the theory of five elements of the medicine of herbs; the other is, passages through which vital energy circulates regulating bodily functions and viscera is not simply related correspondingly one by one, this is express ed in the art of acupuncture and moxibustion. This branch of learning has two schools of thought. One school of thought is based on the "Treatise on Soul Centre. Passages". "Fourteen channel bring into play" (十四经发挥) of Hua Shou (滑寿) of the Yuan Dynasty advocated that any symptom of a disease that belongs to a certain viscera must take a point on related passage for treatment, called "follow the arteries in choosing the points"; the other school of thought took "Treatise on Soul Centre and acupuncture point as origin" as base, and can be traced as source to Jin (晋) Dynasty's Huang-Fu Mi 皇甫谧's "Jia Yi Channels" "甲乙经", recognizing multifunction of one point, one viscera multiline or one line multivisceral. These two schools of thought are together existing up to the present.

The second group of models is developed in this way, first, human body is much bigger than the four Limbs, the six pairs of channels found in the hands and the six pairs of channels in the feet on the four Limbs are not sufficient to generalize the acupuncture points on the body. What shall be done? Call them branches, then, besides the twelve passages through which vitalal energy circulates regulating bodily functions, appear another alternate twelve passages, in other words: every passage is actually double passage. Next, in ancient times, there were five methods of piercing: piercing skin, piercing flesh, piercing tendon, piercing arteries and vein, and piercing bones. Bone piercing is a special healing method, which people of our era do not use. Flesh (reservoir), tendon (nerve ending) and arteries and veins (micro blood vessel), these three under the condition of acupuncture and moxibustion are difficult to differentiate, because acupuncture has degree of depth and moxibustion has degree of scope, therefore the surface involved in acupuncture and moxibustion is not a point but is a slice. Therefore, ancient people had an idea called "combined healing", "combined piercing". With a view to differentiating different contents, ancient people after discovering passages through which vitalal energy circulates regulating bodily functions and alternate passages, they added（经水）channel water and（经筋）channel tendon. These four trea- tises on channel canon are orderly arranged together in "Soul Centre", which means to assert that acupuncture and moxibustion stimulated three contents : blood vessel, nerve and water reservoir. Therefore, twelve passages, twelve alternate passages, twelve channel water and twelve channel tendon are super-imposed, called by a joint name main and collateral channels.

The reason why the study of even number of channels is limited to twelve channels is very simple. It is difficult to continue on connecting in a line on the four limbs, even though we can magnify human body, but in this way the acupuncture point is also enlarged, the boundary between the acupuncture points neighboring but belonging to different passages is still obscure, further division is not necessary. Therefore, seen from the angle of learning, the present acupuncture and moxibustion chart or 铜人 serving as the model of main and collateral passages has its convenience, but it has also limitations. Brilliant expert of acupuncture and moxibustion and ordinary acupuncturist and moxibustionist achieve different healing results on the same acupuncture point.

Besides even number channels, ancient people also discovered eight odd number channels. Odd number channels are the natural supplement of the study of even number channels. The model of nine channels suggests that this work must be completed. The acupuncture and moxibustion chart of today is the combination of twelve even number channels and eight odd number channels.

But, the model continually used up to now summarizes only over three hundred acupuncture points. Besides the models there are two more things: one is odd number points outside of the channel, now these points have developed to several hundred; one is Ashi Point (any nerve point on the affected part of the body other than those specified for acupuncture and moxibustion), wherever there is pain there is point. Skin piercing, bone piercing largely are homologous to these kinds of points. These, present outside the model, their acupuncture points can be said to be limitless.

# Ⅳ   Conclusion

Starting off from the proposition of unity of organism, we can treat the body as a system equipped with countless switches of different quality. Ancient people employed the method of acupuncture and moxibustion to carry on the study of the body, obtained definite success, and established the theory of main and collateral channels.

The theory of main and collateral channels is still developing, at present the model of it is only the approximate expression of the entity of main and collateral channels, but it is useful. The Chinese use it for healing sickness, for health protection and for health preserving.

Abstracted from "Sect. 4—Sect. 6"

# 从中国棉作史看今后棉田

列宁在《哲学笔记》中，十分重视对自然科学和技术历史的研究。农作史是科学技术史的一个方面，它在社会实践中占据重要地位。本文研究棉作史，第一部分讨论棉花谱系，导出说明棉花何以大量脱落的一对范畴。第二部分考察历史，依据范畴说明棉田何以出现不断增株的运动过程以及该过程的必然终结。第三部分导出使棉田高产和稳产相结合的新方向，即双因子棉田。这种棉田已经存在，但有缺点，作者对此作了改进的探讨。

历史上有过稀植棉田，它能稳产，但不高产。当代密植棉田偶尔高产，但不稳产（同一年份的不同地区，产量悬殊；同一地区的不同年份，出入颇大）。本文探讨密植田的高产和稳产能否结合并如何结合，期望能够推进我国棉田的均匀发展。经济作物分布的均匀性对我国农村建设非常重要，合理密植、精耕细作、多种经营、充分利用广大的劳力资源等优良传统在我国有经久价值。本文的"棉作"可供作如下的历史考察，谨供参考。

# 一　棉花的谱系和特征

棉花谱系不明，有三个假说：灌木说、乔木说和草本说。我们现在首先探讨这个问题。

1. 亚洲棉灌木假说的栽培学证据

我国棉作有南路和北路之分。南路棉种是亚洲棉，它是灌木，有完整的栽培学证据。

棉田有一道工序：摘除全部营养枝。在我国，营养枝的摘除是逐步发展的，大约历时三百年，我们引两段文献如下：

明王象晋《群芳谱》（1621）云："苗长后有干粗叶大、众中特壮异者，名曰雄花，大而不结实，然又不可无，间留一二株，多则去之。"

清方承观《棉花图》（1765）云："苗有壮硕异于常茎者，为雄本，不结实，然不可尽去。备其种，斯有助于结实者。"

南路棉作是稀植学派。王象晋和方承观的棉田亩约亚洲棉1500株至2000株，科植。引文中的"苗"是指相对长大的植株，这时，果枝节已经长出，干和枝都很多，所以叫做"众"。我国历史上对营养枝称法不一，或茎、或干、或株、或本，但从未称枝。其所以有前一类混称，因为营养枝和主干的长出方向相同，稀植田深根并培土，不易鉴别。其所以和轴枝（即果枝）区分开来，因为二者长向不同，近乎垂直，而且，棉株只有两种叶片，一称大叶，一称轴叶，大叶长于干上，轴叶长于枝上，既然营养枝的特征是"干粗叶大"，只长大叶，它当然是干，不宜称枝。

我们现在恢复旧称，改营养枝为营养干。于是，我们有如下的名称变换：当代全部摘除营养干的棉株是一干式棉株；王象晋和方承观的部分摘除营养干的棉株是二干式或三干式棉株；而在王象晋之前，理应还有一种保留全部营养干的棉株，它是多干式棉株。

多干式棉株在我国历史上长期存在，古法植棉就是栽培这种株型。记载这种棉田的著作有三：一是元孟祺、畅师文和苗好谦合撰的《农桑辑要》（1273）；一是元王祯著的《王祯农书》（1313）；一是明徐光启著的《农政全书》（1628）。三书都详细讲述了棉田整枝问题，但都只字不提营养干。不提，不是作者们的共同疏忽，而是不摘。理由有五：第一，这个学派做过对照实验（详后），从实验看，它理应是多干式棉株。第二，营养干"有助于育桃"，不该摘。第三，《群芳谱》的作者读过徐光启的《吉贝①疏》，他非常推崇这篇论文②。既然王象晋在增大棉田密植度的同时仍然断言营养干"不可无"，可知徐光启棉田的营养干就是必要的存在物。第四，古法植棉是南路棉作的第一代棉田，很稀，没有摘除营养干的必要。第五，设定该田是一干式或三干式棉田，则叶面积与土地面积的比值约为 1.6—3.2，远远落后于叶片学说所给定的比值，这就不近情理了。

多干式棉株是否还有前身呢？这要追溯到棉花的野生群落，时间约在几千万年以前③，对此，我们现在找不到直接的证据，

---

① 亚洲棉传入我国时，闽人取译音，称为"吉贝"或"古贝"。梵文棉花的读音为"劫波育"，二者几乎完全同音，棉花拉丁学名 Gossypium 的字根是前两个音节，声音相近，也是译音。国外文献把非洲棉和亚洲棉列为旧世界棉种。棉作源于东方是举世公认的。

② 《群芳谱》说："徐子先吉贝一疏，载棉之利最详。兴美利，前民用，仁人之言夫。"

③ 植物在野生群落形成时，发生过一场重大的变革：由水平延伸变为垂直延伸，木本植物于是形成，发生的时间难于查考。显花植物始现于白垩纪，距今六千五百万至一亿年。

只能通过棉花迄今保留的木本祖先习性和偶尔见到的返祖现象作出推断。

《农政全书》提出一个"花王论"①。作者断言：棉花前身是花王，它是"大株"（即大于徐光启自己种植的多干式棉株），"旁枝甚多，实亦多"，所以，花王有很多干，它是主干和营养干全都长出果枝带的灌木棉株。

营养干能否长出果枝带呢？答案是肯定的。美洲棉和亚洲棉的多头棉株就是其例，它是花王和多干式棉株的中介形式。这种株型一般是虫害或机械损伤的产物。在营养干未摘之前，如果植株正顶受损，则多个营养干能够同时取代主干并长出多个果枝带来。多头棉株还可以人工制造，棉田缺苗断垄时，人们常用此法化小株为大株。近人冯泽芳在《棉作学》中说："亚洲棉在不良条件下长成形状如灌木。"又说："现在世界上栽培的棉花，不像乔木，而像灌木。"这些见解是以多头棉株和多干式棉株为据的。

花王是返祖现象，"万万中有一"，很难见到，但我们碰巧见到。1958 年，我国棉花大丰收，北京农展会展出过亚洲棉花王样本，仅一株，九干，结桃一百左右。

2. 三说归一的讨论

美洲棉像灌木，非洲棉像草本，海岛棉像乔木，亚洲棉是灌

----

① 原文如下："吾乡种棉花，极稔时，间有一二大株，俗称花王者，于干上结实，旁枝甚多，实亦多……余谓下一花子，便当得一花王，其不花王者，皆夭阏不遂者耳。意此中花种久受屈抑，少全气之核，种之又迟，又密，又瘦，故皆不获遂其本性。万一中有丰满之核，种复早，又偶值稀疏之处，偶遇肥饶之地，偶当丰稔之时，此四五事皆相得，则花王矣。然安能一一凑合若此？所为万万中有一，而花王绝少也。"这个见解出现于达尔文之前的二百多年，虽然有缺点，但已承认物种是变的。

木，云南木棉不知为何物①，它也许是乔木，也许是灌木。

我们现在把诸多情况概括起来，作如下的解释：

棉株有三带：原始带、营养干带和果枝带。

原始带已经退化完毕，其中有大量原始芽，原始芽有其历史：它在某个时期相当于主干，能够长出果枝带；又在某个时期相当于营养干，只能长出大叶。现在，仅留下一个陈迹。

和原始带相反，果枝带在进化着，它变大了，约比多头棉株中的任一营养干所长出的果枝带大 1—2 倍。

营养干带处于二者之中，它在退化着，不同棉种有不同的退化程度。亚洲棉的退化程度小些，它能长出 8 个营养干，又能变为多头棉株，还能偶尔出现花王；美洲棉的退化程度大些，它大约长出 4 个营养干，能够变为多头棉株，但未见出现过花王；海岛棉和云南木棉，不妨假定它们是营养干带业已退化完毕的植株，它们变成了真乔木。所以，乔木型棉株是灌木型棉株的一个特例，乔木假说是灌木假说的一个补充。

其次，棉花迄今保留着木本祖先的特性：木质部很快形成，这与茎干柔嫩多汁的草本植物不同。照理，草本说是不能成立的，但它成立了，而且有一个特定的历史背景，现说明如下：

a. 我国北路棉作是密植学派，种小型植株，品种来源不明，估计是从古非洲经古波斯或古印度传入，最早文献是《梁书》（公元 635 年）。该书说："高昌国，多草木，草实如茧……国人多取织以为布。"引文中的第一个草字是不定称，第二个草字是省略语，作者未曾断言其为草为木。到了《旧唐书》（10 世纪中期），

---

① 文献不详，只能确定它是多年生木本，很高。《华阳国志》（四世纪中期）有"其梧桐木，其华柔如丝"一句，似有脱漏，宜读作"其本状如梧桐木"。但很难断定这就是古哀牢国的棉株，更难断定它是乔木。

一律改草，诸如："高昌……有草名白叠。""婆利国……有古贝草。"循此以后，很多文献都称草了。

b. 棉花愈种愈矮。亚洲棉在宋代称树[①]，现在高仅二尺余，称为中型植株。美洲棉中的斯字棉和金字棉，依据记载，原高九尺，现在约三尺，称为大型植株。非洲棉现仅尺余，它有漫长的栽培历史，其前身理应相当高大。所以，把棉花分为大、中、小三型，只不过是方便讲法。有人对棉花作树棉与草棉之分，这是欠缺根据的。

c. 但是，当棉花从散栽转入农田，从稀植变为密植，经过长期的人工栽培，"树"就扬弃其自身，转化为"草"了。明张萱《疑耀》（公元1608年）云："余尝以询之松江士夫，皆不知木棉为何树，吉贝为何布。"换言之，经过五六百年的栽培，棉树变得相当矮小，以致谱系不明，无人认识。这种情况在栽培学上是常见的，例如，现在桑树已经入田并进行密植了，形态与散栽时大不相同。不难断言：几百年后，同样有人不知桑树为何物的。

d. 松江人徐光启对张萱提出的问题作了准确的回答："花王"是灌木，"与攀枝花绝不类"；"草本"是植物纤维，"取别于蚕绵耳。"徐光启是我国灌木假说的创始人。

棉花是热带植物，由于向北移栽不能越冬之故，变为一年生。在热带地区，一年生棉株多产并便于定向培育，所以多年生

---

① 方勺《泊宅编》（12世纪中期）云："闽广多种木棉，树高七八尺。"周去非《岭外代答》（1178）云："吉贝木如低小桑。"赵汝适《诸蕃志》（12世纪）云："吉贝树类小桑。"在福建当过四年安抚使的辛弃疾，晚年有词云："都将万字平戎策，换得东家种树书。"这"树"是特称，即棉花，因为它和辛弃疾自己撰写的平戎策作对仗，理应是当时的稀世之珍。宋末诗人谢枋得题福建棉布诗云："嘉树种木棉，天何厚八闽"，"木棉收千株，八口不忧贫"。李石《续博物志》（12世纪）云："闽中多木棉，植之数千株。"以株计数，说明当时棉树尚未入田，所以长势高大。

棉株同样受到淘汰。

由此可知，棉花前身是多年生灌木。现在的大多数棉花（非洲棉、亚洲棉和美洲棉）都是伪一年生、伪草本的伪乔木。

3. 根叶关系

本节和下节根据棉花谱系来探讨该物种的栽培特征。

植物有三个机构：营养、同化和运输。仅就内外环境的物质交换而言，根系和叶片的关系决定了植物的发育全程，我们称该关系为根叶关系。

这个术语和已有的科研成果并行不悖。比较古老的碳氮比例学说就是根叶关系粗略的陈述。当代关于植物液床研究和光敏色素研究也是该关系在分子水平上的探讨。但是，前者过于简化，后者有大量空白，这些术语都不宜采用，所以我们用自己的术语讲问题。

灌木无主干，各干等价，它们以同等机会从根系索取所需的养分，因而该根系要能从土壤中吸取大量的水肥以供各干同时之所需，换言之，灌木根系具有强大的生理功能。但是，当棉花从花王转变为多干式棉株时，主干出现了，它不再是严格意义的灌木了，这时的根系有没有变化呢？实验证明，营养干吸取营养的机会略次于主干，但大体相近，所以我们可以把棉花根系继续看作灌木根系。至于多干式棉株经过人工修整而变为一干式棉株后，植物的地下部分绝不会随着地上部分的人工改变而改变。所以，当代的一干式棉株，地上部分像乔木，地下部分像灌木，二者不相适应，这就是棉株很不稳定而棉花有大量脱落的根本原因。

洗根实验证明：棉株根系与一干式株型成对称形状，但地下部分还要大些：主根长于主干，侧根长于轴枝，绒根长约 12 尺，毛根能在干旱时大量增殖。形态的强大，表示生理功能的强大。

　　但是，根系形态可以人为地给予限制，就像棉花株型可以进行人工修整一样。洗根实验证明：棉株根系互斥。双株窝植，根系大体各取半圆；三株窝植，只要长势均匀，根系各成120°角弧。所以，棉田可以通过密植来抑制根系，并通过根系的抑制来抑制植株地上部分的生长。

　　这种抑制办法能够取得多大效果呢？效果是很有限的，因为棉花是强呼吸和新陈代谢旺盛的植物，它需水需肥的生理功能不会因为人工栽培而发生根本的变化。变化是有的，也是显著的：当棉株单植或稀植时，由于地上部分的日照条件相对良好，植株胃口健旺，可以重施水肥；当棉株群植并密植时，叶片的日照条件变坏了，植株也跟着变得像个溃疡病患者，只能少吃多餐，一旦重施水肥，棉花大量脱落，甚至出现生理逆转或疯长①。

　　棉田具有如此显著的根叶关系，自然引人重视。如果说，我们过去淘汰稀植田时，曾经提出一个正确的论点：" '只见树木，不见森林'是形而上学"，那么，经过不断增株之后，我们应当明白："'只见森林，不见叶片'同样是形而上学"，因为我们从一个极端走到了另一个极端。

　　棉田叶片是互为交错并互为荫蔽的。该荫蔽可以分为两类：一是株间荫蔽，二是株内荫蔽。乍看起来，这好像是自明之理，实际不然，它们在理论上从来没有解决过。原因是：在群植状态下，叶片是无规分布，两种荫蔽无法区分；而在一干式单植时，株间荫蔽不存在，株内荫蔽趋于0，问题抓不住了。研究这个问题的唯一办法就是进行抽象分析，即从棉用中取一单株在头脑中

———————————

　　① 前人称徒长为贪青，称疯长为酣醉，二者统称为"青酣不实"。徐光启从水、肥等角度论证了疯长是密植田所独具的问题，于是，他作了这样的批评："但虑酣之为患，不知稀之得力。又虑稀之少收，不知肥之得力。人情之习于故，常如此哉。"这个批评对于单纯增株的密植田讲来，迄今还是正确的。

作思考，然后把分析结果回到棉田中求验证。

已知两个事实：第一，叶片实验断言：若植株任一叶片能够取得 1/2 叶面积的直射日照，则该叶片的同化功能正常。第二，叶片学说提供一条统计数据：田间叶面积之和不得超过土地面积的 8 倍，过则减产。

对于棉田而言，这里所讲的减产就是棉花脱落。

棉花脱落是落蕾、落花和落铃的统称。棉株任一桃位在渡过固铃期后，一般不会脱落。大体推算：从成铃到固铃约 10 天，从开花到成铃计 3 天，从孕蕾到开花约 15 天，合计约 28 天，我们称此期间为一桃位的脱落危险期。

桃位与相关轴叶一一对应。轴叶从出芽之日起就开始经营同化物质，它大约要经过 30 天的生长期才长成固定面积，这时，桃位开始孕蕾，从孕蕾期开始，轴叶的做工能力逐步增大，至开花期达到高峰，然后逐步下降，过了成桃期，轴叶老化。实验表明：轴叶在开花期的做工量比成桃期增大 64%。

棉株开花时间构成一个特定的序列：初期有间隔，4 天至 2 天不等；中期一日一花，后期一日二花，但没有三同日花。平均计算，一日一花[①]。

设棉株有一桃位渡过脱落危险期，依据开花时间的统计平均，该植株就有 28 个桃位依序进入脱落危险期，亦即它有 28 张轴叶增大了做工能力，它们都是迫切需要日照的。设轴叶面积以 0.2 尺$^2$ 计，每叶需求 1/2 叶面积的直射日照，则全株共需直射日照 2.8 尺$^2$。因此，亩 2500 株以上的棉田，即便略去株间荫蔽

---

① 实际上，一日二花之后又回到一日一花，再回到间隔期，而且间隔期愈来愈长，有时多达九天，但本文对霜后花和疙瘩桃不作考虑。在我国棉作史上，收霜后花和疙瘩桃和稻田拾穗一样，不属于正式农作。

不论，株内荫蔽成立。

这个推论隐含着一个前提：一桃位之是否脱落，仅就同化物质的供应而言，取决于该相关轴叶的日照条件。这个前提能否成立呢？

4. 叶叶关系

根叶关系不仅决定了棉株的发育全程，而且决定了它的生育全程，所以，我们可以从果实角度出发，把该关系分解为二：一是根系对植株任一果实的关系，二是全株叶片对该果实的关系，前者称为根果关系，后者称为叶果关系。

现在引入我们做过的摘大叶实验[①]：若在棉株上摘去任一大叶叶芽，则相关轴枝略微缩短，主干上相关的节间距离也略微缩短。若循序摘去全株大叶叶芽，则植株缩小，其大小约为对照株的 2/3，但桃重不变。所以，大叶和轴叶的职能不同，前者是生长器官（干和枝）的生长器官，后者是生育器官（子和实）的生长器官。大叶与生育基本无关。

我们取无大叶棉株作为研究对象。该对象把叶片简化了，只剩下轴叶。由于轴叶与桃位一一对应，所以根果关系可用根叶关系来替代，叶果关系可用叶叶关系来替代。请注意：这里的根叶关系与上节的根叶关系含义不同，这里的叶叶关系是指全株叶片对其中任一叶片的关系，它就是株内荫蔽，现在讨论如下：

棉株桃位所需的同化物质，如果不是单独来自相关轴叶，就是来自全株轴叶，二者必居其一。

轴叶在生长期中逐日做工，其当量和可用叶面积表示：

$$S_1 = r \sum n = 3.1 \ 尺^2$$

----

[①]　该实验是山西省运城专区农业试验站农艺师成纪同志 1958 年口头提供的，作者 1959 年复试，结果相同。

式中 n = 30 （天数），r = 0. 2/30 （叶面积每日平均增长量）

轴叶在相关桃位进入生育期时继续做工。设成桃期的做工量和始蕾期相同，均以 1 叶当量计，则开花期的做工当量为 1.64 叶。粗略计算，在 28 天危险期中，轴叶每日平均做工当量为 1.4 叶，其和：

$$S_2 = 28 \times 0.2 \times 1.4 = 7.84 \text{ 尺}^2$$

$S_1$ 与 $S_2$ 之和约为 11 尺$^2$，这相当于 55 张轴叶一昼夜的做工量，亦即桃位在 28 天中每日约有二叶当量的同化物质供其消耗。所以，轴叶与桃位在形态学上的一一对应意味着生理学上的二一对应。自然界是节约的，轴叶独自供应所需同化物质的可能性成立。

全株轴叶统一供应的可能性是否成立呢？

设有一单植棉株，大叶，正顶和旁顶均及时摘除，限它长出 60 张轴叶。当该植株长成时，大约出土 80 天，由于前期气温低，生长慢，我们略去 20 天，说它是在 60 天内长出 60 叶，亦即一日长出一叶，这个讲法与实际情况出入不大。于是，在前 30 天中，植株长出大小不等的 30 叶，各自逐日做工，其当量和为 $S_3$。在后 30 天中，植株又长出大小不等的 30 叶并各自逐日做工，其当量和也是 $S_3$。另外，前 30 天长出的 30 叶在后 30 天中陆续长成固定面积并继续做工，其当量和为 $S_4$。全株积累：

$$T = 2S_3 + S_4$$
$$= (2n + 1) r\Sigma n - r\Sigma n^2 = 159 \text{ 尺}^2$$

式中 $S_3 = nr\Sigma n$，$S_4 = nr + 2(n-1)r + 3(n-2)r + \cdots + (n-n+1)r$。这个积累相当于 800 张轴叶一昼夜的做工量，该数值相当庞大，用它来解释棉株开花先慢后快的节拍时，任取一个小于或等于该数值的数值，或任选一个相当的数学模型，我们都会陷入十分显见的矛盾中。统一供应无法成立。

实际情况非常简单。棉株依序长叶并依序开花。前期生长缓慢，长叶有间隔，所以开花也有间隔；中期长势均匀，日长一叶，因而日开一花；高温期生长迅速，日长二叶，所以后期一日二花。棉株轴枝数有限，新叶要在轴枝末端长出，需要相当时间，它不能一日长出三张轴叶，所以没有三同日花。

由此可知，棉株是典型的积木结构：每个桃位及其相关轴叶构成一个元件，每个元件各具自己的生理年龄，它们相对分立，这与有机体的统一性并无矛盾。正是特定轴叶的空间位置动态地决定了它的受荫蔽的程度，从而在同化物质的供应上决定了该相关桃位是否脱落。

对于无大叶棉株而言，上节所讲的根叶关系和本节所讲的根叶关系是整体和个别的关系，前者成立，后者同样成立。

株内荫蔽就是株内斗争，株间荫蔽就是种内斗争，株内斗争成立，种内斗争同样成立。

到此为止，我们导出了一对范畴：根叶关系和叶叶关系。它们具有什么样的性质并起到什么样的作用，我们将在下一部分的历史回顾中进行考察。

## 二　历史的回顾

这里所讲的历史，包括当代棉田在内。它们都是有大叶棉田。我们上面的一对范畴是从无大叶棉株导出的，以之来考察有大叶棉田时，存在着较大的误差，但农田研究不求精密，作近似描述就成了。

1. 单植

棉株单植就是棉株在最优条件下进行培植：水肥充分，日照良好，地上部分没有株间荫蔽，地下根系任其自然发展，其中结桃最多的棉株被选为样本，它有研究价值。

花王，有亚洲棉样本，9 干，每干以 12 轴共 36 个桃位计算，全株共有 324 个桃位。设轴枝末梢桃位均为无效桃位，计 108 个，则有效桃位为 216。结桃 100，结桃率为 46%。该植株占地约 9 尺$^2$，全株有 324 张轴叶和 108 张大叶，亚洲棉叶片较小，设轴叶以 0.15 尺$^2$ 计，大叶以 0.2 尺$^2$ 计，全株有叶面积 70.2 尺$^2$，叶面积与土地面积之比为 8$^-$。

一干式棉株，有美洲棉样本，正顶和旁顶均已先行摘除，全株计 24 轴共 100 个有效桃位，结桃 50，结桃率为 50%。该植株约占地 12 尺$^2$，它有轴叶 100 和大叶 24，美洲棉叶片较大，设前者以 0.2 尺$^2$ 计，后者以 0.3 尺$^2$ 计，全株叶面积为 27.2 尺$^2$，叶面积与土地面积之比为 2$^+$（如果换算为亚洲棉，叶面积为 19.8 尺$^2$，比值相同）。

多干式棉株没有样本，但在古法棉田中可以推算出来（详后），结桃率为 60%，叶面积为 39 尺$^2$，比值为 4$^+$。

我们从这里可以看出：一干式、多干式和花王三者的叶面积之比为 19.8∶39∶70.2≈2∶4∶7。但是，它们的结桃率之比为 50∶60∶46≈2∶2.4∶1.8。这怎么解释呢？

上面导出的一对范畴能够近似地解释这个问题。

花王的比值接近于叶片学说，结桃 100 说明它不减产。花王上下两部分都是灌木，根叶关系是好的。54% 的脱落主要归因于叶叶关系。道理是显见的：花王株型不良，成倒圆锥状，中部和下部的叶片存在着极其严重的荫蔽，难于成桃。成桃部位主要在于植株外廓亦即四周和顶部。如果花王群植，则四周桃位亦将因株间隐蔽而导致脱落。所以，当棉花野生群落形成时，花王必然自行淘汰，变为多干式棉株。

一干式棉株的比值和叶片实验非常接近，它的每张叶片统计地处在日照正常的状态中，叶叶关系良好，50%的脱落主要归因于根叶关系，这个道理我们前面讲过了。

所以，花王和一干式棉株是两个各趋极端的株型。从单植着眼，它们都不是好株型，因为其中有一个因子趋于最大值，从而迫使另一个因子趋于最小值，所以它们的结桃率不可能是最优值的。

多干式棉株处在二者之间，它的叶片比花王少，比一干式棉株多，尽管这三种株型的根系近乎相同，都是自由发展的根系，但多干式棉株把叶叶关系作了调整，从而也就调整了根叶关系，使得这两个因子都不趋于最大或最小，所以它有最优的结桃率。

我们的范畴内在地具有相关性质，这和有机体内因子的相关性相符。

现在从单植转入群植，有约定如下：

棉田作有序排列，行距相同，株距大体相等，二者之积是单株独占面积。在地下，由于根系互斥，所以该土地面积就是该根系的独占面积。在地上，本株叶片之伸入它株独占空间与它株叶片之伸入本株独占空间统计地相等，于是，我们用单株叶面积之和与其独占土地面积之比来对下述棉田作近似的描述。

2. 古稀植学派（南路棉作）

我国第一代棉田是畦作。依据文献，该田行距5尺（依明尺折算为今尺，下同），株距2.5尺，亩亚洲棉480株，株占地12.5尺$^2$。《农政全书》说："棉之干长数尺，枝间数尺，子百颗，亩收二三石，其本性也。"引文中"子百颗"是有效桃位一百，"亩收二三石"是以籽棉计产，用明代棉种折算，单产皮棉80—120斤。亚洲棉桃重量较轻，设每桃平均五克，则每株平均结桃40—60个。历史上敢于报产的棉田就是正常年景下的稳产田。徐光启说它"能久雨，能久旱，能大风，此皆稀种，故能肥，能肥，故多收"。

"其本性也"就是该植株结桃最多。"花王论"中"故皆不获遂其本性"一句也是这个意思。徐光启说："余法须苗间三尺。或未信，宜先一尺，二尺试之。"试什么？只能是试出单株平均最优结桃数。用什么作为衡量的标准呢？只能以单植棉株最优结桃数为准。所以，古法植棉暗含着一个事实：多干式棉株单植的结桃率不超过60%，换言之，脱落率不低于40%。

和一干式棉株相较，多干式棉株约增桃10%。为什么能够增桃？前人归功于营养干的营养作用。我们断言：情况相反。实验证明：大叶与生育无关。营养干只长大叶，它不能有助于育桃。多干式棉株之所以增桃，是营养干消耗了棉株强大根系所吸收的为量过多的水肥之故，使根叶关系得到改善，但营养干的存在，增大了植株的叶面积，叶叶关系不如一干式棉株。前者有得，后者有失，但在最古老的稀植田中，所失者少，所得者多，所以增桃。营养干起到的是反营养的作用，前人把真实关系颠倒了，"映象被当作原形"。

改变根叶关系的办法有二：一是使植株地上部分增大，一是使植株地下部分缩小。前者是增叶，后者是增株。目的相同，但手段不同。不同的手段产生了不同的效果；前一手段是保留全部营养干并适当放大单株独占面积，使之具有较好的日照条件，所以，亩株数十分有限，有效桃位数少，能够稳产，但不高产；后一手段相反，缩小单株独占面积，有效桃位数增多，能够偶尔高产，蕴藏着一个美好的前景，但该田的不稳定性随着密植度的增大而增大。

徐光启走前一条道路，力主稀植，以求稳产，但这条道路不代表历史的进程。代表历史进程的是后一条道路，而在这条道路上迈出第一步的是王象晋。

《群芳谱》说："隔一尺作一穴。"又说："若数寸一株，长枝布叶，株百余子，亩二三百斤，岂不力省而利倍哉。"该田行距很宽，大体沿用古法，但株距改为 0.6—0.8 尺，亩亚洲棉 1500—2000 株。该田报产，因而稳产，稳产的原因是在增株的同时部分摘除营养干。但该田未见增产，原因是，耕作粗放。"株百余子"，说明整枝用工量不足，作者又主张"力省"，这大概是江苏松江和山东桓台两地农作物有粗细之别。

稀植学派的棉田在明代已经推进到密植田的边缘，这类边缘棉田现在还有人种植，我们这里从略。

3. 古密植学派（北路棉作）

北路棉史约 1500 年，它的密植田静止不动，没有过去，也没有未来。这事怎么解释呢？

我们以为，北路棉作有一个漫长的发展过程，但这个过程已经消失在历史的迷雾中。证据有二：第一，世界棉作史现在有文献可查者仅 2400 年，把这段历史和我国缫丝发明史相较，几乎差了一半。第二，小型植株是最古老的棉种，它变得如此之矮，正是长期栽培的结果。

我国棉种外来。北路棉作传入我国时一开始就是密植，所以没有过去。当代密植田的高限是亩 8000 株，古密植田已经达到这个数值，所以不再发展。

对于这方面文献，有三部著作值得摘引：

元鲁明善《农桑衣食撮要》（1314）云："于粪地内每一尺作一穴，种五七粒，候芽出时，稠者间去，止存旺苗二三窠。勤锄常时。掐去苗尖，勿要苗长高。若苗旺者则不结。"

明邝璠《便民图纂》（1502）云："于粪地上每一尺作一穴，种五七粒，待苗出时，密者芟去，止留旺者二三科，频锄时常。掐去苗尖。勿令长太高，若高则不结子。"

清陈扶摇《花镜》（1688）云："每穴种五六粒。肥须用粪、麻饼。待苗出时，将太密者芟去，止留肥者二三。苗长成后，不时摘头，使不上长，则花多绵广。至于锄草，须勤。"

这三段文字出现于元、明、清三代，各相隔一百八十多年，文字近似，无甚进展，但其中隐藏着一个重要的内容：

鲁明善，维吾尔族，书中记载的是他家乡古高昌国相传下来的棉作：窝植，窝距一尺，行距二尺，亩三千窝，窝二三株，合计六至八千株。小型植株仅尺余，"勿要苗长高"，就是该田高不盈尺。办法是：提前打正顶。

邝璠，河北直隶人，当过吴县令，他对两路棉作都有研究，《图纂》选定北路棉作，看来是为北方棉田茬期宜短着想。引文中"勿令长太高"不是指小型植株，而是指明代广泛采用的亚洲棉，所以，邝璠打正顶的时间要比鲁明善早些。

陈扶摇发展了打正顶的方法：分期分批进行。一次不足，可以再打，这使棉田高度划一，植株强弱均匀。引文中"使不上长"也是指中型植株。他的第一次打正顶的时间又要比邝璠早些。

所以，古密植田提供了如下经验：第一，棉田不一定要等到入伏前后打正顶，可以随意提前。第二，棉田不一定三桃求全，他们已经种了一千多年三桃求二的棉田。第三，提前打正顶就不必打旁顶，非常省工。第四，该田是危险田。窝植和早打正顶就是前人和危险田作斗争的经验总结。

我们上节讨论了古稀植田在增株的同时要进行减叶。我们这里看到了古密植田在大幅度增株的同时进行了大幅度的减叶：早打顶就是把植株截去三分之一至三分之二，连有效轴叶都除掉了，这个减叶办法是非常彻底的。密植学派和稀植学派本是历史上针锋相对的两个学派，但他们对待棉田的手段完全相同。由此可知，根叶关系和叶叶关系是制约棉田的根本规律。

4. 当代密植田和高密植田

稀植田已经淘汰完毕，现在全世界都种密植田，亩大型植株2500—8000株，单产以危地马拉最高，亩平均皮棉153斤。

和过去相较，密植田的耕作技术大有进步：把底肥为主改为追肥为主，追肥式和灌溉式相对细致，徒长和疯长一般能够避免，植保工作良好，平均单产有所增加，但仍然普遍存在着一个问题：高产和稳产未能结合。

症结何在？症结是：增株有余，减叶不足。

其所以如此，存在着种种原因：第一，当代农田的对照实验很不准确，有待于改进。第二，植物生理学中的"限制因子定律"是错误的，它把生命体这个自控系统的自控能力作了完全不符事实的夸大。第三，高田不易改，人们喜欢秋桃，秋桃稳产，纤维良好，虽则桃重较轻。第四，矮田不好种，它可以和高田具有同等的盲目性。第五，人们一般不乐意预摘大叶，因为植株结构松散些，有利于利用田间日照。第六，农作受到诸多科学的制约，长期停留在技术性的描述上，很难进行系统的理论思维。

我们现在撇开这些问题，先列出一张当代密植田的示意表，供作参考。

| 亩株数（千） | 2.5 | 3 | 4 | 5 | 6 | 7 | 8 |
|---|---|---|---|---|---|---|---|
| 株有效桃位数≈ | 90 | 80 | 75 | 70 | 65 | 60 | 55 |
| 指标（万） | 22.5 | 24 | 30 | 35 | 38 | 42 | 44 |
| 叶面积（万方尺）≈ | 6.3 | 6.8 | 8.4 | 9.9 | 10.7 | 11.3 | 11.7 |
| 比值≈ | 10.5 | 11.3 | 14 | 16.5 | 17.8 | 19 | 19.5 |

表中指标是株数和有效桃位数之积。比值是叶面积和土地面积之比。从表中看来，当代密植田的比值一律超过叶片学说的规定，其中个别数值在个别地区可能适用，但一般而言，都是减叶不足，因而棉株以其自身的叶片荫蔽其自身，导致脱落率增大，棉田不稳。目前的丰产田大约成桃六万余，如果成桃二万余，不算歉产，后一数值是表中最后一项棉田指标的 5%；亦即该田脱落率高达 95%。

为了求稳，我们大力整枝，例如，亩 8000 株棉田的整枝工作是古稀植田的 16 倍，加上摘老叶，棉田的用工量愈来愈大。

密植田不稳是一个普遍存在的问题，国内如此，国外亦如此。依据我们的范畴，增株就必须减叶。如果减叶不足，棉田或则像古密植田那样停步不前，或则继续增株，二者必居其一，这就是棉作在农作史上为什么会表现出一种奇特的大田增株运动的原因。

我们先讲一点旱地棉。旱地棉靠天吃饭，旱年多收，涝年歉收。由于该田危险，茬期力求其短，办法是：大幅度增株并缩小株距，以此来抑制植株的生长。在我国的某些地区，亩株数增至 2 万，行距 1.5 尺，株距 0.2 尺，单产可期皮棉 80 斤。

近年，国外出现一种高密植田，亩 3 万至 5 万株。它实际就是旱地棉向水浇田的转移。旱地棉前期怕干旱，转入水浇田后就可以灌溉；旱地棉后期怕雨水，现在大幅度增株并预先在田间开好沟垄，加上茬期非常之短，人体可以免除灾害。该田耕作简便：不整枝，不锄地，不追肥，株平均有效桃位数 1—2 个，脱落率约为 60%—70%，相对稳产，单产皮棉 120 斤上下，机播机收，桃重和衣分相对良好，在地广人稀的地区是适用的。我国近年在推广这类棉田，亩 1.5 万至 2 万株，单产已达百斤左右。

到此为止，棉田增株运动结束了。因为亩约 500 株各百子的古稀植田和亩约5万株各一子的高密植田是近似的指标等价田，古往今来的任何棉田都处在这两极之间，它们构成了一根完整的链条，该链条两端闭合，其中，凡稳产田必定低产，凡高产田必定不稳，历史没有解决高产和稳产相结合的问题。

5. 问题讨论

现在，我们换个角度讲问题，它和前述的范畴殊途同归，性质相同。

凡农田，都有单产计算式。棉田的计算式是：

$$单产 = 株数 \times 有效桃位数 \times 结桃率 \times 桃重 \times 衣分 \qquad （1）$$

式中后四项都是统计平均值。如果以籽棉计产，则略去衣分；如果以桃数计产，则略去桃重。于是，该式简化为：

$$单产 = 株数 \times 有效桃位数 \times 结桃率 \qquad （2）$$

第一个公式是多因子棉田，我们现在没有能力来种植它。第二个公式是三因子棉田，我们现在同样没有能力来种植它，因为结桃率不能预控，虽则我们对它已有某种预测的能力。

前面讲过，株数和有效桃位数之积称为指标，所以：

$$单产 = 指标 \times 结桃率 \qquad （3）$$

$$或：脱落率 = 1 - 单产/指标 \qquad （4）$$

先讨论第三个公式。式中的指标就是设计指标。设计，是任何棉田的起点。起点，要针对实际。所以，每一块棉田理应有自己的设计指标，而每一块棉田的设计指标又理应有其科学根据，这叫做因地制宜。我国幅员广大，各地情况不同，清一色的农田或棉田是不应该有的。其次，指标中的两个因子都是变数，每个因子各具上下限，但即便在这个范围以内，同一指标可以变换出几乎是无数多个的农田设计来。我们当然不需要过分复杂的设计方案，但我们的确需要若干种各具特定标志的设计方案，以便针对可以预期的不同年景采取不同的对策，这叫做因时制宜。

现在，我们把指标中的任一因子固定起来，于是：

指标 = 株数 × K                                       (5)

或：指标 = K × 有效桃位数                       (6)

这是什么棉田呢？这就是我们上面考察过的古往今来的棉田，其中，南路棉作属于公式（5），北路棉作属于公式（6），当代密植田同样属于公式（5），当代高密植田同样属于公式（6），后两种棉田中的 K 虽然有一些变动，但本质不变，所以，历史上的棉田都是单因子棉田。

单因子棉田通过增株而出现一个闭合系统，那是意料之事。一个人如果朝着单一方向前进，势必会转了一圈，回到原来由之出发的地方的。在单因子棉田的增株运动中，理所当然地会出现两种力量：一派求稀，一派求密。这两个学派在历史上各有功绩，但它们现在都应受到扬弃，因为在双因子棉田中，只存在着指标合理与否，不存在着稀与密的问题。

对于公式（4），指标就是极限指标。设计既定，棉田单产不可能超出指标。棉花是高敏感植物，不论什么株型，都有大量的脱落。历史上没有全无脱落的棉田或棉株的记载，现实中也找不到有关的材料。也许，桃位数最少的零式棉株在单植条件下有个别例外。至于棉花在人造环境中的栽培将如何，则有待于研究。

## 三　双因子棉田

三因子和多因子棉田，我们现在没有条件种植，但三因子和多因子的农田已经在人造环境中得到初步的发展，目前虽然仅限于蔬菜瓜果之属，但其成果是可以部分地使用于大田的。

对于历史上的单因子棉田我们作了如上的探讨和评价之后，

依据科学发展的进程，理所当然的结论是：我们现在可以而且应该开始种植双因子棉田。

在当代棉田中，双因子棉田已经萌芽：三桃求二的矮田早已有之，但它没有建立指标，因而具有颇大的盲目性。二层棉是一种相对新颖的形式，但它同样是凭借经验而不是凭借指标的。为此，我们对于这种尚未成为现实的双因子棉田作如下的推导和推测。

1. 修整

修整就是清田，清除田间一切无用之物。对象有二：一是大叶，一是轴叶。轴叶之中，对象又有二：一是无效轴叶，一是有效轴叶。从叶叶关系着眼，有效轴叶如果过多，就得清除。

修整的原则有二：一是省工，一是预整。只有预整才能改善日照条件，事后摘老叶是意义不大的。

为了便于清田，我们先把双因子棉田依其特征作如下的分类：该田有两种类型：一是三桃求全，一是三桃求二。在三桃求二的棉田中又有三种类型：一是求前桃和伏桃，不要秋桃；一是求伏桃和秋桃，不要前桃；一是求前桃和秋桃，不要伏桃。我们称第一类为高田，第二类和第三类为矮田，第四类为二层棉。

我们前面已经讲了主干上的大叶可摘，现在再讲一下大叶该摘，因为在一个自然长成的棉株上，大叶面积之和约占全株叶面积的33%，所以，4000株有大叶棉田和6000株无大叶棉田是叶面积等价田，但后者增加有效桃位50%，因而它比对照田增产50%。

过早摘除大叶对利用田间日照不利，改善的办法有二：一是选用结构松散的大型植株，一是推迟摘大叶的时间，例如，8轴棉田的大叶可以等到打正顶时一并摘光；20轴的棉田可以自下而上分三次摘光；如果棉田高度介于二者之间，可以分两次摘除；二层棉同此。

有效轴叶和无效轴叶对于双因子棉田而言，可以统一考虑。举例说，自然长成的棉株约24轴，现在早打顶，截去2/3，仅留8轴，亦即剩下8个旁顶或8张无效轴叶。其中，居于植株下部的4个旁顶应该留着，这有利于植株稳定，它们都是末梢叶片，大体贴地，对本株和它株的其他叶片不起荫蔽作用，不摘无害。另4个旁顶位在植株上部，留着，同样有利于植株稳定，它们是最后长出的叶片，可以作为封田的标志，如果长成全叶，能够成桃，如果控制得好，令其停止生长，则该4叶的叶面积大约等于2张叶片。所以，早打正顶就是同时摘除旁顶92%。古密植学派不打旁顶的道理就在于此。在双因子棉田中，我们比较偏爱8轴矮田，因为最省工。一般讲，凡8轴上下的矮田和二层棉都不必打旁顶；如果超过8轴，可以在棉株腰轴末梢摘去若干旁顶；如果是高田，则采用稀植学派的整枝方法，自下而上打旁顶。

2. 设计

过去的对照实验，是单因子的即单纯增株的对照实验，这会带来很大的误差。譬如说，某年年景好，大量增株带来了高产，如果把这个数值推广到不同年份和其他地区的棉田，那就出入很大了。

双因子对照实验旨在求得一个恰当的指标，然后把它再化为多种设计方案，以便针对实际情况种田。但是，这个指标并不易求，因为在优选法中，二因子以上优选没有绝对可靠的方法。以降维法为例，第一次实验求得的是两个指标，然后降维并继续实验，期望两个指标逐步接近，换言之，指标是两个，不是一个。

指标有两个，这不使种田的人感到为难，因为农田没有决定值，只有近似值。两个指标无非对当地情况给出正常年景的上限和下限，这和棉花旱年多收，涝年少收的情况相对应。有了上下限，我们反而有把握种田了。下限之下的数值，有效桃位数太少；上限之上的数值，有效桃位数太多，二者都是减产，应该排除掉，而在上下限之中，我们则有了某种自由，即能依据实际情况和长期栽培经验作出裁决，换言之，我们有一个活的指标。

双因子对照实验要种两块棉田，办法如下：

a. 种一块 5000 株棉田，划分为五畦，从 8 轴到 12 轴分期分块打正顶并全部摘除大叶，8 轴以上的棉畦依次在棉株腰部补打部分旁顶，耕作方案相同，后期分块收棉，最外层一圈的棉花不计在内，如果有缺苗，加上相应的统计平均值，求最优产量，然后把轴枝数化为有效桃位数乘以株数，得到第一个指标。

b. 同时再种一块棉田，分为五畦，从 4000—6000 各相差 500 株，一律 8 轴打正顶并全部摘去大叶，同上法收棉，取最优产量，求得第二个指标。

次年，把这个实验倒过来做：

c. 用第二个办法种田，分为若干畦，围绕 5000 株降维，例如每畦相差 200 株，依据第一个指标中的轴枝数打正顶，求第三个指标。

d. 用第一个办法种田，分为若干畦，围绕 8 轴降维，把轴枝数化为有效桃位数，例如，各相差两个桃位，依预定桃位数分期分块打正顶并除去多余叶片，求第四个指标。

在正常情况下，第二次求得的指标变幅要小于第一次求得的指标变幅，但也可能相反，问题在于两年的年景不同。怎么校正呢？

第一，我们建议在作实验时，用绘图纸把当年日照量（或云量）、降雨量和昼夜温差画成曲线，再向当地农业试验站索取上述数据的历年统计平均曲线，作个比较。这种比较是必要的，能够大体说明问题。

第二，指标上下限如果仅相差 2 万—3 万个有效桃位数，我们认为是正常的，不必使变幅趋小，所以该实验有可能一年完成，农作不求过分精密。

第三，叶片学说提供一个参考值。本文是以岱字 15 号在某个年份的某块棉田中的叶面积为例，据之推得的指标是 24 万，但不同地区的不同棉种要另行换算。我们估计，叶片学说给出的棉田指标约为 20 万—30 万，各地可依不同棉种的叶片作出换算。

第四，我们目的是建立一个双因子的亚稳棉田，该田指标也可以经验地推知并通过栽培结果继续作调整，办法如下：

已知古稀植田的脱落率和当代密植田的脱落率分别为 40%—60% 和 80%—100%。依据我国文献，稀植田不会疯长，疯长是密植田所独具的特征，换言之，疯长之有无是由该田在正常年景下的脱落率高限决定的。但是，脱落的上下限是由该田的密植度决定的，换言之，如果棉田的脱落下限降低，则其脱落上限亦将随之降低。从这个观点出发，棉田的高产和稳产可以结合。在目前条件下，我们先求初步的结合比较方便些。这也就是说，我们可以期望有一种棉田，其脱落下限相当于古稀植田的脱落上限，即 60%；于是，我们就可以期望，该田的脱落上限随着下限的降低而降低，大体讲，相当于 80%，我们称脱落变幅为 60%—80% 的棉田为亚稳棉田。

在当代密植田中，我们有这样的经验，不论密植度为何，丰产田的成桃数约为 6 万余，很难超出 8 万。我们前面讲过，叶面积等价的无大叶棉田要比有大叶棉田增产 50%，作者过去种过这样一块无大叶棉田，有桃 9 万余，但该田是低洼地，由于严格控水之故，桃重减轻。我们据此断言：双因子棉田可以期望成桃

9 万—10 万。设定该田脱落低限为 60%，则其指标就是 22.5 万—25 万。这个数值虽然是经验的，但与以上推算相对接近，还可以继续作经验的调整，例如，经过种植，如果成桃数降低而又年景较好，则指标应当降低；反之，如果成桃数升高而又年景较坏，则指标应当升高。

以上种种指标，对于特定地区的特定棉种而言，大体可以互相参证，从而制定一个合用的指标。但是，应当有个思想准备：个别指标可以和其余指标背离，如果出现这种情况，要继续做实验并对亚稳田作必要的修改。

指标有变幅，一般取中值，然后对肥田、瘦田、低洼地，高坡地，背风、通风以及前后茬情况作出裁定，适当增减。

指标既定，然后对可预期的年景作相应的展开，例如，指标 24 万，我们有：2400 株 × 100 桃位、2500 × 96、3000 × 80、4000 × 60、6000 × 40、8000 × 30 等一系列叶面积等价田，它们又可以围绕着上述四种类型棉田作适当的增减，给出相应的对策。

3. 耕作

棉田免耕，必定低产。若求高产，必须耕作。《农政全书》说："锄头落地长三寸"，"锄棉之功须极细密……深细耙梳，则棉大熟"。所以，棉田在封田之前，要经常行锄，逐步深耕，不论机耕、畜耕或人力劳动都是如此。

我们上节对双因子棉田作了一系列的展开，但是，其中有很多形式受到耕作的限制，不能采用。

双因子棉田本质上是三桃求二的密植田，高田只在气候不良或情况不明时采用。密植要充分利用田间日照，所以布局力求均匀。6000 株棉田的布局最好取 1.25 × 0.8，行距很窄，只宜手工劳动，还得要求劳动者相对灵巧细致。所以，6000 株以上的棉田不在我们考虑之列，其所以如此，还有一个道理：我们虽然把三桃求二的棉田称为矮田，但棉田绝非愈矮愈好，设把轴叶均匀排列在地上，3 万叶是最大值，所以，指标 24 万的棉田就得平铺八层，棉株轴枝一般长出五叶，3 万叶就是 6000 株的 1 轴棉，八层棉就是 6000 株的 8 轴棉。但是，早打顶可以迫使植株作横向生长，8 轴棉大约可以长出 44 个桃位，所以，亩 24 万的指标田只需种植 5500 株的 8 轴棉，布局约为 $1.4 \times 0.8$，这就比较便于耕作了。

对株数上限和轴枝数下限的结合作了如上的考虑后，我们现在再考虑株数下限和轴枝数上限的结合。

根叶关系和叶叶关系表明：棉田地下部分应当求密，地上部分应当求稀。指标田就是把历史上的两个学派糅合在一起，通过实验求指标，然后以多种变换对不同情况作出不同的安排。我们上面把指标田的叶面积和土地面积之比一律假定为 8，这种棉田的地上部分很稀，因为徐光启棉田的比值是 4，王象晋棉田的比值是 10，指标田介在这二者之中，它当然是稀植田。从一干式棉株着眼，徐光启和王象晋的棉田都可以称作减株增叶的棉田，其所以增叶，因为株数太少，根叶关系不平衡。我们的双因子棉田是增株减叶的棉田，我们已经大幅度减叶了，不宜同时减株，因为在减叶的同时不去增株，我们就会从一个极端转到另一个极端，导致减产。所以，从株数着眼，我们反对稀植。考虑到亩2500 株的有大叶棉田是和亩 3700 株的无大叶棉田在叶面积上等价，考虑到高田的大叶是较晚才打的，而且是分几次进行的，所以，我们把株数下限定为 3500 株，而其轴枝数上限约为 15。

大体讲来，指示田就是 3500—5500、8—15 轴的棉田，其中，4000—5000、9—12 轴更好。我们前面的对照实验之所以围绕着 5000 株棉田进行，就是这个道理。但是，这并不是说，在比较特殊的情况下不可以超出这个范围，去种植 3500 以下或 5500 以上的棉田。

也许有人认为：长年气象预报不准确，对种三桃求二的棉田很危险。我们认为，听预报比不听要强，长年预报虽然不准确，但预期年景的大体情况仍有参考价值。果真十分感到为难，那就改种高田，例如种植亩 3000 株 20 轴的棉田。实际上，4000 株 12 轴的无大叶棉田也很稳妥，它一般是接茬田，可以育秧移栽，在麦收之后移入，这可以提高土地利用率。该田不矮，主要是秋桃，即便年景不明，秋桃一般稳产。至于不接茬的棉田，除情况特殊外，一般早播，求前桃和伏桃，等到打正顶时，再听取一次比较短期的气象预报，如果情况不与预期相符，可以适当延期打正顶；如果情况大不相符，我们还来得及把它改为二层棉田。

所以，双因子棉田灵活、方便、省工，可以提高土地利用率，尤其重要的是，它可使高产和稳产初步结合。

以上讨论均以比较贫瘠的砂壤土为准。肥田或瘠土要另行加减，或另作对照实验。

4. 前景

上面讲了亚稳棉田。我们现在补充两项措施，期望该田能够推进，使之接近于稳产。

第一，棉田做过大量的关于微量元素和生长刺激素的增产实验。实验结果，一般能比对照田增产 20%。但是，这个数值的真正含义要依棉田的结桃率而定：如果结桃率仅达 5%—10%，则增产 20% 只不过增加结桃率 1%—2%；如果结桃率上升到 20%—40%，则增产 20% 就是增加结桃率 8%—12%。值得注意的是：这些增产实验不论如何加合，未见增效，这说明棉田受到若干主因子的制约。本文全部讨论都是围绕着主因子进行，旨在治本。棉田在治本之后，如果加上治标措施，前景就很可观。

第二，如果把棉种标准化，一律选用大型植株四轴体，然后在实验室求预测方法，期望在棉苗长出假叶或几张真叶时，能够预先测定轴枝（甚至是第一轴枝）的长出方向，那我们就可以通过育秧移栽，使它们在棉田中作定向排列。这样，田间叶片分布就由无规转为有序。凡空间位置相同的桃位其外环境相同。这很有利于棉花脱落的进一步研究，有利于棉花株型和棉田布局的进一步变革，从而使棉田高产和稳产更好地结合起来。

以上，我们答复了本文开头提出的问题。我们的答案基于这样的事实：凡物种都不是尽善尽美的，达尔文的剩余模式已经阐明了这个道理。棉株，作为个体，它是先天地处在不稳定的状态中。自古以来，任何株型的棉花都有脱落。棉花脱落就是植株不稳定的标志，不论其原因是来自根叶关系还是来自叶叶关系。棉株成桃则是棉株通过不稳定状态求得相对的稳定，换言之，它以某种程度的脱落作为代价来换取物种的延续。我们栽培的目的和手段都必须遵循并利用这种规律，亦即以最少的脱落来求得最大的不脱落。我们不必去寻求全无脱落的棉田或棉株。

棉田有多大潜力？这个问题我们不想讨论。截至目前止，国内密植田有过结桃率 $30^+$ % 的记录，国外有过 $40^-$ % 的记录，换言之，2/3 脱落，1/3 成桃。这些记录都是偶尔高产，远非稳产。看来，要使脱落率下降为 50% 并使全国棉田都处在这个数值上下而没有过分的偏离，这个目标就够远大的了。事实上，只要我们把棉花脱落率稳定在 90%，使得全国棉田平均单产皮棉 135 斤，就是一项了不起的成就，何况再翻 5 倍。

本文虽然探讨棉作，但作者和读者一样，不把眼光囿于棉作，因为不是棉作的农作理应也是棉作研究的一个内容。道理很简单，本文只不过对作物内因子中的主因子进行若干研究，这个研究又以外环境的相对正常为前提，但作物及其环境既有主因子，又有次因子以及因果链条不明的偶因子，后者为数众多，我们远未进行研究。在这些因子中，次因子在特定情况下可以转化为主因子，例如，某块土壤欠缺某种微量元素，作物因之会带来严重的病害，这个道理人们早已明白了。至于偶因子，在更加特殊的情况下同样是可以占据统治地位的。人类迄今很难避免饥馑，更难避免某种作物的严重歉收。但栽培任何作物都应力求避免减产。譬如说，明年可能某地有涝，棉花也许减产甚至不收，那该地就应放弃棉花而改种可以避免灾害的其他作物。为此，我们必须禁止单一经营。单一经营会使农民失去栽培多种作物的经验，从而失去防止和调节自然灾害的应变能力。在我国历史上，多种经营是明文规定的。《明史》（1739）记载："太祖初立国，即下令，凡民田五亩至十亩者，栽桑、麻、木棉各半亩；十亩以上，倍之。"当时是小生产，尚且如此，我们现在是大生产，从土壤保护、劳力安排、农村社会主义建设和人民生活需要着眼，无一不要求多种经营。依我们看来，各地农业生产应当有多种而不是一种的设计方案，每种作物又同样有多种栽培方法，然后因时因地作出最优安排，还要在情况发生变化时迅速换取新的方案。这些方案当然包括农村中除农业生产外的其他经营在内，它和我们国有农场以及局部地区的相对单一的经营不相矛盾。

棉花特征突出，所以我们把它选作本文的探讨对象。我们期望通过探讨，或能有助于其他作物的栽培。依作者看来，小麦单产千斤，水稻单产一吨，不算太难。我们是一个人口众多而耕地不多的国家，理应提倡精耕细作，可以在单位面积耕地内投入较多一点的劳力，力争高产稳产。这个观点，与农业机械化并不相违，但它与开山劈岭、围湖造田诸如此类的垦荒措施，不无抵触。在《劳动在从猿到人转变过程中的作用》一文中，恩格斯举出好些肆意对待自然而受到自然界报复的例子，他劝告人们

"不要过分陶醉于我们对自然界的胜利",指出:"我们统治自然界,决不像征服者统治异民族一样","我们连同我们的肉、血和头脑都是属于自然界,存在于自然界的"[1]。对于这个问题,中国人绝不比外国人生疏。中华民族的发祥地是黄河流域,居于黄河之源的陕甘青一带当然包括在内。近年,我们在甘肃发掘出猛玛象骨化石,说明该地过去气候温暖,草木茂盛,风土宜人。我们有大量史料说明古太行、王屋乃至北魏建都的大同,都是生态良好的地区。但是,这一切,全都变了,而今黄沙遍地,水土流失,许多地方寸草不生。竺可桢在他探讨中国物候的论文中讲述了自然环境的变迁,他讲得很好,但没有讲全。生态的人为破坏,是一个重大课题,值得进行历史考察并请专家研究。研究历史,似应同时研究自然。我们的祖先砸烂了本民族的摇篮,毁去了半壁河山的生态,以致黄河之水,浑浑浊浊,再也不能恢复原状。这个问题不是单纯人为的,但它是难以令人谅解的,因为,"十年树木,百年树人",农林部的工作也许比教育部的工作轻松十倍而又重要十倍,我国北方尽管多灾多难,但要在历史上拿出几十年时间来弥补生态缺陷,毕竟不难,然而,没有一个朝代做过,以致这个责任不能不落在今人身上。老祖宗欠债,今人必须还债,如果不还,至少不宜添债,否则,很难取谅于后人。

　　讲述这个问题,是研究作物栽培史的分内之事,因为农作物的根本思想应当是因势利导,顺应自然。恩格斯说:"我们对自然界的整个统治,是在于我们比其他一切动物强,能够认识和正确运用自然规律。"[2] 这里所讲的认识和正确运用,是科学和技

---

① 《马克思恩格斯选集》第 3 卷,第 517、518 页。

② 《劳动在从猿到人转变过程中的作用》,《马克思恩格斯选集》第 3 卷,第 518 页。

术，不是什么个人愿望和主观意志。遗憾的是，我们工作中常有以后者代替前者的毛病，有一首歌谣可以作为代表："天上没有玉皇，地上没有龙王。我就是玉皇，我就是龙王。喝令三山五岳开道，我来了！"气派很大，但看来一文不值，因为其中有泛神论思想，有唯意志论，还有自我夸大狂，就是没有马列主义。

　　我国现在正处在改造自然的高潮中，工作千头万绪，农作不过是其中之一，棉作又是无数作物之中的沧海一粟。我们前途似锦，但每行每业都有无数问题有待于研究和探讨。种田不易，因为自然环境千变万化。有人把种田仅仅看成"修补地球的艺术"，作者现在谨以斯文奉献给读者，特别是奉献给"修补地球"的艺术家们！

# 关于历史文化遗产整理——陈衍研究

# 论 陈 衍

## ——《陈石遗集》前言

### 一

陈衍（1856—1937），字叔伊，号石遗，晚称石遗老人。福建侯官（今福州）人。近代著名诗人、学者、教育家。韶龀早慧，幼贫力学，乡里推为神童。光绪壬午（1882）举乡试。1886 年，入台湾巡抚刘名传幕。1889 年，应湖南学政张亨嘉之聘，赴湘任府试总襄校。1890 年，应礼部试未酬，遂留沪上，入江南制造局幕，兼广方言馆教习。

时张之洞督两湖，董理新政，且以经术文章号召天下。闻陈衍名，安车以征，入幕办理一切新政笔墨，任官报局总纂兼两湖书院教习。戊戌政变后，新政俱罢，官报亦停。乃改办《湖北商务报》，与日人河濑仪太郎合译经济学著作，介绍西学，振兴实业。其时湖北钱商倒风甚盛，通货紧缺，金融秩序混乱。陈衍倡设官钱局，改制暗字钱票，以禁伪滥。十年之间，官钱票信用大著，通行十余省，商旅称便。又倡铸当十铜圆，以济钱荒。不及四月，盈利逾 50 万银元。其后张之洞益用其言，盛铸新铜圆，数年间获利达 1400 万银元。繇是百废俱兴，新政遂行，财用略无匮乏。

1909 年，入京任学部主事，兼礼学馆纂修，主持京师大学堂经学讲席，与陈宝琛、陈三立、郑孝胥、夏敬观等俱为一时名流。1916 年，应福建省长许世英之聘，总纂《福建通志》，统理全省各县修志事宜。1923 年，受聘为厦门大学文科教授。1931年，应唐文治敦请，任无锡国学专修学校讲席。次年，与章太炎、金天翮等在苏州筹组国学会，并主编会刊《国学论衡》。前后讲学南北垂四十年，以弘扬民族文化为己任，声誉卓著，士林争附。1937 年夏，病逝于福州，享年 82 岁。

## 二

陈衍长于诗，曾言"卜兆多年文笔山，敢言笔力压瀛寰"，足见其诗功力之深。刻有《石遗室诗集》十卷、《补遗》一卷、《续集》二卷及《朱丝词》一卷，合十四卷，其诗清峻奇峭，风骨高寒，且时时发明哲理。尤可贵者，苍老之色，高亢之音，激铁板铜琶之调，发青松明月之怀，得力于山水之游者为多。论者咸推陈衍为东坡，散原（三立）为山谷，苏戡（孝胥）为荆公，于近世诗坛鼎足而立。盖其为诗最喜东坡，间近昌黎，晚岁多近香山，兼汇宛陵之苍秀、后山之奥峭、诚齐之拗折、放翁之宏肆，熔裁而出诸一手。斯谓绚烂之极而归于平澹，要之奄有众美，不专一家也。

陈衍诗学精博，所著宏富，用力之深、讲论之勤、成就之大，于近世诸老中堪称圭臬，被誉为"六百年来一人而已"。当时士林耆秀，争相附奉，诗简远至，以得先生一言评点为荣。其诗学之作首推《石遗室诗话》正续编。是书襞积旧说，博依见闻，网罗平世诗人著作之可传者，隐喻阐幽发扬宏奖风流之旨，凡数十万言，极古今诗话之大观，在海内外影响至深且巨。陈衍论诗不争"唐宋之阋"，以为唐、宋诗各有其重要地位，标举开元、元和、元祐"三元"之说；强调学古须"体会渊微"，作诗应是"自家意思，自家言说"；倡导宋人推本唐代诗法而力破余地之创新精神，不废学古而贵在拓宇，然后能取精用宏，自成一家；又以为作诗最忌浅薄无识、标榜别才、不重学养，主张"合学人、诗人之诗二而一之"。丙戌（1886）中，陈衍尝与郑海藏戏谓其时诗之不专宗盛唐者为"同光体"，后世遂以名之，殊不知"同光"二字未足以标识陈衍诗艺之境界也。《诗话》之外，尚有《近代诗钞》（二十四卷）、《元诗纪事》（四十五卷）、《辽诗纪事》（十二卷）、《金诗纪事》（十六卷）、《宋诗精华录》（四卷）、《全闽诗录》（四十一卷）、《感旧集小传拾遗》（四卷）、《诗品平议》（三卷）、《诗评汇编》（五卷）、《诗学概要》（一卷）、《陈石遗先生谈艺录》（一卷）等多种。

## 三

世之论陈衍者，仅识其诗学诗工而以文学家目之，斯可谓皮相之论矣。盖陈衍自幼苦读，博闻疆识，好学深思，自经史子集、小学目录、山经地志乃至财政经济之学，靡不赅贯。而泓深渟蓄，久乃不掩，积数十年涵泳默会之功力，发为文章以抒胸中之环伟，固非诗学之一端所可包举也。今举其荦荦大者，分而述之。

陈衍尝谓："为学总须要柢经史，否则道听涂说，东塗西抹，必有露马脚狐尾之日。"陈衍治经，考镜源流，辨证本经，特重融会贯通诸经本义，不囿于各家传注之说（钱锺书《石语》)。其言曰:"释经之道惟于本经自相违异者,乃不得舍经从传。"又谓:"说经最忌以单文孤邊爾舍经从传。"

自六经燔于秦火,汉儒掇拾煨烬之余,简篇脱乱讹缺,而《尚书》之厄为最甚。于是文字有古今经传有真伪,篇次有多寡、有分合、有先后,其纠纷难辨亦冠于诸经。陈衍作《尚书举要》五卷,先以总说论析梅赜古文之伪,以为梅书五十八篇中,作伪之迹不胜枚举,其大而显著:一曰增多篇数不合,二曰统计篇数不合,三曰孔安国未尝作传,四曰大序非安国所作。所论皆明以析。又分《虞夏书》为一卷、《商书》为一卷、《周书》为三卷,于经文多所辨证。如据《史记》谓《汤誓》"予惟闻女众言"句,当在"天命殛之"句前;又《西伯戡黎》篇,据《周本纪》,谓西伯伐犬戎、伐密须、败耆国、伐邗、伐崇侯虎皆在纣赐弓矢斧钺之后,以为西伯作牧时被囚之不暇,实未尝伐一国。凡此均确得事实。陈衍治《书》虽主今文,然于古文亦非全然摒斥。如谓伪古文中"德日新,万邦惟怀;志自满,九族乃离"、"惟天生民有欲,无主乃乱"、"无倚势作威,无倚法以削"等语,亦有裨于治道。又云:"近人皮锡瑞,墨守今文,皆不可尽从。"其言亦属允当。有清以来,治《书》者名家辈出,如段玉裁作《古文尚书撰义》、江声作《尚书集注音疏》、王鸣盛作《尚书后案》、孙星衍作《尚书今古文注疏》,皆考核精博。陈衍之作提纲挈要、简洁易晓,尤足为治《书》者之先河。

儒家诸经之中,陈衍以为《周礼》为"六经之根本,开宗明义,设官分职,所以为民极也",因而于此书用力甚勤。所著《周礼疑义辨证》,近人唐文治评之曰"立后世之大坊"。其治经素来反对以今事臆断古制,致失其真。如书中谓:"古者税止有十一,未有加之十二者。"因而以《地官司待第二·载师》中

"近郊十一，远郊二十而三，甸、稍、县、都皆无过十二"句为莽、歆所增窜，且力辨朱熹"并杂税而为十二"之说非是，以为："夫上之征于民者，粟米出于田，布缕出于宅，力役于人，此外更无所谓税也。何杂之有？须知古人法制，岂能墨守经传一二语，不考其事之前后左右，以今人悬揣而断之哉！"又如辨《天官冢宰第一·大宰》中"五曰赋贡"句，郑注云："赋，口率出泉也。"贾疏亦然。陈衍则谓："口率出泉者汉法，周礼无此法。"凡此皆可谓石破天惊，当时小儒所不敢道也。瑞安孙诒让着《周礼正义》最为世人称颂，闻陈衍有此作，亟以所著就教正。陈衍为之补苴罅漏，复得数十事。惜书成而孙氏已归道山，不及见也。

　　治古经者，每苦《考工记》之难读。戴东原有言："古六书九数等，昔儒多结发从事，今或皓首未之闻。"盖往者辍学之士，辄薄工艺不讲。近代科技盛行，于古谊更复茫然。陈衍著《考工记辨证》三卷，谓郑玄未精于算，故所注间有误者。贾公彦义疏又多失郑旨，所误因以滋多。清代经师遽以为非，然亦罕知其所以为非者。陈衍精考详究，辨明得失，正郑氏之误者八条、贾氏之误者十九条、清代诸家之误者八十四条。凡数易稿，足见其审慎。又作《考工记补疏》一卷，凡贾疏于要义有阙者补之，其津逮后学可谓多矣。

　　自汉以来，古文家矻矻于辨释先秦古文，其训诂之法渐趋系统，至许慎作《说文解字》而臻于完善。许氏言曰："文字者，经义之本，王政之始。"足见文字训诂对于治经之重要。荆公作《字说》，虽与许氏之例多所违异，然其旨盖出于一辙。顾亭林敦本实学，倡为"器道合一"之说，以为论学必本于《说文》，治经须从音韵训诂入手。繇是学者翕然向风，有清一代以朴学名家者，多精于音韵训诂之学。陈衍自弱冠即攻治《说文》，先后著《说文举例》七卷、《说文解字辨证》十四卷。前者精研究许书之例，执其同以绳其异，条理井然，触处皆通，远胜于王筠《说文释例》之繁芜晦涩，俾人以豁然开朗之感；后者于字之形、声、义，有可疑而未经前人辨证者，有前人辨之未当者，或系许书原误，或系二徐（徐铉、徐锴）传误，悉加辨正，凡一百四十三处，其间于许学巨擘段玉裁订正尤多。最可心折者，谓形声兼会意字与会意兼形声字，乱者甚多，须察重在会意者，形声乃可从异。其说精莫能破。段氏尝言："治经莫重于得义，得义莫切于得音。"陈衍又撰《音韵发蒙》一书，其综论五声、八音与四声、反切、双声、叠韵各条，通达古今，足补前人所未备，以继顾氏、江氏、段氏诸家之作，盖无愧色焉。

陈衍治学，贵在能于经史文学之间融会贯通，以经治史，以经释文，不屑袭人窠臼，故能异军别张，特具识见。即或有旁骛兴会之作，亦多能别开生面，发前人所未发。

涑水《通鉴》，浩博无涯。袁机仲撰《纪事本末》，提纲挈领，如珠贯串矣。然袁氏所重者，一惟治乱之迹，以至所列标题之中，兵事、篡窃十居八九。陈衍作《通鉴纪事本末书后》十卷，凡纪事中应略者省之，纪事外应详者增之，各史记载异同者审议之，各客论断得失者平议之。注重阐发义理，不以考据是务。其自序开宗明义，谓：《纪事本末》以治乱兴衰为主，"然从来治乱兴衰之故，成于兵事者固多，而用人理财各要政，尤为治乱兴衰之源。内政不修，民隐不恤，君子在野，小人在位，兵乱恒由此兴"。旨哉言乎！此即《大学》所谓治平之道，必以用人理财为宗旨也。是书一出，时人至以王船山《读通鉴论》比之，由此亦可见陈衍不凡之史识。

陈衍总纂《福建通志》，发凡起例，胥出独裁。内通纪、地理、山经、河渠、方言、物产、渔业、海军、外交、金石、艺文等三十余种均极鸿博，而于儒林、文苑两传著述特详。尤可服膺者，儒林之外别立儒行传。陈衍以为自来方志大率以庸德之行、庸言之谨者入儒林传，误也。盖儒林传自《史记》、《汉书》因之，专以传通经之人，他无与也。然据此则抗志希古、躬行实践者，将无类可归。陈衍依《礼记·儒行》之法，创为儒行传，凡修身践言、笃实践履者入之。斯亦陈衍以经治史之明证也。

文章义法，至《史记》、《汉书》而大备。明清以降，从文学角度研究《史》、《汉》者，《史记》则有明代归有光，清代方苞，近代张裕钊、吴汝纶；《汉书》则有姚鼐、张惠言。然皆行墨评点，或语焉而不详。陈衍著《史汉文学研究法》，于书中提振、叠句、线索、曲折、描写、层次、抑扬、倒句、倒叙、连锁以及提纲挈领诸法，详加分析，悉中腠理。至论线索之法，尤为精妙，诚可谓纵横捭阖，度尽金针，昔张溥尝作《汉魏六朝百三名家集》，每家均有题词，其论文论人悉得其当，而于指示法门犹未尽也。陈衍撰《石遗室论文》，摘抉杳微，尽文章之奇奥，其间多有自来未经人道者。尝谓："文所以贵通经"，"未有不精于经术而能行文者。"是故以桐城派专主唐宋八家而不及六经为非，而以曾文正《经史百家杂钞》兼收经、史、子三部为是。由此观之，陈衍论文之作，亦有经义存焉。

先秦儒学之主旨，在于以礼乐之教经邦济世，至汉儒仍有其传统。南宋以降，理学斯滥，附会经典，空谈心性。洎乎明代，竟至于"束书不观，游谈无根"。明亡以后，顾亭林等辈力倡实事求是、通经致用之学，注重器道合一，主张"博学于文，行己有耻"，肇清代朴学之端，俾学术与士风为之一新。乾嘉以来，考据之学日益脱离实际，士风萎顿，学风拘执，偏枯琐碎，暮气日深。自道咸迄于清末，内忧外患，国是日非。学者感于时艰，思有以振作，遂打破藩篱，重举经世致用之大旗。而西学东渐，亦对中国固有之学术产生深刻之影响。陈衍治学，虽仍遵循传统，但其学术观点亦已融入相当之时代意识。关注西学，重视实务，厥为陈衍治学之又一特点。

陈衍尝居张之洞幕长达九年，其间于湖北新政"类竭蠹底之智，时有赞书"（已如前述）。其财政经济之学，权衡轻重，消息财货，皆出自匠心，而能切用于实际，时代至有以"理财巨擘"誉之者，惜乎未得大用耳。光绪中，新学勃兴，闽、粤二省开风气之先。陈衍值此际会而积极从事，其于沪上主编《求是报》时，即曾撰文，建言设洋文报馆以为国家对外之喉舌，延聘谙熟中外事务之人士，举所谓训农、通商、兴工、理财、劝学、任贤诸要务，广为论说；又举西人历来欺我之事实，条分缕析，详列对策。报发海内外，颇具影响。居幕武昌后，又呼吁官员士绅商阅读商务书报，了解国际经济形势，以兴利除弊。戊戌中，陈衍赴京会试，同情维新。是年七月撰《戊戌变法摧议》一文，内容包括议相、议兵、议卒、议将、议械、议税、议农、议学、议译、议上书言事十条，主张效仿英、日诸国行君主立宪与内阁责任制，全面改革国防制度以建立精悍之师，励行兴农、筹税、办学、译书各要务。会政变起，其议遂寝。此后陈衍任《湖北商务报》总纂，与日本人河濑仪太郎合译日本经济商务书刊，先后译成《日本商律》、《日本破产律》、《商业博物志》、《货币制度论》、《商业经济学》、《商业开化史》、《商业地理》、《银行论》等。所谓致富之本，非兴商不为功也。此类译作与严几道所译《天演论》（1898）、《原富》（1901）及林琴南所译《巴黎茶花女遗事》（1899）先后同时，且严、林二人与陈衍俱为同乡，堪称中国译学界之盛事。因陈衍所译俱系经济之道，士人视为末流者，故世人但知有严、林而不知有陈氏。然陈衍于引进西学，亦有筚路蓝缕之功矣。

亘久以来，士大夫标榜道义，耻于言利，其弊至于愦愦冬烘、高巾破履、自诩君子、欺世盗名，于经邦治国之实务则懵然无知，以为无与己事。凡异乎此者，则必排之为流俗，斥之为小人。陈衍之言则谓："传云：'长国家而务财用者，必自小人。'此大一统之世之言也。今不能与列强闭关绝约，人富强，己贫弱，犹为此言，非鷙则狂易耳！"（《石遗室文集》卷一《张之洞传》）1909 年，陈衍作《伦理讲义》，力辟宋明理学，详辨义利关系，其言曰："《论语》记孔子罕言利……此必门弟子误会，实不知也。《易·乾卦》即言'元、亨、利、贞'，孔子作《文言》曰：'利者，义之和也。'……故利与和字皆从禾，乃天下甚美之名词，如五谷之不可缺。……又曰：'利足以和义也。'又曰：'利物'，则物我皆利，不止利一己，亦不止一人矣。和孰甚焉！义孰甚焉！何必罕言之？又何可罕之？"陈衍于此为"利"正名，与孔子"因民之所利而利之"及孟子"利者，利天下百姓为先"一脉相承，实为千古不易之论也。

陈衍松柏之质，清刚劲直，人格严峻，故其为文神夷气清、遒健鲜明、生峭瘦硬，不喜为桐城之忧游缓节，而于柳子厚、王介甫为近。尝言"生平无韵之文，无虑二三千首"，有《石遗室文集》行也，则陈衍所谓稍雅驯者也。其编次体例以文体之先后出为序，内容涉及传记、墓铭、记事、游记、议论、书答，序跋及赋赞等，于清末民初之社会政治、经济、学术、文艺及人物均有反映，亦堪称陈衍为人为学之体现。昔姚姬备与鲁洁非书尝云："接其人知为君子矣，读其文非君子不能也。"斯亦陈衍之谓欤？

# 四

陈衍夙以诗学名世，其论诗之作流传较广，内中多有脍炙人口者。1999年9月，福建人民出版社又新版钱仲联先生编校之《陈衍诗论合集》二册（精装），凡一百五十余万言，几辑了陈衍平生论诗之全部作品，堪称集大成之作。本书所收，为陈衍之诗集、文集、经史、小学、文论、目录、经济以及其他杂著，凡十八种。其中十七种为原著，一种为辑录。另收附录九种。全书总计一百七十万字。兹简述如次：

一、《石遗室诗集》，内含《石遗室诗集》十卷、《石遗室诗集补遗》一卷、《石遗室诗续集》二卷，并附《朱絲词》二卷，有家刻本。另附白话诗《哭梦旦》一首，刊于《同舟》第四卷第十二期，商务印书馆1936年出版。

二、《石遗室文集》，内含《石遗室文集》十二卷及《石遗室文续集》、《石遗室文三集》、《石遗室文四集》。有民国二年、三年家刻本。

三、《尚书举要》五卷，成书于1897年，有民国八年上海刻本。

四、《周礼疑义辨证》四卷，成书于1891年，有家刻本。按：陈衍又于次年撰成《礼记疑义辨证》四卷，未刊，已失。

五、《考工记辨证》三卷，成书于1890年，有家刻本。

六、《考工证补疏》一卷，成书于1890年，有家刻本。

七、《说文举例》七卷，成书于1878年，有民国八年上海刻本。

八、《说文解字辨证》十四卷，成书于1883年，有民国八年上海刻本。

九、《音韵发蒙》一卷，有家刻本。

十、《通鉴纪事本末书后》，成书于 1909 年，有无锡国学专修学校 1934 年铅印本。

十一、《石遗室论文》五卷，有无锡国学专修学校 1936 年铅印本。

十二、《史汉文学研究法》，有无锡国学专修学校 1934 年铅印本。

十三、《要籍解题》原书四卷，收四部群书四百余种。今仅存经部一卷。有民国八年上海刻本。

十四、《戊戌变法榷议》作于 1898 年 7 月。有 1901 年 3 月书坊刻本，并见于汤钧著《戊戌变法人物传稿》。

十五、《伦理讲义》，成书于 1909 年。今存手稿。

十六、《福建方言志》一卷，选自《福建通志》，有 1922 年官刻本。按：陈衍总纂《福建通志》，历时五年，于 1921 年修成，凡六百四十卷、一千余万字。

十七、《烹饪教科书》、有商务印书馆铅印本，为当时教育部审定之中高级师范学校教科书。发行 200 万册，分上、下篇。下篇为《石遗室菜谱》七十例，本书略。

十八、《经济类著译选编》，为整理者所辑，分论文、经济类译著题解、论理财三部分，其中论文凡 19 篇，辑自《湖北商务报》。

# 附　　录

一、《侯官陈石遗先生年谱》八卷。陈衍长子聲暨编至陈衍53 岁止。后由陈衍女弟子王真续编，叶长青补订。有 1931 年家刻本，后由台湾艺文印书馆再版。本书据家刻本。第八卷由王真于 1960 年续成。

二、《陈石遗先生八十夀序》，钱基博撰于 1935 年元月。台湾艺文印书馆 1961 年出版。

三、《陈石遗先生墓志铭》，唐文治撰于 1937 年 8 月。台湾艺文印书馆 1961 年出版。

四、《戴花平安室杂记》一卷，萧道管撰。稿本。按：萧道管（1855—1907），字君珮，号闲堂，石遗夫人，富商幼女。婚后，俩人闭门治学达七年有余，后因匳赠荡然，衍始旅食四方，夫人辄挈儿女从之。初，夫人师从陈衍，因聪颖好学，勤于笔耕，成为终生学友，素有才女之称，其文字为研究陈衍的重要材料。

五、《说文重文管见》一卷，萧道管撰。成书于 1880 年，有家刻本。是书对许氏《说文》中之"重文"（即古籀文）作了专门研究，可与陈衍研治《说文》之作相为表里。此外，萧夫人还撰有《列女传集解》十卷、《然脂新话》三卷、《平安堂杂记》一卷、《萧闲堂杂记》四卷、《萧闲堂遗诗》一卷、《平安堂遗词》一卷及《道安室杂文》一卷等。

六、《石遗室丛书总序》，唐文治撰。台湾艺文印书馆 1961 年出版。

七、《石语》，钱钟书撰。中国社会科学出版社 1996 年出版。

八、《关于陈衍的学术思想》，陈步撰。手稿。

九、《陈石遗丛书总目录》，中国社会科学院历史文化遗产整理——陈衍著作调研复制并整理课题组提供。

本书所收各种，原稿本多无标点，少数亦仅有旧式圈点，现均使用旧式标点。原稿本中所有脱讹衍倒之处，均予补改删乙。因所收作品大多未公开刊行，故流传未广，版本亦少。本书除在每一作品前撰有题解外，一般均未作校记。

# 关于陈衍的学术思想

　　《辞海》中，陈衍被当作同光体诗学代表来介绍。作为诗人，他曾被誉为诗坛"六百年来一个而已"的集大成者。他是公认的著名教育家、名教授和名编辑。通过本集的编注，陈衍在经学、文学、史学上的成就，跃然纸上。当然，他还是一个美食家，是一位爱国者和社会活动家。就单一学科而言，陈衍的成就及特色易有定论，所缺乏的是对陈衍学术思想的整体研究。作为一个学术上具有多方面成就的学者，又处于清末民初世道变化激剧的特定的历史背景之下，其学术思想和特色，必然既是他个人的，又是这一历史时期的反映。对陈衍如果不能全面地综合地抽象地由表及里地探索其学术思想的内涵，我们对陈衍的认识只能限于片面的和表层的，从而对其所处时代的学术动态必然难以有所反映。然而这一步是非常的困难，唯其困难更显示其可研究性。本文拟就朴学的角度对陈衍的学术思想作一初步探索，权作抛砖引玉之举罢。

　　陈衍的学术思想在《文集·复章太炎书》中的反映最具代表性，文不长，摘如下：

　　　　太炎老友足下，廿年阔别，辱承先施，念我之深，感歉

何极。仆于奔走国事者，不敢辄问候起居，惧嫌攀援也。窃
欢区区旧学，考处、词章数千年无能兼者，歧而二之，即已
误矣。卜商、荀况，已属偏至，何论许郑杜韩，君乡竹垞，
颇识厓略，亭林浅尝，只可供梁鼎芬、林纾之仰止。足下学
与年进，真善读书，见解高超，海内罕其匹。戴东原云：
"当世学者，吾不能不以竹汀为第二人。"仆不愿与汉以后
学人较短长，今得足下论读书，吾不敢以竹汀待足下。此外
考证有得者，尚有孙仲容，惜其《周礼正义》约寄商散处
而未果，罅缪弘多，仆旧刻十数册，皆少作，聊寄正之。周
官小戴记等未刊者尚夥。年来纂福建新通志数百卷，约千万
馀言，皆出自一手，中艺文志百馀卷，补正经义考、四库全
书提要者不赀。已刻二百馀卷。以官中欠钱，工程疲缓。仆
入民国后，惟间为大学教授，自以于世无补，能稍有裨于学
子，借赎素食罪过。季刚后来之秀，近在何许？念念！衍顿
首。

考处在这里的含义就是朴学，词章的含义就是文学，一般
讲，治汉学都是兼的。例如朴学文章可以有文采，文学创作可以
据事实。这里的"兼"是指有成就的朴学家，同时又是有成就
的文学家，这就很难得了。"歧而二之，即已误矣"，是针对姚
鼐的三分法的。姚鼐讲过："天下学问之事，有义理、文章、考
证三者之分。"姚鼐是桐城派的重要人物，他和戴震是同时代
人，不能否定戴震的成就，但他可以阉割朴学，把义理和考证分
开，这与既重逻辑、又重事实的朴学是相通的。陈衍对此当然不
会同意。依他看来，若有对立，那就是考据与词章的对立，但即
便是这二者，本质上也不对立，因为他们都以同一个特定的信号
系统为基础。中国人使用形象文字，该系统比拼音文字更加接近
于观念。观念的外延是闪烁不定的，中国人据之训练了想象力，

开发了词章学。从观念到概念要作一番知识整理工作，否则，就不能发展逻辑思维并建立近代科学。中国人学科学并无困难，因为概念、逻辑和方法都是引进的，但中国人若以此整理自己的文化传统就困难大得多了，因为面对的是另一种观念系统及思维方式，怎么辨别呢？动手术？还是原封不动？"歧而二之"就是原封不动。读过中国古书的人都明白，要用现代语言准确地而又逻辑地讲出前人思想是很难的，不研究不成。

朴学源于汉学，而汉学一度中断，到了乾嘉之世，朴学闯出道路来了。一度曾被当时知识分子为了回避明清两代文字狱而躲到古书堆中的一门学问，就由消极变为积极，由遗风化为新风。

就考据等治学的方法论而言，朴学并非中国独有。马克思曾称古希腊文化为类婴儿期的空前成就。这当然要以相当大量的古希文献为据，但是，中世纪经院仅存三篇文献，其余都是文艺复兴时期在欧洲之外找到的，找到的文献自然有所残缺，欧洲"朴学家"使用外文译本，主要是阿拉伯文译本，进行校订、考证和翻译的。

欧洲"朴学家"并未结束自己的工作，总有些问题保留着，譬如说，柏拉图《巴曼尼得斯篇》就被称作"欧洲哲学史之谜"，长期无人读懂。解开这个谜的是中国人，先师陈康教授译注的由商务出版的这本名著，就是以中国朴学为手段，以古希腊为工具来在这个领域作出他的贡献的。

中国没有经受古希腊那种历史浩劫，但中国文化比古希腊文化更需要朴学。有人认为应该引进一把外国钥匙，例如分析哲学，以之打开中国文化之锁，但似乎日本汉学家都不是这样做的；有人惋惜中国欠缺认识论，其实，朴学就是唯物论认识论在文化史领域的具体运用；有人担心远水救不了近火，需知我们必须不是要求在短期内解决全部问题，只要求解决迫切问题，学以致用，譬如说，在陈衍时代，随着西方科学而俱来的是理性主义思潮。今天不同了，非理性主义思潮是它的伴随物，有人把它简单地解释为资产阶级生活方式，但又处在无可奈何的境地中。其实，翻开字典，理性主义和非理性主义都有多种含义，前者有一部分是中世纪宗教的遗物，它之主张存天理灭人欲和宋明理学家所提昌的礼教相当。既然中国人可以用"五四运动"反礼教，则外国人何以不应该用非理性主义来反对这种我们不妨把它译作唯理论的东西呢？这种合理的非理性主义不妨译作唯理论，而这种非唯理论是和理性主义统一的，剩下的问题才是真正的对立。我们知道，理性总归是社会及其成员得以保持整体和资本主义所导致的谋生方式和生活节奏密切相关。所以中国文化必有积极面，它将会对人类现在和未来作出重大的贡献。

现在回顾一下陈衍在前清时代的讲法：

> 自国家创立学堂以来，为学生者皆注意新学，谓知未知、能未能，学成而有用也。至于旧学，久以为无用，且若已知、已能也者，实则何当知？何尝能？向者，新学未兴，科举未废，经史子集各学，精者已无几，今更如此废弃，惟有一少一日。（《文集》卷六《请大学经文两科学生由各省保送议》）。

> 今之议者曰：国之所以不竞者，旧学有馀，新学不足也。既曰古矣，焉用存？又曰：吾中国自有之学问皆古也，未尝亡，何待存？夫学无古今，惟问其有用与否。国之所以为国，一如人之所以为人，必有其本然之性质。……若一切受命于人，悉丧其所固有，国不既亡矣乎？宁待种类渐灭而后为亡哉？（《文集》卷八《与唐春卿尚书论存古学堂书》）

在清代朴学研究中，经史子三者均已有人问津。集是尖端问题，接触者无多，所以陈衍特别提出考据与词章的兼顾问题，并从中道出他的文艺理论和文学创作来，他在这方面的著作约为他的全部著作的半数，其中，理论研究最多。

在散文理论方面，我用1924年陈衍《五言四十韵哭畏庐》这首诗的内容作代表。该诗的前半是："人事如转烛，交君五十年。长我才四龄，奄忽竟我先。君去长已矣，我心郁烦冤。论文常訾我，自昔荷断断。……君始学骈俪……既而骋论议……既而五七言……后皆舍之去，专攻散体文。久之乃自命，桦湖柏枧间。秘钥矜昌黎，关抑不使宣。我进以仆学，君谓道已分。我更以哲学，君谓非道原。桐城有师法，吞吐出半山。……"后半首才是悼念畏庐，赞赏他的为人，并且对他的家庭子女寄以无限的关怀。

陈衍和林纾是至交，《石遗室诗集》中有很多诗是寄畏庐的，林译《茶花女》由陈衍写序并在书后提诗。林纾很有名，商务当时给他出书最多，但陈衍不是纯词章家，更不是桐城派词章家，《文集》中有很多论据，我引两段于下：

> 桐城人以能文章名于时，殆二百年而未有绝，文章逐若为桐城人所私者……于是有桐城文派之说。人不必桐城，文章则不能外于桐城。为是文者，纡回蓄缩，务使词尽意不尽，以至词意俱不尽，可不谓谨严有守者之所为欤！（卷七《赠桐城姚叔节序》）

其整段都是俏皮话。

> 桐城人士多以文章负异于众，余识马君通伯、姚君叔节，皆能为其乡先生之文，而识陈君剑潭，先于二君，则不守桐城师法，慕太史公、班孟坚之言，其至者，权奇动宕，恣肆自喜。马、姚二君于其文不甚相合，而亦推其能自力也。余亟称剑潭之文，世人疑信相半。（卷七《陈剑潭南归序》）

这一段和上一段一正一反，可资对照。

世人喜欢师法或框框，陈衍反对。在文学理论上，墨守成规是错误的。

陈衍自己文章重事实，有什么讲什么，讲完就完，不作迂回蓄缩，他的文采依情况而定，辞赋游记稍为华丽些，识论文章很质朴。有人说他的文章没有"家教"。我看若以客观事实和表达方式为"家教"也未尝不可以说。今天的白话文就是自由表达的，哪有什么师法？

陈衍的诗学理论多于散文理论。在他的这一方面著作中，有些是资料书，例如，《近代诗钞》、《闽诗錄》等，这只需相应的鉴别力，就能编撰出来。《纪事》就不同了，历代纪事都是大手笔之作。陈衍的元、金、辽三代纪事是小纪事，但尽管如此，四十五卷的《元诗纪事》能够得到文学界的重视，是他的成名作。

我现在用《石遗室诗话》来讲他的诗学。《诗话》卷一说："余谓诗莫盛于三元：上元开元，中元元和，下元元佑也。……今人强分唐诗宋诗，宋人皆推崇唐人诗法，力破余地耳。"

"力破余地"就是推陈出新，宋诗是唐诗的推陈出新，准此，元、明、清诗也是一代一代的力破余地。陈衍还指出："若墨守旧说，唐以后之书不读，有曰蹙国百里而已。"可见，他在诗学上的反对复古就和他在散文上的反对师法一样。

人称陈衍为同光体诗人，我确认为半个是半个不是。《诗话》卷一说："同光体者，余……戏目同光以来诗人不专宗盛唐者也。"这批诗人入民国以后大多健在并继续作诗，所谓同光体诗人有三个条件，一是写旧体诗，长短句不算；二是同光以来的诗人，宣统到民国开始写诗的不算；三是不专宗盛唐。这在前清时代是开拓型的，与陈衍的诗学理论相符，这个时期的陈衍是同光体诗人。

入国民以后，情况不同了，第一，陈衍由同光体诗人变为同光体批评家，先是应梁启超之邀在《庸报》上写"诗话"，后应李宣布龚之邀在《东方杂志》上续写为"诗话"。第二，同光体由开拓型转到封闭型，至少它的代表人物大多走向幽峭，奇字、僻典。其中的沈曾植还刻画出同光体的派系来，故步自封，这与陈衍的诗学思想不符。第三，与诗坛大气候相似，即当时旧体诗逐步为新诗取代时，前清诗人部分变成为遗老，瞎说一气，这是陈衍无法赞同的，所以后期陈衍不算是同光体诗人，条件不符。

《诗话》卷三说："前清诗学，道光以来，一大关捩。略别两派：一派为清苍幽峭。自《古诗十九首》、蘓、李、陶、谢、王、孟、韦、柳，以下逮贾岛、姚合，宋之陈师道、陈与义、陈傅良、赵师秀、徐照、徐玑、翁卷、严羽，元之范椁、揭斯，明之锺惺、谭元春之伦，洗练而镕铸之，体会渊微，出以精思健笔。……此一派近日以郑海藏为魁垒，其源合也。而五言佐以东野，七言佐以宛陵、荆公、遗山，斯其异矣。……其一派生涩奥衍，自《急就章》、《鼓吹词》、《铙歌十八曲》，以下逮韩愈、孟郊、樊宗师、庐仝、李贺、黄庭坚、薛季宣、谢翱、杨维桢、倪元璐、黄道周之伦，皆所取法，语必惊人，字忌习见。……近日沈乙庵、陈散原，实其流派。而散原奇字，乙庵益以僻典，又少异焉，其全诗亦不尽然也。"

从力破余地着眼，旧诗应该变为新诗，或者，新诗应该取代旧诗，然而这个问题至今没有答案。陈衍以"诗话"为武器，沿着旧诗发展的道路前进，他自己也做诗，他也曾和戴望舒这样的新诗人和诗，但未见他有什么答案，这个问题要请诗学理论家继续研究。

在中国历代遗老中，以前清遗老最为荒唐，《诗话》卷九说："自前清革命，而旧日之僚伏处不出者，顿添许多新料。

黍离麦秀，荆棘铜驼，义熙甲子之类，摇笔即来，满纸皆是。其实此时局羌无故实，用典难于恰切。前清钟虡不移，庙貌如故，故宗庙宫室未为禾黍也。都城未有战事，铜驼未尝在荆棘中也。义熙之号虽改，而未有称王称帝之刘寄奴也。旧帝后未为瀛国公、谢道清也。出处去就，听人自便，无文文山、谢叠山之事也。……故今日世界，乱离为公共之戚，兴废乃一家之言。……"

陈衍晚年有"诗坛盟主"之称。向他学诗的人相当多。他在厦门大学时，鲁迅在日记中写道："陈石遗来，众皆往拜之，大诗人也。"陈衍八十寿辰，章太炎有寿联："仲弓道广扶衰汉，伯玉诗清启盛唐。"这当然是比喻，便他是把陈衍看作朴学家兼诗人的。有人说他创作力不高，也许如此，他的时代所接受的西方思想，是理性主义而不是浪漫主义，不易产生共鸣。

陈衍在清末民初文化史上具有位置，但对他的研究不多，且偏于诗学，这和抗日战争不无关系，然而对一个具有某种代表性学者的评价，不单是对他本人的评价问题，而牵涉到我们应怎样对待历史和民族文化的问题。特别在改革开放时期，大量引进国外先进科学技术，西方文化必然随之而来。中国人有志气，中华世族文化的脊梁在哪里？这是陈衍和我们共同的冀求，这个时期作为历史文化遗产的整理并研究陈衍应该是有必要和有帮助的了。

# 论陈衍的文化整理工作

## ——浅谈历史文化遗产整理的对比研究

传统文化的研究工作停顿了大约半个世纪，今人重新探讨它，常有新意，但若把前人工作作个回顾，补充进来，或能收到事半功倍之利，这是本文的主旨。

福建侯官陈衍（1856—1937 年），有较长的学术生命。作为近代文学家，如他自叙："予自十五为诗"，至他逝世止，约有68 年；作为学者，从他 21 岁在孙诒让文字学研究的基础上发展出《说文解字辨证》算起，约有 62 年。二者均超过半个世纪。老马识途，有一定的研究价值。

## 一　生平

陈衍生平有《石遗先生年谱》和《石遗先生年谱续》为据，本文为节约篇幅起见，大部分略去，但为便于读者参考起见，简述几点：1907 年，他是北京分科大学史学教授，1908 年至 1915年，是北京大学（京师大学堂）文科教授，1916 年起受聘为厦门大学文科教授，1931 年起受聘为无锡国学专修学校教授，直到逝世（1937）。他大半生在前清度过，游幕多次，但不做官。1904年他将辞幕赴北大任教，张之洞坚留不放且劝做官，有这样一段对话：张问："聊弦歌以作三径文资如何？"陈答："吾自少至壮，见所知为邑宰而拥宦囊自数万金以至数十万金者，无虑三十人，今其子孙皆将冻馁，转瞬间耳，故宁赋乞食不折腰也。"这是一介寒儒在晚清几乎无官不贪的情况下讲出自己的风格的。1907年，张之洞调军机大臣兼管学部，以征辟方式调陈衍、马通伯诸人且限于当年三月前报到，陈衍被迫当了一次官——学部主事（清代各部司最低一级职员）。《石遗室文集·送马君通伯南归序》中有"吾与通伯非自求仕来者"、"……有振衣而去耳"等愤慨之语。

　　陈衍是爱国学者，现在福州于山戚继光祠前有一块碑石，勒有陈衍领衔发往南京《敦促国民政府北上抗日书》（1932）。郑孝胥出走后，陈衍去信表示割席，信中多有揶揄和谴责。陈宝琛是陈衍去信劝回的，信中有江南宜于养老的理由六条。陈衍和国外汉学家原有交往，东北失陷后，他和日本汉学家杜绝往来，其中有位台湾帝大教授久保天随博士，原是旧识。此人搞中国旧诗，著有《秋碧吟庐》诗集，大约1934年向陈衍乞序，陈衍不答，他托人询问，陈衍以国事日非见告，他又托人央求，说彼此是私交，不应受到任何影响，陈衍不得已，用"子反免使者而复鼓"这则历史故事为序，略书数语与之，这是陈衍在抗战前向日本学术界公开表示自己爱国主义立场的序言。

## 二　著作分析

　　陈衍著作中有多个"合一"的思想，例如，"学人之诗"与"诗人之诗"合一，"诗与文"合一等，这些都属文艺理论，留待文学家研究。本文着重探讨的是他的文化史思想，他有命题如下：

"窃叹区区旧学，考词章数千，年无能兼者，歧而二文，即已误矣。卜商、荀况，已属偏至，何论许、郑、杜、韩……"

陈衍这个见解可以作为他一生治学的晚年总结。引文仅限于旧学，即传统文化。该命题断言历史上没有人兼具考和词章两种能力。引自《复章太炎书》（《石遗室文集》续集四）。复信时间不详，估计在 1930 年。陈衍这话也许是个人自负之意，重要之处在于"数千年无能兼者"这一历史论断，我们知道，考据有两个内容：逻辑和事实。考据家要求二者合一，做到言之有理，持之有故。词章就是文学，它也有两个内容，文字以及使用文字的特定思维形式，今人称后者为想象或形象思维。现在再把双方各两个方面结合一下，由于文字是用来反映事实的，二者理应统一，若不统一，就变成胡说八道了，这是唯物论的，或常识的根本要求，所以，陈衍命题便转化为一个人能否兼有逻辑和想象两种思维方式的问题了。今人研究传统文化者全然不兼，这不太可能均衡发展，只有少数才能做到，陈衍讲的恰是这种兼有。一般人允许以某一思维形式作为自己的优势思维形式，正如一般人都以某一大脑半球作为自己的优势半球一样。所以，陈衍讲的兼有并不多得，但是引文中的"偏至"在中国历史上具有普遍意义。今人研究传统文化者几乎都提到了思维问题，这不偶然。引文中的卜商是《诗经》的传人，一位词章家，未见有考据能力；荀况是逻辑学家，虽能说理，但他的性恶论根据不足。这二人都偏了。许、郑、杜、韩是从汉至唐的经学家和哲学家，或不重事实，或不重逻辑，也都偏了。所以这也就是说，中国人普遍地偏重词章，轻视考据。然而，文化整理是考据工作，用词章整理传统文化不可能有多少成就。所以，在上书中，陈衍还说：

"仆不愿与汉以后学人较短长，今得足下论读书，吾不敢以竹汀得足下。"这话表明，依陈衍看来，汉学、宋学、成就有限；清代朴学从戴东原算起，有成就者也是凤毛麟角的。这话之上有一句："戴东原云：当世学者，吾不能不以竹汀为第二人。"竹汀即钱大昕。

但是，陈衍是以诗人或文学家闻名于世的，例如，鲁迅在厦门大学教书时，《日记》中写道："陈石遗来，众皆往拜之，大诗人也"。《辞海·陈衍条》称他为近代文学家。

这是有争论的。林芬《石遗老人评传》说"世之推崇老人者，仅以为文学家，浅已！"章太炎 1935 年赠陈衍 80 寿诞的寿职是：

"仲弓道广扶衰汉，伯玉诗清启盛唐"

仲弓即冉雍，《论语》："雍也，可使南面"是孔子对这位最有才华的学生的评价。伯玉即陈子昂，诗学改革家，为唐诗的发展铺平道路。上联承认陈衍有多方面的成就，下联断言陈衍是个有特定含义的诗人。

为了解决争论，我们把陈衍著作分类如下：

**（甲）小学**

1. 《说文解字辨证》（14 卷）
2. 《说文举例》（7 卷）
3. 《音韵表微》（1 卷）

**（乙）经学**

4. 《尚书举要》（6 卷）
5. 《周礼疑义辨证》（4 卷）

**（丙）史学**

6.《通鉴纪事本末书后》（10 卷）

7.《要集解题》（1 册）

8.《福建通志》（640 卷）

9.《闽侯县志》（106 卷）

**（丁）哲学**

10.《伦理学精义》（1 卷）

**（戊）杂学**

11.《考工记辨证》（3 卷）、《考工记补疏》（1 卷）

12.《烹饪教科书》（1 册）

附：译著七种，书名如下：

《货币制度论》

《商业经济学》

《商业开化史》

《商业地理》

《银行论》

《日本商律》（与何漱仪太郎合译）

《破产律》

**（己）诗评**

˙˙13.《元诗纪事》（45 卷）

˙˙14.《金诗纪事补》（15 卷）

˙˙15.《辽诗纪事》（12 卷）

˙˙16.《石遗室诗话》（32 卷）、《诗话续》（6 卷）

17. 《诗学概论》（1 卷）

18. 《诗品评议》（1 卷）

·19. 《樊谢诗评》（4 册）

·20. 《诗评汇编》（1 卷）


**（庚）文论**

21. 《石遗室论文》（5 卷）

22. 《史汉文学研究法》（1 册）


**（辛）选辑、补遗**

23. 《八家四六文补注》（1 卷）

··24. 《宋诗精华录》（4 卷）

25. 《感旧集小传拾遗》（4 卷）

26. 《全闽诗录》（41 卷）

··27. 《近代诗钞》（24 卷）、《续诗钞》（1 册）

·28. 《元文汇续补》（4 卷）

·29. 《续古文辞类纂》（1 册）


**（壬）文字创作**

30. 《石遗室诗集》（10 卷）、《补遗》（1 卷）、《朱丝洞》（1 卷）、《诗续》（2 卷）

31. 《石遗室文集》（12 卷）、《文续》（2 卷）

稍为说明一下：第 6 项是陈衍担任史学教授时撰写的，人们把该书和王船山《读通鉴论》相媲美。第 7 项只讲经史，不涉子集，经也是上古史，故列入史学中。第 11 项是齐国无名氏之作，涉及数学、物理和工艺，历代学者对这部中国最古老的科技书籍之一并没有阐释清楚，陈衍对此书的研究成果奠定了他在考据学界的地位。第 12 项不仅是菜谱。中国人依其传统是美食家，该书是苏州女子家政学校委托撰写的。饮食文化教科书，商务印书馆印，发行量达二百万册。译著七种说明陈衍重视经济学，他自己撰有《货币论》，1901 年以单行本问世。第 13 项是清钱大昕同名著作。钱著佚传，二册；陈著湖北版为六册，商务版为八册。该书是陈衍在文学界的成名之作。

　　注：＊是未付手稿，均于"文革"中被红卫兵抄家送纸厂制浆。

　　　　＊＊是商务印书馆原版或重印版。

　　以上共计九类三十一种，译著不计。在九类中，文艺占四类，不是多数；在三十一种中，文艺占十九种，但若把选辑、补遗这类带有资料性质的书籍七种删去，这种删去译音七种有某种等当性，则两者各半。所以，陈衍文学以外的其他成就不可删除。前五类均可归于朴学名下，分别称之为朴学入经、入史、入子、入杂，所以，陈衍的文艺著作便可以看作朴学入集，这样，我们找到了一个统一的陈衍——朴学家，同时，我们也为上述的陈衍命题找到了立足点——文化史。

## 三　传统文化的主要问题

　　在语言文字和事实相一致的情况下，我们把陈衍命题简约为逻辑和想象两种思维的简省问题，由于不同程度的兼有是正常的，因而不同程度的偏执也是正常的，但是，当一个民族在几千年的历史中只出现一种性质的偏执，那就是非正常的了。

　　在陈衍列举的历史代表人物中，没有一个是词章不力的，例如荀子，他有短赋，对后世颇有影响，他也是词章家。换言之，中国人的普遍问题是考据不足。并非中国没有逻辑，可以肯定的是，中国人逻辑思维运用是很不得力的。不力的原因之一是想象力超过逻辑思维，观念性的语言文字特别发达，一方面，它取得了中国独有的词章美学的特殊成就，这是迄今仍然值得大力研究的；另一方面，它在一定程度上遏制了逻辑思维的发展；不力的另一原因是欠缺系统知识，概念性语言文字不足，凭虚搏击，劳而无功。

系统知识和概念有什么关系呢？

思维就是联结。和架桥需要桥墩一样，思维也要工具，用带象的观念作联结工具的称作联想，用非带象的概念作联结工具的称作判断。观念的一次联结称作直观，直观有很多层次，若记忆装置中毫无先行经验，则这种联结只是试错法的一个环节，有待实践的验证；若记忆中已有大量经验，则直观具有"顿悟"性质。如果联结是多次的，它或者是不定向的随机联想，或者是定向的对已往事物的回忆。如果定向的联想的目标是虚拟的，有待记忆中的经验对之进行装配，则称之为想象，想象也有多个层次，模拟一物的想象是最低层次，严谨的逻辑图像（例如数学中的图解）为较高层次。在高层次的想象中，对前人成就有所突破者称作创造性想象。

在判断基础上依序行进的称作推理，其中合乎逻辑规律的称作必然推理，不合乎规律的则分别称为或然推理和类比推理。

我们这里看到一个事实，思维是在不同材料的基础上显示出差异性的。譬如说，观念的外延是不确定的，它只能遵循联想律，无法推理；概念的外延确定下来了，这才有了逻辑律。显然，想象居先，逻辑居后，有了观念而后才能取得概念。由于观念和概念存储在同一个信息载体即语言文字中并存表现为词的二重性，所以，一个人可以兼有至少两个以上的思维形式，它们不是互斥的，而是互为补充的。所以，陈衍命题成立。

但是，这并不是说两种思维的功效相同，如果形象思维已经用了，则逻辑思维便不会发展出来。后来居上常是后起之物得以存在的依据。逻辑思维之优于形象思维处，在于它能提供系统知识。为方便起见，我们这里取古代讲法作描述。亚里士多德给概念以如下的定义：

S（种）＝G（属）－D（种差）

式中的 G（属）又可以看作高一级的种，如此类推，该式便可缩写为：$S^n = G^{n+1} - D^n$

指数 n 表示层次。有了定义，便有概念；有了层次，便有系统，有了概念系统，便可进行长程推理；指数愈高，覆盖面愈大，则通过间接推知而不必非得亲知的知识齐全。这就是系统知识的优越性。近代科学便是以系统知识为其特征之一的，它和古代零散的、容易消失的知识不同。

从思维发展史看来，古希腊也有一个观念为主的时期，早期自然哲学的诗歌作描述，原因就是欠缺乏概念之故。从最后一个用诗歌撰写《论自然》的塞诺芬尼最早一个用散文撰写哲学著作的亚里士多德，两种思维的转化时间大约二百年。中国不同，两千年不变。这就产生一个非常有趣的结果，前代学者都把知识成果积累在观念中（也有一些概念，但不居主要地位），如果后之来者继续治学，他就得具有一个善于排难解纷的脑袋，以免皓首穷径；他还得浪费很多精力，才能取得有限的成就。然后，他又把自己的成就存储在观念中，继续让后之来者吃尽苦头，从较低水平做起。这就是中国近代文化发展缓慢、继承困难、不断滞后、跟不上时代需要的内因之一。

外因很多，依我看来，在旧中国，外因和内因是同步的、互为促进的。这里从略。

从文化史研究角度看，陈衍命题是简练的，思路是清晰的。它讲述了中国人数千年所未能兼有的东西，从而道出了中国落后的特殊性。

## 四　清代朴学

在一个坐标系中，纵向来看，文化是上层建筑；横向来看，文化是前后相嬗的。就前者而言，它受到时代和社会的限制；就后者而言，它是一个连续系统，既有继承，又有发展，它还要吸收外来文化并对自己旧文化进行某一程度的扬弃。

横坐标表明：任何民族都有持续进行的精神活动，称作精神文明，文明也有很多层次。高层次的文明是一个民族进行自我调节的目的性活动，它关系到该民族的过去、现在和未来。一个民族为什么要进行这种目的性活动呢？我们不是走在上帝指引的天路历程上，而是使用前贤刻画的草图导航，面对着未知的未来，在前进的道路上，我们必定要会碰到很多新问题，经过理解和验证，取得了新知识，然后以之充实到这张草图中来，供作进一步导航之用。所以，结合现实问题整理并发展本民族文化便是每个时代的文化工作者所要共同承担的任务。通过坐标系来理解两个文明的关系，要比通常所讲的作用与反作用的相互关系要更加丰富一些。

整理工作有经常性和突击性之分。欧洲 12 世纪进行的大翻译运动是突击性的，中国的汉学、宋学和清代朴学都是经常性的。

整理工作又有资料性整理和逻辑性整理之分。汉学和宋学之所以中断，因为研究工具不足（一是小学研究不足，二是系统知识欠缺）。所以，在朴学出现之前，中国式的文化整理工作都是资料性整理。

清代朴学之所以兴起，其背景是两部译著出现，一是明李之藻翻译出版的《名理探》，一是明徐光启翻译出版的《几何原本》。于是，以逻辑和事实为基础的考据学发展起来了，虽则小学研究仍嫌不足，后者大约经过二百年的努力，到了晚清，方才具备。所以，清代朴学家的研究工作，包括陈衍的研究工作，都是整理传统文化的试点工作。

朴学之所以以"质朴无华"一词中取名，就是朴学家们明白他们所承担的是世代相承的、永无穷尽的文化史研究，特别是，中国文献汗牛充栋，逻辑性整理刚刚试点，从历史看，这是一项从经常性整理转到突击性整理的重大任务。不做好这项工作，中国式的文艺复兴将会受阻或迟缓不前。

为什么这样讲呢？马丁·路德进行宗教改革时，也要扫清语言的污秽。中国情况远为严重。从陈衍命题看，一个以观念为主而又拒绝系统知识的民族必定是个词章王国，但它的文学又并非非常发达。逻辑思维不够发展的民族不可能有非常发达的文学，这个道理我们留给文艺理论家去证明。其次，词章王国的特点是语言模糊，它可以引起丰富的想象，但也导致众多歧义，从而把信息通道堵塞起来，人为地制造出数之不尽的独立王国。词章学、胡说八道和唯意志论，此三者在中国是并行不悖的，社会学家可以用旧中国的宗法结构对之作出补充证明。第三，逻辑推理是线性的，向前发展的，形象思维是非浅性的、兜圈子的，后者自然和我国古自然观即太极图近似相对应，这就给文化史家以举一反三的方便来概括问题。中国内部层层社会结构都是圆满自足的、自我保护的、与外隔绝的和不求进取的。这一切都是旧社会的写照，而今文化领域余风犹存，不称奇怪。

清代朴学是第一个中西结合物，从中国现实出发和中国人的思维形式看来，它注定会命运不佳。

朴学从顾炎武算起。此人武装抗清失败，成了亡国之民，这才坐下整理传统文化。依他看来，文化存，国亡了还能复兴；文化丢失，才是真正的亡国。《石遗室文集》顾黄王三儒《祀文庙议》中讲了王夫之、黄崇羲、顾炎武三人"前有奏请者的均遭议驳，礼臣之意以王黄二儒虽事鲁王、桂王，炎武虽受唐王之召而未往，然皆惓怀故国，至死靡他"。他们之受清廷贬抑，几乎贯串于清整整一代。

到了乾隆嘉之世，戴东原、钱大昕等辈出，朴学站住脚了，它甚至成为清代文人茶余酒后的谈助。但是，朴学即要以小学为基础，又要以博学为前提，在中国条件下，如果有社会支持，无疑会有较多成就，但如前所述，在词章王国中，朴学不受欢迎。举例说，姚鼎分天下之文为三：义理、词章和考证。他的词章有多大呢？从《古文辞纂》看来，他选文选到史和子，只不过还没有胆量选经罢了。曾国藩分天下之文为四：义理、词章、考据和经济。他的选文范围超过姚鼎，在《经史百家杂钞》中，六经也进入了他的选文范围。我对这二书持肯定态度，因为中国确是词章王国。但从他们分文的"宣言"看来，"醉翁之意不在酒"，而在于考据词章分家。

晚清之世，朴学家也不多，章太炎、孙诒让和陈衍成就较大。

## 五　整理工作的规律性

依我看，传统文化的整理是有规律的。

我们先回顾一下汉儒和宋儒的工作。《石遗室文集》、《复江叔海书》有这样的一段话："……与上得天下不可写上治之，则必用稍读书识字者。彼稍读书识字者，皆自附孔子之徒也……汉、宋儒出，益纽合以纬，书之三纲……狡童、狂且乃益利用其说而尊崇之，而孔学何尝如是哉？自政体变易，向之君为臣纲最为世主所利用，与其说归诸孔子者，今非其时矣。夫利用孔学之时本误会孔学为专主君权，则安用孔学于不主君权后哉？"这封信的结尾还对祭孔提出意见："祭以太牢者，非礼也。"

我们这里看到一个事实，汉儒和宋儒都重视注经，中国的六经在一定意义上就是上古史，考据工作要追本溯源，重视注经是理所当然的。注经是否就是复古？不是的，汉儒和宋儒竟然注出了三纲和礼教，这充分说明了前人早已采用"我注六经"的手段达到"六经注我"的目的。能否称：为伪造？我以为，不可一概而论，这是全世界各个学派的通例，师门不宜背叛，现实问题又必须解决，那就只好作出某种引申。用今天的话讲，这就是坚持和发展的辩证法。发展，有两个方向：好的和坏的，要在封建社会中追求只好不坏的发展，很难，三纲害人，礼教吃人，中国人为此吃尽苦头。今天不同了，可以大家商量着办。

生活在晚清时代的陈衍，参与"洋务"，介绍西学，赞成引进，但他在科举废除、学堂创立之时，主张各省各保留一个旧学堂。他反驳了当时流行的中国人已懂中学以及中学无用等谬见。他还给这种旧学堂作了设计，主课计三门：经学、史学和文学，他定义说："经学者，人伦道德所从出而兼唐虞三代之上古史也；史学者，治乱兴衰之故无中外古今而可缺者也；文学者，言语文章所以发挥其知识，畅达其纪载、抒写其性情也。"（《石遗室文集》卷六）

课程设计肯定是陈衍深思熟虑过的，写在清末他充当学部主事之时。人们看到，他把经史子集删去一门：主课不要哲学，包括孔学在内。

　　朴学是整理文化遗产的工具，它理应进入经史子集杂，特别是试点工作应该如此，所以本文使用入经、入史、入子、入集、入杂这些术语。汉儒和宋儒入经都没有入好，因为工具不佳。清儒逐步展开，入经和入史都试点过了，陈衍自己也做过这些工作。他的入杂就是朴学对新领域的开拓。余下的问题是入子和入杂两种，钱大昕《元诗记事》是入集之作，该书佚传，现在无从评价，孙诒让《墨子间诂》入子之作，现在不宜讲，下文自有说明。

　　朴学自身不是一种要求事实和逻辑统一的唯物论哲学。朴学在讲述道理和提供论证方面和哲学接近，照理，陈衍应该以其余力去做入子工作，然而，他没有这样做。这是为什么呢？一个提出考据词章数千年无能兼者的学者，照理，他应该入子和入集各半，以示可兼，然而，他也没有这样做。这又是为什么呢？

　　这是因为陈衍不重视哲学吗？显然不是。他和林纾有过关于韩柳文评价问题的争论。1924 年，林纾逝世，陈衍《五言四十韵哭畏庐》的吊唁诗中有这样几句：“……我进以朴学，君谓道已分；我更以哲学，君谓非道原；桐城有师法，吞吐出半山……”可见，陈衍是讲哲学的人。再举一例，《石遗室文集·先室人行述》中提到萧道管的七种著作，一般都是一语带过，但对她的两篇哲学论文转述较详，二文题为《言愁》和《说乐》，是关于人的非理性部分的理性主义研究，既突破了宋明理学，也超过今天某些人的见解，因为研究有两种态度，一是中世纪唯理论式的研究，“存天理，灭人欲”，把人的非理性部分一棍子打死；一是理性主义研究，承认人的非理性部分是客观存在，但要以合理性为依饭。理性主义和唯理在外文中是同一个术语，但含义不同，我这里依不同含义取不同译法。在外文中，非理性主义也有不同含义，其中一个应当译作非唯理论，这就可以避免望文生义，胡搅一气。再举一例，1924年，德国汉学家艾克来访，他和陈衍作了海阔天空的讨论，《石遗室诗集·赠艾克》云：

> 骎衍同名者，曾谈大九州，
>
> 庄生雄说剑，老子但骑牛，
>
> 哲理水成窟，高吟月满楼，
>
> 畏将衰白态，传到海西头。

最后两句是请艾克拟为陈衍拍照，陈衍以老遇辞之，这些例子说明了陈衍是重视哲学的。

我之所以论证这个问题，旨在探索其中的规律。现在，我要说明的是：重视哲学的陈衍是极力回避哲学的整理工作的。

《石遗室文集·老子集解叙》说，作者度青曾把《庄子补注》一书寄他，他的态度是："极韪之，未赞一辞也。"作者又把《老子集解》寄他并乞序，他写序说："老子之指，吾中国所独，东西国所不屑道也。今吾中国方汲汲然惟东西国强权主义是效……青虚谦弱之道，有掩耳走耳。"文笔一转，称赞作者"熟训诂而精音韵"，老庄靠边站了。

为什么回避中国哲学？第一，中国哲学中的微言大义多，含糊其辞，经不起细致分析。第二，覆盖面既大且小，大者大而无当，小者是一桩桩的具体事实，二者之间没有逻辑关系，无法推理。第三，文学语言多，这是用观念代替概念即用事物的外在联结代替它的内在联结的当然结果。前面提到，早期希腊哲学也是如此，这有残简可证。把这个问题仅仅说成是思维形式问题，不够准确，它是逻辑和概念的双重问题，其对立物是想象和观念，换言之，是考据和词章之间的不等当问题，这表现在哲学即表现在一个民族的抽象思维中就变得非常突出了。我们欠缺一套抽象语言，难求系统化，所以，朴学人子只能做到训诂和注释，在此基础上的考据工作要缓一步才能展开。

用欧洲哲学作个对照，他们自打翻译运动以来，也为自己建立了与中国小学相当的文字学，也在这个基础上进行了许许多多的考据工作，但仍然留下一些难题，也称柏拉图《巴曼尼得斯篇》为"欧洲哲学史之谜"，原因就是读不懂。解开这个谜的不是欧洲人，而是中国人，他就是陈康教授，商务印书馆1942年出版了这部译著，注释约为原文的九倍。

这个对照说明什么呢？尽管柏拉图也用文学语言，但他的思想体系本质上是逻辑的。中国不同，我们的思想家用想象作表示，其中有隐逻辑加隐概念，甚至个别见解是天才直观，但它们都是前逻辑时期的辉煌成就，和当代科研要求相差很多。所以，樸学人子不能在先，只能放在樸学入集之后。

这就是陈衍沿着樸学发展的途径把他的后半生精力用来研究文学而不是用来研究哲学的原因。现在，距离陈衍逝世将近半个世纪之际，初步看来，以上论断成立。

## 六　代小结

研究陈衍，不是一篇短文所能罄述，正如今人研究章太炎，估计其研究成果未必仅是一部著作，此无他，陈衍说过："学无今古，唯问其有用与否"，有用，就该讨论。

本文略去陈衍文学方面成就的讨论，包括樸学入集即今人所讲的文艺评论在内，道理很简单，在一篇文章中，包容不了文化史和文学史两个层次的问题。就目前而言，文化史研究是社会共同要求，对陈衍的学术思想而言，不从高层次讲起，低层次的研究工作是会争论不休的。

但尽管如此，作点文学方面的补充，或能更好刻画陈衍。在文学上，他不是桐城派，这可是参看《石遗室文集·赠桐城姚叔节序》，此中有妙文，很客气又很俏皮。至于上面所举的他和林纾的争论，根源于林著《韩柳文研究法》一书，林纾在该书封面上写道："石遗，请试读一遍。纾"。问题送上门来了，只好作答。答案见于《石遗室论文》。桐城派一贯扬韩抑柳，"桐城有师法"就是指林纾倡师门之论的这部著作。陈衍讲了韩文不如柳文的种种理由，但也讲了柳文中诸如《封建论》、《河间妇人传》等"则大过矣"。今人明白，柳文中的"以其一己之私，乃成其大公也"，不是辩证法，而是一句混话，重要的是：桐城文风，二百年不变，陈衍对此是挖苦的。

陈衍的诗不属于江西派，1920年，日本著名汉学家神田喜一郎来访，谈了一天，其中提到铃木虎雄博士《石遗诗说》一书，书中称陈衍为江西派。神田提问，陈衍作了否定。他在另外一个文字中说："余七古向少转韵，七律向不作拗体，皆大异山谷者。"令人感到兴趣的是：11世纪黄庭坚所创的江西诗派，到了20世纪，一千年不变，中国人真是万变不离其宗。

陈衍是半个同光诗人。《诗话》说："同光体者，余戏自同光以来诗人不专崇盛唐者也。"重要之点是：从盛唐到同光计一千二百余年，中国旧诗究竟是在爬行还是在龟息呢？

"不专崇盛唐"，无非承认唐以前和唐以后均可取法。说文艺创作不需要取法前人，这是不对的，但是说文艺创作只取法前人，同样是不对的。20世纪初的王闿运，号湘绮老人，教人学诗，处处学古，自己之诗杂于古人集中，"真莫能辨也"。陈衍批评说："惟其莫能辨，故不必自成湘绮之诗矣。""有作必拟古，必求复古，非所谓有意为诗，有意为他人之诗也。"文艺必须创新，不新不是创作。既然要求新，则是光诗体在文化史上就必有突破，这一诗体的出现，恰是西学东来，中国文化受到巨大冲击之时的初期产物。所以，反对某一同光诗人和反对同光诗休应是两回事，要区别对待。何况，就传统而言，陈衍不仅讲了唐以前，诸如古诗十九首，急就章、饶歌、十八曲等；也讲了唐以后的诗体。他说："今人强分唐诗宋诗，宋人皆本唐人诗法，力破余地耳。"力破余地就推陈出新。又说："若墨守旧说，唐以后之书不读，有日蹙国百里而已。"

同光体应在何时结束？陈衍1886年的讲法未必能够推到民国时代，至于同光诗人们，那是另一回事了。时代一变，很多人转为遗老，遗老写不出好诗，只有其中的少数人能够摆脱时代的局限性。陈衍不是遗老。《诗话》对遗老之诗作了不客气的批评："……自前清革命，而旧日之官僚伏处不出者，顿添许多诗料，黍离麦秀、荆棘铜驼、义熙甲子之类，摇笔即来，满纸皆是。其实，此时局羌无故实，用典难于确切，前清钟虡不移，庙貌如故，故宗庙宫室未为禾黍也。都城未有战争，铜驼未尝在荆棘中也。义熙之驻号虽改，而未有称王称帝之刘寄奴也，旧帝后未为瀛国公、谢道清也。出处去就，听人自便，无文文山、谢叠山之事也……故今日世界，乱离为公共之戚，兴废乃一家之言……"

入民国之后，陈衍虽是诗人，但也连个江西派都不承认，他有什么必要去连续充当他所戏目的同光诗人呢？同光体这个术语既然使用了同治和光绪的年号，把它限于前清比较妥当些。《石遗室诗话》前后数十万言，上下数千年，纵横数百家，把它说成同光诗人评同光诗体的著作，岂不谬乎？

必须看到一个事实：新诗和旧诗迄今未能啣接。这是历史任务。陈衍从传统这一头做起，力求推陈出新，但未能完成。他也曾和当时的新诗人戴望舒会过诗，没有什么结果。后之来者，谁能接者？

　　陈衍的工作不是没有困难的，《石遗室诗话》说："余平生论诗，稍存直道，然不过病痛所在，不能以为无药，宿瘤显然，不能谬加爱玩耳。至于是丹非素，知同体之善，忘异量之善，忘异量之美，皆未尝出此也。孙师郑不厌其严，冒鹤亭则恶其刻。甚者丛怨成隙，十年之交，绝于一旦。故诗话之作，迟之又久，不敢出也。"

　　陈衍讲的是事实。我在1942年读到汪辟疆教授《译方回桐江续集》，文中把陈衍和方回作对比，通篇是罗织。可以断言，他既没有读过陈衍著作，也没有作过调查研究，学者行文如此，不免贻笑大方。1945年，我读到鲍正鹄教授"略论陈石遗的见解"一文，对汪文讲法逐一作了驳斥，虽说战争环境中资料不全，还算差强人意。现在不同了，不搜集资料就无法行文，但我仍然有新感慨，此事本应早有结论的。

　　中国人的思维有三缺：一缺自我意识，不动脑筋，秉承长官意志，不惜鹿为马；二缺严格推理，常常一跳而过，这是长期使用非线思维的关系；三缺系统思想，学者也是"小家碧玉"，搞不出大系统来。中国古代数学家就是显见的例子，他们不缺聪明才智，为了解决某一难题，可以接连证明好几条定理，直到问题解决为止。至于这些定理的进一步推演，他们不干了。今天的自然科学家大多不是这样，但今天的社会科学家未必大多不是这样。

　　据此，我们再沿着陈衍思路展望一下中国哲学的整理工作。一方面，从现实出发，凭借历史，解决必须解决的问题，这项工作仍须持续进行。研究局部问题，中国人还是拿手的。我国古代科技之取得过人成就者就是仰赖我们有过人的想象力和适当的逻辑推理。至于目前无力解决的问题，不必急于下断语。存而不论是留有余地的好办法。另一方面，清代朴学有功绩，但用于处理哲学问题，似嫌不足，也许适当引进语义学和分析哲学是有益的。

中国需要大规模引进。科技引进即无阶级性，亦无民族性，谁好就向谁学习，全世界都如此，把别人的东西引进来，因地制宜，稍加改进，就是自己的东西了。问题是，信息要灵通，不做或少做"冤大头"就好。

意识形态问题将如何？要有明确方向和民族自信心。日本人两次向外方学习，古代学中国，近代学欧美，都是大学特学，但又都是大和民族文化的子系统，他们培养的是"和魂洋才"，包括日本的汉学家在内。今天的日本人，表现出来的优点和缺点，都是日本式的，形象十分鲜明。

陈衍那个时代吸取的是西方17世纪到19世纪的学术思潮，这是理性主义占统治地位的时代。所以，他能觉察并提出这个命题来。今天我们所接受的西方思想是18世纪至20世纪的非理性主义日益上升的学术思潮。时代不同了，我们应看到这个区别。对西方而言，他们的发展有其合理性，过多的理性要求以非理性作出相应的补充。对中国而言，情况不同，过多的非理性要求以理性作出相应的补充。理性主义是对情意作出合理的肯定的，至于社会中的不合理方面，自然要在抨击之列，但若以中国的非理性求西方的非理性，以中国的唯理论去对付西方的非理性主义，恐怕将会迎来历史的惩罚。

对于民族文化的弱点，没有特效药，贵在自觉和努力。考虑到中国拥有世界最大的人脑库，它们的健全发展维系一个民族的命运，作者期望，陈衍的命题及本文所作的分析能够起到一些积极的作用。

# 论经济学家陈衍

## ——兼论我国传统理财思想

## 一  关于陈衍经济类著译的若干考证

陈衍（1856—1937），字叔伊，号石遗，福建侯官人。《辞海》列陈衍条目，以"同光体诗学家代表"论述；《中国近代科学家辞典》则称陈衍是中国古典文学研究家、史学家、文学家、音韵学家；港台学界则褒重诗人陈衍，谓其诗清峻奇峭，结构雅逸，风神爽朗，世所推崇、并誉为"六百年来一人而已"。从职业角度观之，这么多的"家"均系其副业，而"正业"、则是（名）教授、（名）编辑兼（著名）撰稿人；同时他又是清末两大幕府（即刘铭传抚台湾、张之洞督两湖之幕宾）。这方面的贡献与所耗精力自然更多，当然"正""副"之间互渗互联互补。就个人生活而言，陈衍自称"游食四方"，乃养家糊口使然。

1987年中国社会科学院重点项目，"历史文化遗产整理"，设"陈衍著作检索复制整理及点校"课题。课题组经海内外、家（后人）内外检索共获一千八百余万字作品（此数字不包括方志类及译著）涉及经史子集、诗学文学、朴学、伦理学、音韵学、语言学、政论、烹饪教科书以及方志类多种学科；有专著、译著、辑著多种形式，在剔除了广为流传、多次再版，近期又出新编的诗学；以及篇幅庞大的方志类，译著和辑著外，其余部分，主要以家刻本为主汇编为《陈石遗集》，由福建人民出版社出版。课题组在检索整理基础上同时对陈衍开展初步研究。在整理图书卡片和计算机目录索引时，发现陈衍有大量经济类著译流散未为世人注视，他不仅系统引入西方商业经济学典籍，而且在刊物上系统发表经济类论文和译文，并密切联系两湖地区经济实际付诸实践，不少地方开"中国之先"且取得经济效果。此类作品整理出目录如下：

**（一）专著**

《货币论》　　　　　清华大学图书馆（古籍）

**（二）译著**

1. 《日本商律》　　　明治三十二年（1899）颁
   　　　　　　　　　译于 1890 年

2. 《日本破产律》　　译于 1899 年春

3. 《银行论》　　　　（日）田尻稻次郎著
   　　　　　　　　　译于 1901 年

4. 《商业博物志》　　（英）尼用伊支著（日）瓜生寅日译
   　　　　　　　　　于 1899 年 6 月

5. 《商业经济学》　　（日）清水泰吉著　译于 1900 年

6. 《商业开化史》　　译于 1901 年

7. 《货币制度论》　　译于 1900 年

8. 《商业地理》　　　译于 1901 年

9. 《欧美商业史》　　译于 1901 年

### （三）辑著

《湖北商务报》1898年3月创刊——1904年2月改为《官报》止，陈衍任总纂并主笔"内部"文章历时五年，每年出35册（春节休假），共165册，实为旬刊。

此类文字在由卡片或计算机检索进入原文查找时发生困难、如专著《货币论》，图书馆有卡片、有书，但常年失于整理，无法索取；大部译著等失于战火，如武汉的书籍，抗战初装籍藏入山洞，后为洪水所淹；家藏的则与其他著作及未刊手稿，"文革时期"进了纸厂打浆造纸！不得已转向辑著求索，终于在上海精报所地下室藏书中找到了《湖北商务报》165期中的109期，得其"内部文字"中寻找陈衍笔墨，因"内部文字"不署名，经与"石遗先生年谱"及其他文字考证，内容聚焦于币制整顿、武汉商业基地的开发，以及发展大众传媒的报类论三个方面，它们是：

### （四）论文　　　　　　　　　湖北商务报（以下略）

（1）银价日低急宜整顿钱法论（上）　一二八册　光绪二八·十二·一

（2）银价日低急宜整顿钱法论（下）　二二九册　光绪二八·十二·十一

（3）论银元局各省不必多设　七三册　光绪二七·四·十一

（4）论兑换银元铜圆不必设有限制　六六册　光绪二七·二·十一

（5）论制造小银元贵在实能行用　六二册　光绪二六·十二·一

（6）论银换小银元宜有一定重量　六四册　光绪二七·

一·二一

（7）论行用钞票亦须辅以小银元　八六册　光绪二七·九·一

（8）论铸紫铜元贵详核成本　六七册　光绪二七·二·二一

（9）论市上渐有小钱急宜改铸一文铜钱　七一册　光绪二七·四·一

（10）改铸一文铜钱议　六八册　光绪二七·三·一

（11）改铸一文铜钱有益筹税说（下）　一〇五册　光绪二八·四·十一

（12）商务报世界主要诸国铸造额表书后（下）　二六册　光绪二五·十二·一

（13）论武汉市为中国商务中心　一一六册　光绪二八·八·一

（14）论督办商务大臣与商业中心联系之要　一一七册　光绪二八·八·十一

（15）论报馆非盈利之事　一一八册　光绪二八·八·二一

（16）商务报论（三）　八五册　光绪二七·八·二一

（17）论税关釐局人员宜阅商务书商务报　八九册　光绪二七·十·一

（18）论官办各局厂委员司事宜阅商务书商务报　九一册　光绪二七·十·二一

（19）论各埠商董巨商宜令阅商务报　九一册　光绪二七·十·二一


**（五）陈衍论理财**

在通读陈衍著作基础上，在其古典文字著作中，整理出有关理财文段十八则如下：

（1）国家者。积无万数民命为之。财力其脂膏也。脂膏竭。大命无能在者（文集·卷2·游古苑记）。

（2）从来治乱兴衰之故。成于兵事者固多。而用人理财各要政。尤为治乱兴衰之源。内政不修。民隐不恤。君子在野。小人在位。兵乱恒由此兴。敌国外患之乘。亦观衅而动（通鉴纪事本末书后·绪言）。

（3）论语记孔子罕言利与命与仁。此必门弟子误会。实不然也。易乾卦即言元亨利贞。孔子作文言曰。利者义之和也。夫不曰义者利之和。而曰利者义之和者卦象本以利为主也。乾始能以美利天下。不言所利大矣哉。为政尊五美。首列惠而不费。即在因民之所利而利之。天德王道。其旨一也。故利与和字皆从禾。乃天下甚美之名词。如五谷之不可缺。（中略）又曰。利物足以和义也。曰利物。则物我皆利。不止利一己。亦不止一人矣。和孰甚马。义孰甚焉。何必罕言之。又何可罕言之（伦理学讲义·三续第六课·附孔子罕言利辩）。

（4）专云。长国家而务财用者。必自小人。此大一统之世之言也。今不能与列强闭关绝约。人富强。己贫弱。犹为此言。非骙则狂易耳（文集卷一·张之洞传）。

（5）太史公发奋著书。立货殖一传。标举人物。首管子、范蠡、子赣、白圭。皆瑰伟士夫。非生而节驵侩者也。汉轻贾。人品乃少降矣（文三集·佑弼陈君墓志铭）。

（6）丈夫志四海。安事此一室。古人喜大言。未必皆情实。史称诸葛公。炉灶见经术。又言陶桓公。运甓无虚日。竹头与木屑。检点及纤悉。又言谢太傅。履展位不失。可知天下才。钜细事秩秩。经云居家理。岂以徒抱膝（诗集卷一·詠史三十八首之十七）。

（7）周官新义十六卷。宋王安石著。世咎安石以新法乱天下。真瞽说也。宋之几于亡国者。由开国以来。武备不振。而徽宗无恶不为。（中略）於安石乎何与。周官之法。变通之本足以致富强。行之不得其人。则封建井田。何事不足以害民。孟子不将先安石科罪乎。安石新法，不过无效，观于南渡后民心思宋。迥异于汉末、隋末、明末。百姓之揭竿而起者。莫不欲致死于独夫。可知新法之无甚怨毒也（要籍题解）。

（8）案。（唐）赋税之法。莫不善于租庸调。莫善于两税。若行之不善。则封建井田学校。何事而不滋流弊者。（中略）特杨炎所行之两税。户无主客。以见居为簿。人无中丁。以贫富为差。以户兴丁为主。不以田为主。所谓（贫富者无标准）。是其弊耳。且先王之制国用。量入以为出。杨炎乃量出以为入。取无禁而不竭。百姓何能堪者（通鉴纪事本末书后卷第九）。

（9）今日为治之难。岂有他哉。民之力不足以奉上而给军用。以责于治民者。治民者以责民。不则以为民穷财尽也。果穷且尽。强邻胡为眈眈然日睨其旁哉。逼而求之。其势常不及。比而诛之。井里萧条。转益以贫弱。理财之道。岂遽数能终其物。取之有序而有信。求之有源而有别。非徒手而悉索之也（文续集·送李星冶巡按使赴任安征序）。

（10）居今日而言筹饷。印花税在必行矣。（中略）洋债如山。（中略）抵押俱穷。告贷无路。（中略）拟请饬下总理衙门。与税务司赫德。熟商妥筹。每岁能入若干。即行开办。其前此户部所筹。清隐赋。覈釐金。糖户釐盐斤之加价。土货典当之捐输。皆刮毛龟背。不能成毡。无补于筹之毫末者也（戊戌变法榷议·议税篇）。

（11）往者余客武昌。居张广雅督部幕中十余年。凡属邦计。若关税。若统捐。若官业。官有财产。类及囊底之智。时有赞画，而以货币为诸大崇枢纽。主持尤力（文四集盐政辞典序）。

（12）嗟我乏谋人。贫穷乃无匹。万端待经伟。予手据以拮。百废当具举。欲汲苦短绠。岂知韫匮者。宝藏固充溢。坐兹金银气。染指甘如蜜。自强在商武。原富在戒逸。输墨久不作。管商殆绝笔。不求三年艾。何救膏肓疾。（中略）劫思挽时局。财政宜秩秩。硬货定本位。纸币相辅弼。中央集散法。制限屈伸律。股卷苦泉流。国事理如擳。（诗集卷三·送河濑如侗归日本）

（13）初。湖北钱商多倒闭。钱帖止折支十成之四五。类饱私囊数万缗而去。自设官钱局。人民信用官钱票。而此害少杀。然而时有伪造官钱票者。家君教以改制暗字银币。民间难以伪造。于是官钱票行用。由二百万银元十年至四千万银元，信用达十余省（侯官陈石遗先生年谱卷四，1899 年）。

（14）是春，有作货币论刊之戏示苏戡（侯官陈石遗先生年谱，卷四，1901 年）。

（15）生事纷纷怨孔方。求田问舍赖伊强，归山何兴江神事。要敬钱神一瓣香（诗集卷三·作货币论一卷刊之戏示苏戡）。

（16）首议筹铜币。初广雅读家君所著货币论一卷十余篇。欲创制十紫铜元。终恐其不能通行，未决匆匆移镇，至是抚部又疑之。家君又著论。兴及覆辩说。乃以仃铸西银元所剩机器试铸之，至年底，不及四个月。估计工料。已盈余利五十万银元。明年乃大开小学堂，会城计六十处，并大派学生留学日本。次年一年赢利二百万银元，而广雅回任矣。（侯官石遗先生年谱卷四，1902 年）

（17）广雅归。益用家君言。盛铸铜圆。前后数年，获余利一千四佰万银元。用以百废俱兴。汉阳兵工厂添造快枪。由日五枝至五十枝而未已。子弹称之。武健诸军外。练成第二镇新军。砲队营、辎重营等具备。以外。遗派各种学生留学日本。士官为盛。卒成武昌革命之局，非广雅所及料矣（侯官陈石遗先生年谱卷四，1904 年）。

（18）中国士大夫讳言财用。见之洞用财如粪土。从而百端诟病之。然其家固不名一钱也。三十年经营财用，与外国理财家较。挈短长去之尚远。而中国居高位者。逐未有其人，闾姓鐵捐（赌博彩票捐）之类。固不轨于正。钱厂、纱布、丝麻各厂。亦折阅相继。然一易商办，则赢利巨万。一击不中。谤者引为大戒。岂不误乎。独铜元钞票畅行时。衍请从中国所自有金铸造金币。以数百万建织呢大厂，可支三十年国用。迟回审顾。未之能从。滋可惜耳（文集卷一·张之洞传）。

## 二　陈衍经济思想剖析

从《陈石遗集》综观陈衍可以定论：研究经济和理财是陈衍治学和社会实践的重要领域之一。他继承和发展了传统文化中经国济世、理财言利的优秀思想体系；又吸取了清末维新思潮及中学为体西学为用的论点，致力研究和传播西方商业经济学理论；着眼清末内忧外患国事日非的局势；以其一笔在握和幕宾的身份、通过大众传媒报刊杂志系列刊出西方商业经济学经典论著中译文字和撰写相关论文。借以教育民众、培养干部、说服政要、以经济为杠杆以币制管理和改革为切入点，直接服务当时的"武汉商业中心"的开发，并取得良好经济效果和社会效果。对于他的理论和实践当时虽然褒贬不同。今日从经济学角度审视，其作为"先趋"者的意义与实践效果仍然不容忽视，蕴涵着深刻的历史意义。

（一）溯本求源、陈衍经济思想的根源之一是传统文化中务实、理财、重商、经国济世的思想体系。陈衍家贫，幼失恃怙、由作塾师的长兄陈书养育。初入塾即兼作书童，可谓少年时便走上了勤工俭学的苦学之途。这种家庭和社会背景促使其经济思想的成熟有强烈的务实倾向。反对儒生空读仁义不言利。批评生活都不能自理而杜言斯文。他自幼敏思好学；"服雁周官设刊之博大精微；管子之仓库实而后知之礼节；衣食足而后知荣辱"；以及史记货殖列传之无商不富以商富国的当时而言先进的历史观。值得研究的是他在《伦理学讲义》中敢冒天下之大不韪睿智地说：《论语》谓孔子罕言利与命与仁，此必门弟子之误会。实不然也。易乾卦即言元亨利贞。孔子作文言曰"利者言之和也"夫不言义者利之和。卦象本以利为主也。乾始能以美利利天下。不言所利大矣哉。为政尊五美。首列惠而不费。即国民之所利而利之，天德、王道、其皆一也。故利与和皆从禾。乃天下甚美之名词。又曰利是以和义也。曰利物则物我皆利己止利一己。亦不止一人矣。和孰甚焉。义孰甚焉。何必罕言之。又何可罕言之。"短短的篇章，把千百年来利和义即物质文明与精神文明的片面对立和儒生因之不务实的错误倾向，尤其是把一己之利和社稷之利应有的统一巧用孔子的话加以澄清，其睿智与勇气令人感慨。时至今日，在我国走向全面小康的历史时期，研究和正确对待传统经济理论中理财言利重商的正确体系的发扬仍似雾见光的好文献。其《游西苑记》云："国家者。积无万数民命为之。财力其脂膏也。脂膏竭。大命无能在者。"又《通鉴纪事本末》书云："从来治乱兴衰之故。成败于兵事者故多。而用人现财各要政尤为治乱兴衰之源。内政不修，民隐不恤。君子在野。小人在位。兵乱恒由此兴。敌国外患之乘。亦观衅而动。"批评"中国士大夫不谙生计细事。实为莫大错误"。"治国与居家之理相通，士人不能徒以咏哦诗文为能事。而贱生计"。这些论点今日看似理所当然。在当时却贬入"另类"。陈衍在其著作中却一再论述尽如前摘。

（二）陈衍研究经济与理财直接服务于经国济世，抵御外侮。1897 年秋。陈衍在上海广方言馆任教席兼《求是》报总辑。撰文主张在中国设洋文报馆，作为国家对外喉舌，延聘中外事务之人士，举所谓理财、训农、通商、兴工、敬教、劝学、使贤、任能各要务，筹议切实可行的整顿之法，广为论说。并列举西人历来欺我之事实，条分缕析，详列对策。报发五大洲，令西人咋舌变色，不敢视中国人都软弱可欺。并借此觉醒国人，奋起图强。湖广总督张之洞阅报后，认为才识杰出，文章俊伟。1898 年春延至武昌入幕，主理新政笔墨兼《湖北商务报》总辑和书院教席。初《湖北商务报》馆设于武昌文昌门外纺纱局内，因经费缺绌，每月仅由牙行牌照税内拨款若干充用，人员无几，聘日本高等商业学校毕业生、河濑仪太郎（字长定号如侗）为翻译，张之洞手订凡例十五条。除刊登文牍、介绍中外商情，专载商务文章外，译登东西方商书商律。从选稿、译文、编排、校订、均亲为之。因为是官办报，湘鄂设七分派处，全国各地远至甘肃、新疆另有四十分派处，对沟通商情，发展经济起到良好的作用。

（三）洋为中用。陈衍是国内系统翻译商业经济学有关论著的先驱之一。从选材也反映了陈衍的重商思想。经考证，这系列译著陈衍领数个"中国第一"。

1. 他是第一批在中国出版西方经济学典籍的译者之一。世所公认严复的《原富》（1901 年南译公学译书院出版）为首本经济学中文译著、事实上陈衍在湖北《商务报》以连载形式发表上述八种经济学书籍始于 1898 年至 1904 年、先于严译至少与《原富》不分先后。

2. 首先引入"经济学"这一中译概念。

"ECONOMICS"一词，"原富"译为"计学"，陈衍首改译为"经济学"，沿用至今。

3. 引进近代商书商律学，推动了商业律法在中国的发展。

以《日本破产律为例》。"年谱"载该书译于1899年春，共数十条。《商务报》于1902年冬第一廿五册始载，并于一廿七册发表"日本破产律发明"一文。其背景为当时湖北倒张之事屡见不鲜，汉口钱庄常有倒闭，将钱卷跑之闻迭出，国家亟宜推出破产律以保扩债权人的正当权益，防范不法商人在声言破产后藏匿资金，更名充商。有趣的是改革开放初，中国技经学会年会上有年轻学者提出破产法论文，受到与会学者的质疑，并被誉为始作俑者并赠以"X破产"的雅号，焉知80年前陈衍已然先行一步了。

（四）理论联系实践把对货币理论的研究与湖广地区的币制改革结合起来。

陈衍的《货币论》是中国第一本关于货币的专著，先以论文形式连载于《商务报》，后汇集成书。《陈石遗集》中只收录了其中的十二篇。资料不够完整，内容却十分精彩，简述于下：

1. 缓和钱荒说

张之洞治鄂十年。财政困难，捉襟见肘，各类捐款军饷居诸省之后，1899年清廷命各省上缴税釐陋规，张与巡抚于荫霖会奏湖北无陋规可提，由督抚司道府每年捐银七千七百两助军饷。慈禧大怒，下诏："湖北一省岂竟币绝风清毫无陋规中饱，乃以区区之数托名捐助，实属不知大体。着传旨严行申饬，所捐之项著不准收。"以拒收，张有苦难言。八国联军入京，帝后出逃西安，中途落脚候马，各省赍送金银贡品动辄数百车，独鄂仅数十箱衣物食品，相形见绌。加上此时东南各省饥荒，经济一片萧条之气，此时，一个突出的问题引起了陈衍密切的关注，那就是小额流通领域中的"钱荒"现象。有人把铜钱毁去化铜出口牟利的怪现象，原来大量不平等条约赔款，使白银大量外流，引起国际市场上银价急速下跌，银铜比价失衡，一时间出现银赚铜贵现象，而国内市场正相反，由于大量白银外流，使银价上涨，银铜比价失衡出现银贵铜赚现象，一推一拉之间，在华外商抢购黄铜，市场上铜的出口需求增加，内外交困的形势下，继白银外流又出现了黄铜外流的势头，汉口每两银可换银钱八百二十文，一时制钱十分缺少，钱商从中操纵渔利，秩序混乱，更有甚者，不法商人毁钱化铜出口日益严重。陈衍认为这是经济领域出现的混乱现象，必须立即整顿钱币，加以制止；而且透过经济是严重的政治问题，因为这是洋枪洋炮掠夺中国的一个在经济领域的继续，必须坚决制止。作为张幕宾客，他想到的首先应通过政府干预，严禁私制铜钱和毁钱，立法宣布其为非法。由政府统一制造新铜钱取代旧有铜元。通过精确计算和设计控制铜元的含铜量，即降低制币成本，使毁钱取铜无利可图。同时加强宣传这不仅是一个经济问题也是重大政治问题，在《商务报》上连续刊登"货币论"加强宣传，以说服政客及商人，接受这一利国利民的方案，共同探讨一整套整顿钱币的方案和政策。我们从查到的文献中整理出要点如下：

（1）缩小一文钱使用范围，只供零星购物之用。

（2）十文钱以上改用紫铜元及小银元，允许自由兑换以减少制钱使用量不足并广铸紫铜元小银元。

（3）评估紫铜元小银元成本，勿使过重过轻，导致被毁或私铸。（《商务报》第"六二"、"六四"、"六六"、"六七"册）

他说：谋裕国者，何惮而不改铸铜钱，坐视一钱之铜，外洋之作数钱用，而我则止作为一钱，此即民不私毁，亦不漏洋，而我已束手自困矣。况大利所在，固万不可保者哉！指出政府若不及早改革旧制钱，终必为中外私商全部并吞。

2. 整顿钱法说

中国货币旧制民间杂用银钱，薪饷官支则需用银。大额流通由官钱局与私人钱庄以银票提取。钱商得以居中操持，往往官府曰此值若干；钱商曰不值，莫衷一是。陈衍认为这不能称为是有货币制度的社会，且钱币随市场银铜波动而波动，必然混乱。根源在于无一健全之货币制度。若以银为本位，即当以银价定出银元与铜钱之比值，以法令颁行，市场务必遵循。

3. 提倡金本位

随经济发展，贸易额大，欧洲已有银本位及发展着的金本位。1904 年庚子赔款，因英镑涨价，中国即多赔外国八百万两银。朝野倡议金本位，以银铜为辅币。然中国库金匮乏，一时难开铸。张之洞称当俟廿年后再论。议遂寝。陈衍刊荐张佰烈"货币杂说稿"认为中国每年通过海关出口黄金一百余万两，按英镑重计可铸金币七百万元，东北漠河金矿年产金约十万两，标重 97.8%，各国才 84%，尚可多制，不愁无金铸币。不持金本位，通商无不受亏，大失理财之道。

4. 改铸一文铜钱说

起因于清末国际市场铜价不断上升，银价下跌，银铜比低于卅，而中国高达一百。洋商潜至购铜，中铜外流。制钱被私毁为铜出口，引起严重钱荒。陈衍通过《商务报》大声疾呼：若不改铸铜元，所余制钱终将全部被毁外流。未几铜价上升，又引起一场混乱和折腾，（事实上，钱荒之后不久，汉口红铜皮每百斤售银三十五两，银每两只买铜二点八六斤，按十六两制，合四五点七六两，达不到原一百两的一半）。陈衍提出将一文制钱改铸当十紫铜元，先解决铜元流通问题。每文重二钱七分而当十文用，有效地抑制制钱私毁现象。而除成本外，加工过程获利二三成。

实施情况极其复杂。清廷始终没有完整的货币制度，没有稳定辅币的主币。张之洞、端方的新政是极其有限的，亦退亦迎之中总算将当二铜钱和当十铜钱的铸造均付诸实施并据云数年间总计盈利一千四百万银元，为"新政"筹措了基金，两年后有人指责陈衍倡导的此举引起通胀不利民生。当时各省相断效仿，无全面规划，流通中钱币过多亦为通胀之一由。与之同时武汉的"集资"并建设商业中心，由贫省一跃而为富省。从经济学观之，陈衍整顿钱币的做法有通胀因素，但绝非当时通胀的主因。因为只是小额流通中局部地区的实施而正面效应显著。经济上切断了黄铜外流的渠道，整顿了钱币和市场的混乱，提高了政府宏观控制的能力和培养了干部的管理能力，并且教育了民众、发扬了商界的爱国主义抵制外侮的精神，是一次成功的尝试，一个世纪以后，由历史文化遗产整理而作一历史的回顾，值得提出的是，陈衍的这一系列的理论和举措颇似约半个世纪后，西方经济学派的"凯恩斯革命"和"新古典综合派"的做派，不由自主地使人想起其核心人物，被誉为美国 20 世纪最重要人物之一的约翰·梅纳德·凯恩斯，也许是一种历史的巧合，同样地是一本叫做"货币论"的作者，只是堂堂西方经济学的"货币论"的作者，只是比东方"货币论"晚了半个世纪面世。也许是"英雄所见略同"，经济规律不分东方西方，只是陈衍的活动波及仅仅缩小到了一个地区的小额流动领域，是凯恩斯理论诞生前在落后的中国的一次小小"预演"，这证明了陈衍在经济领域中洋为中用、理论联系实际的能力和水平一点不亚于作为诗人和诗学家的陈衍，他的经济观点和实践勇气不得不令人叹服，可是凯恩斯理论只能诞生在西方，而在东方只能夭折，这是为什么？单凭这一点，经济学家陈衍今天仍然值得追踪，发人深省！

### （五）关于武汉商业中心与报类论的论证

从论文发表日期推算，武汉商业中心论的提出始于张之洞被任命商务大臣后两月（1902年8月），时商部尚未成立，张掌握对外通商大权，先后与英日美葡拟订商约，湖北在其治下已有十三年，经济渐有好转，《商务报》屡载汉口木材大批出口，牛皮旺销日本，布匹销售甚佳，一时湘鄂川陕滇黔的土产云集设厂加工，纸涨、牛皮、漆油、颜料、竹器、漆器均有起色，租界外商店工厂有所增加。陈衍认为一旦已建的芦汉铁路由汉口到豫信阳路段通车，以及拟建中的粤汉川汉铁路建成，加上通达四方的水运，武汉即将成为交通枢纽，兴沿海受控国外势力者不同，经营得当可建成内陆最大商业城市，与天津、上海成三足鼎立之势，令香港瞠乎其后，于是大声疾呼，先着一鞭。当时被人贬为迂阔不着边际，亦非张之洞所敢想。陈衍撰文诘张民："位于此者，宜如何经营布置乎？"陈衍渴望国家富强，意气恢宏，设想大胆，构思独特，发挥了办报引导舆论的作用。以信息活跃于朝野中外，也是当时的一个超前行为。后来有人认为辛亥革命的武昌起义之所以发生在武昌，与当时的武汉商业基地的建设不无关系。当然，这是后话。前面讲到陈衍在《商务报》上撰写有关报类论今得共七篇，陈衍十分重视大众传媒之作用，用以沟通商情，宣传政策，系统介绍西方经济学典籍，培养商业经济人才；同时也是他本人实践其经济理论的主要手段和阵地，在他入张幕的日子里始终像春蚕吐丝般献身于这一事业直到张之洞奉调入京，陈衍受聘京师大学堂为止。

陈衍逝世已半个世纪，有人说他的诗学成就的光辉掩盖了他对经济学的成就。在改革开放我国经济飞速发展的今天，陈衍的理想才得以成为现实，本文的追踪，作为苦难历史的一个回眸以及陈衍研究的引玉之砖，希望也许是有用的。

# 论述陈衍的苦读成才

## ——作为传统文化教育的一个实例
## 纪念石遗老人

陈衍生于 1856 年，即清咸丰六年的农历四月初八；卒于1937 年 7 月 6 日、即"七七事变"的前夜。他的大半生在前清度过，壮年进入民国，一生处于社会的大动荡大变革之中，在外是列强侵华掠夺瓜分，乃至势欲全面拼吞虎视眈眈于东边；在内则几千年封建王朝由衰微破败走向崩溃，军阀混战，国无宁日；全民族广大人民急欲救国图强，不断抗争、不断探索、不断革命。反应在文化领域上，自咸丰起清廷勉强观察及引入西方工业革命的技术、科学、哲学和宗教。在面对军舰、大炮、炼钢、纺织、铁路、汽车同时窥视种种洋玩意儿，钟表、照相、电影、咖啡、像精灵妖魔般光怪陆离。另一方面五千年的文化，远自儒道墨诸子百家的汪洋浩瀚，各宗一是。形成了东西方新旧文化的接触碰撞交流而莫衷一是。整个文坛处于古今中外的矛盾冲突的激流之中。陈衍出生在一个寒士之家，可以说除了传统文化一贫如洗，在这种艰难穷困的主客观背景之下，他如何成长成为一个有所建树的一代文人的呢？本文力图从其年谱、著作、信件和家族传说中由事实说话来寻找答案，又因为他的经历很单一，私塾、书院、讲台、游幕、笔耕、游览而已，因而这个答案必然也是彼时彼地传统文化和教育的一个实例，而且是一个比较正面的实例而已。

# 一　出生书香门第、苦读寒窗二十载

陈衍祖上于顺治年间由晋江移居榕城，前此历五代读书不仕。此举颇似明末遗民由北方逃亡南移，但已无可考证。父用宾娴熟经史，育有四子三女，五十岁得陈衍，取易经系辞，"大衍之数五十"之意，取名衍，因排行三，故字叔伊，小名伊昌。用宾新自教育子女，治学十分严厉。衍二岁开始认字，三岁读三字经、千字文，四岁读孝经、千家诗，五岁读四书、毛诗、尚书、左传，七岁时，除读易经、周礼外加唐诗，九岁起由长兄陈书教诗。陈书长陈衍十八岁，善诗。衍十一岁便读毕四书五经，十四岁开始治举业，学律赋、骈文、填词等。十七岁中秀才，十九岁考入福州乌石山书院专攻经史及文字学，兴趣广泛，举凡历代笔记、小说、传奇、山经、地志、金石学、目录学等无所不爱，涉猎广泛，钻研又深，使之二十四岁时，已经学识渊博，文才出众，几可方驾名家。由于只是个秀才，不为社会重视，此时的他表现突出，举诸族中传闻如下：

## （一）自觉接受严格的家教，不怕艰苦

父用宾亲自讲授启蒙，每授完一课必督其牢记背诵，尚书中禹贡，左传的晋公子重耳出亡、城濮之战等，白天用心听讲，睡前熟读经文，倦极就寝，次日，黎明即起，奔到案前，边披衣边

翻书朗读，厨下晨炊未了，他已全然成诵。此时用宾尚未起床，卧床仔细听其诵读，有一字错落，必呵正之。这种几时苦读情景直到年届七旬仍念念不忘，像春天破土而出的巨竹的嫩笋，势将迅猛成长，直逼母竹。

### （二）　虽贫寒，不忘诗礼传家

用宾重视传统道德观念的培养与传承、除书本教育外，更重视身教和寓教于生活实际。例如：初全家居于福州井楼门龙山麓，房屋简陋，屋后有废园，荆棘丛生，衍常随母王氏到园内斩刈杂草荆艾充柴禾，七岁时迁居汤门街，稍宽畅，屋前有广庭，屋后有废园，陈衍读书之余，随母在园内除瓦砾、筛细土、平畦町，种植菜蔬，全家四季盘食大部赖以自给，长兄陈书时已成婚别居城南授徒，但二三日必夜归，为老父置酒，与弟妹在庭中夜谈不寐，由诗书到社会百态。夏夜纳凉，卧看满天星斗，讲解二十八宿分野，以增添天文知识。又如用宾常以祖姑投江自寻一事教育子女。原来用宾有一小姑，秀美而慧，及笄之年忽罹麻风病，延医治疗无效，父母惊惶不安，暗地商议不如迅速嫁人，或可痊愈。小姑闻后，坚不同意，谓："吾已得病，岂可再害人得病？我们读书人，绝不可做伤天害理之事。"固请投河自尽。全家相拥而泣。月明星稀，父兄缟素备酒，移小舟送到台江僻静处，仰天失声痛哭，告别父兄，纵身万顷烟波。悲惨的故事，教育陈氏子孙以道德自律，不作不仁义之事。

### （三）　处处显示其很高的天分，乡里传为神童

如六岁时诵孟子，"不仁者可与言哉"章及"小弁，小人之诗也"等，适用宾自外归，闻其音节苍凉，抑扬顿挫，抗声朗读，意会到他并非死背硬记，而是有所理解，有所褒贬，因而喜

形于色而曰："想不到这孩子能够涵泳体会，达到入神地步。"又如一日从陈书学诗，见兄长屋内新插菊花，芳气沁脾，秀色可餐，顿觉一股不可言状的诗意出自胸臆，自此对诗情有独钟，诗兴勃发，常常自己私作小诗，年终竟积一册，交于兄长。一个日后光耀诗坛的诗才，此时已显雏形。

### （四）既重师从，又重自学，经常独自闭门读书

由家贫屋小曾借读于寺庙，十七岁与小伙伴在庆城寺客堂读书，前厅神像可怖，诸伙伴不敢出，唯独他由后厅跳窗而入，读到夜阑又跳窗而去，毫不畏惧，自谓万籁俱寂中读书最有心得。连做梦也是读书，一夜梦到一楼阒无一人，内有藏书数百柜，随手抽阅，均印有"石遗"二字，时方阅"元遗山集"醒后自号"石遗"、名书室为"石遗室"，晚年自称"石遗老人"。

### （五）有独立的思想和独立处世为人风格

随着年龄的增长，在师从兼自学、广泛涉猎积累知识的基础上，建立了独立思考、独特见解，从不人云亦云的治学风格和为人作风。如二十四岁时，曾对所读史书作一回忆，写出"泳史诗三十八首"，对唐太宗纳魏徵谏；陶渊明不为五斗米折腰挂印而去等均述自己的看法，尤其是后期，在"伦理学讲义"中所表述的"利义辨"，他认为君子不应是言义不言利，而是必须言利，君子应理财，不仅理家庭之财，更要理国家之财，经国济世才是真君子，矛头直指亚圣孟子，言论不谓不尖锐。又如不认为"君子远苞厨"是高尚之举，反而重视饮食、研究食文化，宣传饮食文化是中华民族之瑰宝，还专门为女子家政学校撰写《烹食教科书》，其中还为"陈家菜"撰写菜谱作附录，该书由商务印书馆发行，发行量达二百万册之多，今日读来仍饶有意趣。有

趣的是他自己还精于厨艺，每当贵客来访，常亲备珍馐奉客，传为佳话。闻说当时省主席陈仪曾造访，陈衍以"陈家菜"招待，陈仪赞说：福州陈家菜超过北京谭家菜。当然未必有此可比性，因风格迥异，他崇尚俭朴地平民化地巧妙体现食不厌精，不尚豪华，更符合科学饮食文化。再又如对待妇女、妇女观有极超前的一面。陈衍的成功有其夫人晚清才女肖道管的奉献，而后者也是得之陈衍的培养。陈肖两人婚后同治文字学，有关著作及肖夫人许多著作都是陈衍指导或乃是两人合作之成果，生活中常作联句为娱，肖曾为陈戏撰"陈衍命名说"一则云："君名衍。能谈天，似邹衍；好饮酒，似公孙衍；无宦情，恶铜臭，似王衍；对孺人，弄稚子，似冯衍；恶杀，似肖衍；无妾媵，似蜀王衍；喜汉书，似杜衍；能作俚词，似蜀王衍；善篆刻，似吾丘衍；喜通鉴，似严衍；喜古今尚书墨子，似孙星衍。特未知其与'元祐党人碑'中之宦者陈衍何所似耳？请摹其字以为名刺如何？"在陈衍许多文和诗中表露出对女子无才便是德的批评，歌颂女子的才德，主张男女平等（当然是当时历史环境下的平等）。五十出头，肖夫人病逝，无奈中陈衍纳婢女李端英为妾（名分为妾，实际始终为家中唯一的配偶）。此事引起了社会许多微词，尤其"论敌"的攻击性言论，实际是陈衍在对待李氏的生活中做出了许多超前的尊重女性的行为，是封建士大夫所绝对望尘莫及者，作者在此不拟详述，只是感慨于诗人的浪漫加上思想中不为遗老的灵魂，对女性的赞叹，陈衍的独立人格独立性格在此有极为深刻的展现，因于种种缘由，在此仅仅提上一笔。

## （六）著作丰富，著述面广

由于涉猎面广，又富独立见解，因此他的著作丰富，著述面广。二十三岁作《说文举例》七卷，继而对世称难读之书《说文解字》提出研究线索，对形、音、义、重文、古今字等，分门举例解释，使初学者能很快掌握读书要诀。又感于世人读诗却不谙诗史，尤其是元人诗史，因而于二十六岁草创"元诗纪事"，努力五年，于1885年成初稿二十四卷，三十余万言，后又不断修补，八年后始刊问世，是时声誉鹊起，浙江名诗人沈曾植曾以"朱提一流"（银八两）在北京琉璃厂买得一部。

## 二　重笔耕而轻举业

陈衍十八岁中秀才，到二十七岁才中举，虽学识超群，其举业却从此告终。也许是祖上五世治学不仕遗风所致，也许是独立不羁性格使然，他终生笔耕不辍，治举却常常是为得到社会的承认重视而不得意为之。他好诗，不喜欢八股文，对后者从未好好下过工夫。每逢试前，辄集数友人，习作试贴诗斌。考试一过，如脱缰之马，又投入攻读经史，把治举丢之脑后。三年一试的乡试屡试屡败，却并不太在意。二十七岁的中举也是充满了偶然性，当时主考官宝廷，字竹坡，满人。在搜遗卷时补上的陈衍，才获中。中举后逼于种种压力，自二十八岁到三十四岁，曾三上北京参加会试，皆名落孙山，陈衍并未放在心上，而借上京之机游览京城名胜和沿途山川，留下了许多诗文篇章。最富戏剧性的是1903年的赴京赶考，那是1902年张之洞奉诏代两江总督，嗣又进京述职，西太后赏以御膳，骑马紫禁城，显赫一时，旋在京协助管学大臣张百熙制定全国学堂章程，兼任经济特科考试阅卷大臣。张之洞与漕运总督陈夔龙，均奏保陈衍为经济特科人才。张的考语是"学富才长，于中外古今政治利病，皆能持之有故，言之成理"。并再三催其入京应试，原来陈衍居武汉张幕，不仅学识过人，而且懂得理财，在张的治鄂过程中贡献卓著，他不当官是宾客斐然可观，但因仅为一举人，始终作为一个宾客，在同辈中工资最低，月薪百余元，偏偏家庭负担重，张过意不去，有意提拔，希望中个状元什么的。陈却无积极性，遭张严厉批评，他还戏作"饮酒和陶诗"诗云："故人怜我贫，劝我聊弦歌，不为三径谋，奈此十口何？曰诺吾将仕，踌躇又蹉跎。吾美不如朝（春秋宋公子朝），吾佞不如鲍（春秋卫国司祝之官名鲍。）果如朝与鲍，不仕宁轲（坎坷）。"表达了宁坎坷不愿当官的决心。但拗不过张，1903 年 5 月已是四十七岁的陈衍，还是上京应试保和殿，试题分策论两道，由张命题并阅卷，内容素来是张与衍等日常议论的一些问题，应该说这次当官是稳的了。张当时说国家急务莫过于财政与教育，研究财政者莫过于陈衍，而研究教育者莫过于陈毅，所以决定名次时，将笔迹甚似二人的卷拔到第一，岂知开卷时无一是陈衍者，大为惊异，急问管事尚书陈璧，才发现陈衍因久不进考场，不知自 1902 年废八股文后，试卷第一行改低两格写，而他仍然按旧式满格写，按规定是为违试卷，不予评阅，结果只能还是落选了。朋辈为之惋惜，他却笑逐颜开如释重负，因为当官，尤其若外放，非其所愿，此种经历虽具戏剧性，也许如俗所谓"命中无官运"；也许更应说是寓偶然于必然也，终究与治举缘浅，陈衍按照自己的意愿终其举业于举人，终生基本不为官。无论作为教师，（他曾四执教鞭：1907 年的北京分科大学史学教授、1908 年到 1915 年京师大学堂文科教授、1916 年厦门大学文科教授以及 1931 年无锡国学专修学校教授，直到逝世。还未包括好几所学堂的教席。）也无论他作为总纂、主笔，（他曾三任总编：1897—1898 年的上海《求是》报主笔、1898—1904 年任"湖北商务报总纂"及 1931 年任《国学论衡》总编），抑或闭门研读著书立说；还是游历大好山河，结社吟唱出诗集，他都笔耕不辍，此次检索其已出版的文字就有 1800 万字之多，不包括篇幅庞大的方

志类及大量佚稿，大量译稿和各类形式的诗文稿，这在一般人是
难以想象的，纵观其一生，从他两岁起到八十二岁去世，就没有
一天不是与文字为伴，不是学，便是写，学为了写，写也是学，
纯如春蚕吐丝，死时丝尽方止。

# 三 学贵创新

从前面夹叙夹议中，大致可看出陈衍的成才之路，其特点可
归纳为以下四点。

## （一）以经史为根底，读书求解

陈衍治学，注重认真读书，他以经史为根底，以小学为治学
手段，他曾对友人之子钱锺书留法前讲："为学总须根柢经史，
否则道听途说，东涂西抹，必有露马脚狐尾之日。"又云："释
经之道，惟在于本经自相达异者，乃不得不拾经取传。"而"经
文本身是否有误，尚须通过小学严格考证，方能断言"。陈衍治
史，并不斤斤于改朝换代的表面现象，而主要从更深层的国计民
生，用人理财各要政上，寻找历史变化的内部原因。力持正本清
源，抓住要害问题剖析，因而所作多有独创之见。

## （二）以严肃的治学态度，从事学术研究与创作

虽为诗人，他对诗学有极高造诣。作品有《石遗室诗话》、
《近代诗钞》、《金、辽、元诗纪事》、《宋诗精华录》、《诗评汇
编》、《诗品评议》等。《元诗纪事》，初版二十四卷到正式成书
四十五卷，前后历时十五年，《诗话》三十二卷及其《续编》六
卷则历时更长，更不必谈其他经史之作，他对所有写作必凿凿可
靠，下笔严谨，从不草率，更不人云亦云。

## （三）以振兴华夏为己任，汲取中外先进思想，用于实际

他在1898年作"戊戌变法榷议"十条，上书言事，主张中国学习英、日，实行君主立宪，全面改革国防制度，厉行兴农、筹税、办学、译书等要务。率先翻译系列商业经济学典籍，为张之洞治鄂期间湖北商业中心基地的建立出谋划策，培养人才，致力货币改革。

## （四）屏除门户之见，广收并蓄，学古创新

作为诗人，在诗的风格特色上，陈衍主张学诸家之长，而有自己的面目，不随人作计，亦即学古不唯古。诗话有云："古人诗到好处，不能不爱，即不能不学。但专学一家之诗，利在易肖，弊在太肖。不肖不成，太肖无以自成也。"

他处处事事强调学习，学习古今中外的学问却要时时独立思考，创新并阐述自己的见解。

最后，作为传统文化教育的一个实例，从陈衍的成才过程的启示，我们应如何对待我们传统文化和传统文化的传承者传统教育，哪些是精华必须传承，哪些糟粕必须扬弃，创造光辉灿烂华夏文化的传统文化和传统教育，它的精髓在新的历史时期应怎样去汲取去发扬去传承，作为历史文化遗产的整理，作为对陈衍研究是必然要深思的一个课题。

# 四　结束语

传统文化和传统教育造就了陈衍成才，陈衍以其毕生的笔耕和创新传承并发扬了传统文化，以之服务社会。在改革开放中华民族伟大复兴的历史时期如何总结历史经验正确对待传统文化受

到了国人和国际的普遍关注。民族的伟大复兴离不开民族传统文化的复兴，文化是国家民族的灵魂，国家价值取向和精神导向的标杆，传统文化又是民族文化的根源，如何爱护浇灌这个根引起了世界学界的探讨。本文通过陈衍这一实例也粗浅地提出一点看法，希望能起引玉抛砖之功效。

在一定历史时期矫枉过正地对传统文化的全盘否定的观点，应作历史性的反思，一分为二地作肯定和否定，在信息丰富的当今，时机已经成熟。自五四到"文革"，以打倒孔家店为代表口号值得反思。无可否认一定历史随着传统文化和传统教育模式及机制是文化创新和教育创新的绊脚石及深层阻力，但若长时期地"横扫"和全盘否定式地引进将会造成无可弥补的损失，引而上地讲全盘否定民族文化必定是错误的，尤其是把传统的文化一律划为旧东西而一概横扫，将会造成文化断层必将走向文化革命的反面。全盘否定传统文化是全盘否定民族精神等于全盘否定本民族。中华传统文化博大精深，屹立世界民族之林绽放异彩，奇怪的是出现了墙内不香墙外香的怪现象。如微不足道的大麦茶，原是江南农村在双抢时以三夏的收获大麦粒，炒焦当作泡茶饮品。味浓香且消暑深受欢迎，也常以极低廉的价格销往城镇，叫做焦大麦，岂知 20 世纪，摇身一变以"韩国大麦茶"进口上了超市货架，价格与普通茶叶相同，一时引为时尚。论其口味与江南大麦茶比，实在不敢恭维，真乃令人啼笑皆非，类似的情景，乃至更有甚哉，比比皆是，怎不令人伤感！

传承必须与发展相结合，陈衍强调学贵创新，做诗要求力破余地，只继承而不发展就走向另一个极端，两者结合便是取其精华去其糟粕，当前有一种社会思潮是新的唯洋是崇，即使洋人已经有所否定的东西也是亦步亦趋，不能在与中国传统和中国特式结合中有发展地引进，甚至其已否定的部分一并引入，理论上存有一种严重的形式主义和教条主义和行为上的经验主义，使传承与创新流于形式。

　　教育是文化的根子，是传承传统文化的接力棒，也是传承和交流传统文化的火炬，那么传统教育有没有可借鉴之处呢？比如深受批判的旧式学堂经学教育方式之——背诵，背诵基础上讲解。试想幼年陈衍天天表现的那一幕：一个幼童，拖着小辫子，黎明即起，正襟危坐在案前凳子上，摇头摆脑，纵声朗读。如果出现在现代漫画上，不折不扣地是旧教育制度对儿童迫害的控诉，那为什么年届七旬的古稀陈衍仍念念不忘当时的情景呢？原来幼童是人生记忆最佳时期，真正的一张白纸，而理解力极低，所读之书是当时必读的典籍，儿时的教育模式，为陈衍争取了时间，对他是极为有益和重要的。也有资深学者讲过，读古文，背经史，做文章，讲义理，那是旧式教育的一贯作业。那种"摇头晃脑去心火"的读书姿态以及朗朗上口的读书声，也正如现在学生默默地看书死死地记问题牢牢地背公式一样都无比烦躁，同时也有乐在其中的滋味，更别提书包压弯了学生的背，乃至以拉杆箱取代书包的当今怪现象，而由儿童时代背诵经史即中国文化的基本典籍，一生取之不尽，用之不竭。当年摇头晃脑经咀嚼融化后，现在一笔在握又可在讲堂或稿纸上吐出来，能对中国文化基本精华不太过外行，更无空白之感，反而不得不归功于当年父母师长保守地硬性地要我们如此读书。当然这仅是一家之言，说明对文化，对传统文化必须身体力行，有体会有研究有比较有发挥才能有发言权，当今世界的竞争，归根到底是人才的竞争，传统文化是文化的根源，也不仅是事关文化和教育诸事，且是我们民族所独有的资源，一种外国人羡慕不已的资源，如何发挥好它的资源功能？并且它有极强的整合功能，一个台湾学者说，来到大陆就像出国回家，比回台湾更具回家之感，缘由是传统文化。更不言而喻的是它对政治经济外交文化等的渗透功能，我们怀揣瑰宝要识宝，切莫当作糟粕来扬弃。这是作为历史文化遗产整理，陈衍著作整理后的一点粗浅的体会。

　　最后我想以陈衍有关文字作为本文的终结。

　　陈衍说：夫学无古今，惟问其有用与否。国之所以为国，一如人之所以为人，必有其本然之性质。"文集卷八·与唐春夕即尚书论存古学堂书"。

# 陈石遗著作总目录

| 编号 | | 著作名称 | 数量 | | 出版 | | 备註 |
|---|---|---|---|---|---|---|---|
| 序号 | 书号 | | 卷数 | 字(万)数 | 时间 | 单位 | |
| | 一 | I 专著类 | | | | | |
| 1 | | 《石遗室诗集》 | 十四 | 28 | 1927 | 家刻 | |
| 2 | | 《石遗室诗集》 | 十 | — | 1905 光绪三一 | 家刻 | |
| 3 | | 《石遗室诗集补遗》 | 一 | — | — | 家刻 | |
| 4 | | 《石遗室诗集续集》 | 二 | — | — | 家刻 | |
| 5 | | 《附末丝词(上下)》 | 一册 | — | — | 家刻 | |
| 6 | | 《石遗室诗集(十二卷)及补遗》 | 十三 | 7.6 | — | 家刻 | |
| 7 | | 《石遗室诗集(十二卷)及补遗》 | 十三 | 7.6 | 乙巳 | 乙巳武昌刻本 | |
| 8 | | 《石遗室诗集》 | 十四 | 28 | 1936 | 上海商务印书馆 | |
| 9 | | 《石遗室诗集》 | 十四 | 28 | 1964 | 臺灣藝文印书馆 | 屬《清末名家自编叢書》之石遗先生集 |
| 10 | 二 | 《哭梦旦 白话诗一首》 | | 0.004 | 1936.8.5 | 上海《同舟雜誌》卷4(12) | 唯一的一首白话诗 |

續表

| | | | | | | | |
|---|---|---|---|---|---|---|---|
| 11 | 三 | 《石遺室文集》 | 十五 | 17.23 | 1927 | 家刻 | |
| 12 | | 《石遺室文集》 | 十二 | — | 1913 | 家刻 | |
| 13 | | 《石遺室文續集》 | 一 | — | 1913 | 家刻 | |
| 14 | | 《石遺室文三集》 | 一 | — | 1914 | 家刻 | |
| 15 | | 《石遺室文四集》 | 一 | — | 1914 | 家刻 | |
| 16 | | 《石遺室文四集》 | 十五 | 17.23 | 1946 | 臺灣藝文印書館 | 同序（9） |
| 17 | 四 | 《尚書郼要》 | 六 | 4.75 | | 家刻 | 含總論一捲 1897 成,作 |
| 18 | | 《尚書郼要》 | 六 | 4.75 | 乙未（民國八年） | 上海刻本 | |
| 19 | 五 | 《周禮疑義辨証》 | 四 | 7.84 | 1891 | 家刻 | |
| 20 | | 《周禮疑義辨証》 | 四 | 7.84 | — | 蘇州利利書印,書社 | 本人圈點 |
| 21 | 六 | 《禮記疑義辨証》 | 五 | — | 1892 | 家刻 | |
| 22 | 七 | 《考工記辨証》 | 三 | 2.82 | 1892 | 家刻 | |
| 23 | | 《考工記辨証補疏》 | 一 | 0.81 | 1892 | 家刻 | |
| 24 | | 《考工記辨証》 | 三 | 2.82 | 清著民國木刻本 | | |

續表

| 序号 | 章次 | 書名 | 卷册 | 數值 | 版本年 | 版本 | 備註 |
|---|---|---|---|---|---|---|---|
| 25 |  | 《考工記辨証補疏》 | 一 | 0.81 | 清著民國木刻本 |  |  |
| 26 | 八 | 《說文解字辨証》 | 十四 | 3.49 | （1883 成書） | 家刻 |  |
| 27 |  | 《說文解字辨証》 | 十四 | 3.49 | 1919 | 已未上海刻本 |  |
| 28 | 九 | 《說文舉例》 | 七 | 2.55 | （1878 成書） | 家刻 |  |
| 29 |  | 《說文舉例》 | 七 | 2.55 | 1919 | 已未上海刻本 |  |
| 30 | 十 | 《音韵發薇》 | 一 | 1 | 清著民國刻本 | 上海刻本 |  |
| 31 | 十一 | 《通鑒紀事本末書後》 | 十 | 18.5 | 1934 | 無錫國學專修學校 | 本人圈點 1909 京師大學堂講本清華大學圖書館藏 |
| 32 | 十二 | 《史誌文學研究法》 | 一冊 | 4.83 | 1934 | 無錫國專 | 本人圈點民國二十三年刻本 |
| 33 | 十三 | 《要籍題解》 | 四 | 2.38 | 1919 | 無錫國專 |  |
| 34 | 十四 | 《要籍題解》 | 四 | 2.38 | 1934 | 無錫國專 | 本人圈點民國二十三刻本 |
| 35 | 十五 | 《石進室論文》 | 五卷 | 4.78 | 1936 | 無錫國專 |  |
| 36 | 十六 | 《戊戌變法權議》 | 一 | 1.36 | 1901.3 | 辛丑坊刻本 | 本人圈點 1898 成文北圖珍藏本 |

續表

| 序號 | | 書名 | 冊數 | | 年份 | 版本 | 備註 |
|---|---|---|---|---|---|---|---|
| 37 | 十七 | 《倫理學講義》 | 一 | 1.7 | 1909 | 稿本 | 京師大學堂講本 |
| 38 | 十八 | 《貨幣論》 | 一册 | ~3.0 | 1891—1901 成冊 | 湖北商務報（社） | 先進嶺後結集清華大學圖書館 |
| 39 | 十九 | 《鈔古文辭類纂》 | 一册 | — | — | 稿本 | 佚稿 |
| 40 | 二十 | 《八家四六文補注》 | 一 | — | 1892 | 上海廣方言館 | |
| 41 | 二一 | 《元文匯補鈔》 | 十 | — | — | 稿本 | 佚稿 |
| 42 | 二二 | 《石遺室詩話》 | 三十二（四册） | 30.5 | 1929.5 | 上海商務印書館 | 首版 |
| 43 | | 《石遺室詩話》 | 十三 | — | 1915 | 廣益書局石印本 | |
| 44 | | 《石遺室詩話》 | 十三 | — | 1916 | 民國四年刻本 | |
| 45 | | 《石遺室詩話續編》 | 一册 | — | — | 民國油印本 | |
| 46 | | 《石遺室詩話續編》 | 七 | — | — | 民國刻本 | |
| 47 | | 《石遺室詩話續》 | 六（二册） | 14.9 | 1934.9 | 無錫國專 | 北圖、上圖藏本 |
| 48 | | 《石遺室詩話》 | 一册 | 30.5 | 1961 | 臺灣商務印書館 | 一版 |

| | | | 一册 | | | 臺灣商務印書館 | 二版 |
|---|---|---|---|---|---|---|---|
| 49 | | 《石道堂詩話》 | 一册 | 30.5 | 1976.11 | 稿本 | 福建省立圖書館藏本 |
| 50 | 二三 | 《詩評匯編》 | 五 | 3.4 | — | — | 留慇論（與上項有重） |
| 51 | 二四 | 《樊樹詩評》 | 四 | — | — | — | |
| 52 | 二五 | 《詩學概要》 | 一 | 0.84 | — | 上海商務印書館函授學社講稿 | 上海圖書館藏本 |
| 53 | 二六 | 《鐘嶸詩品譯議》 | 三 | 1.08 | 1911 | 家刻 | |
| 54 | 二七 | 《漁洋感舊集小傳拾遺》 | 四 | 1.43 | 1916.4 | 上海集成圖書公司 | 入《晨風閣叢書》 |
| 55 | | 《感舊集小傳拾遺》 | 四 | 1.43 | 1968 | 臺北廣文書局 | |
| 56 | 二八 | 《遼詩紀事》 | 十三 | 2.8 | 1936.1 | 上海商務印書館 | 清華大學圖書館藏本 |
| 57 | 二九 | 《金詩紀事》 | 十六 | 9.78 | 1936.2 | 上海商務印書館 | 廈門大學藏本 |
| 58 | 三十 | 《元詩紀事》 | 二四 | — | 1894 | 家刻 | |
| 59 | | 《元詩紀事》 | 四五 | 67.8 | 1921 | 上海商務印書館 | 首版 |
| 60 | | 《元詩紀事》 | 四五 | 67.8 | 1936 | 上海商務印書館 | 國難後一版，入《國家基本叢書》 |

續表

| | | 書名 | 册數 | | | | |
|---|---|---|---|---|---|---|---|
| 61 | | 《元詩紀事》 | 四五 | — | 1935 | 上海商務印書館 | 入《萬有文庫》 |
| 62 | | 《元詩紀事》 | 四五 | 67.8 | 1937 | 上海商務印書館 | 二版 |
| | | 《元詩紀事》 | 二冊 | 67.8 | 1987 | 上海古籍出版社 | 李夢生點校 |
| 63 | 三一 | 《宋詩精華錄》 | 四 | 8.68 | 1927 | 上海商務印書館 | |
| 64 | | 《宋詩精華錄》 | 四 | 8.68 | 1971 | 臺北黃文化局 | 標有石遺老人評點字樣 |
| 65 | | 《宋詩精華錄》 | 四 | 8.68 | 1984.4 | 江西人民出版社 | 曹旭點校 |
| 66 | | 《宋詩精華錄》 | 四 | 50.0 | 1992.3 | 成都巴蜀書社 | 曹中孚校注 |
| 67 | | 《附宋詩精華錄譯註》 | 四 | 47.1 | 1999.12 | 上海古籍出版社 | 蔡文江李夢生注 |
| 68 | 三二 | 《全閩詩錄補輯》 | 四十一（8冊） | — | — | 家刻 | |
| 69 | 三三 | 《石遺室師友詩錄》 | 六 | 8.00 | 光緒三年 | 晨風閣叢書 | 六人本北圖藏 |
| 70 | | 《石遺室師友詩錄》 | （三冊） | — | — | | 三十人本 |
| 71 | 三四 | 《近代詩鈔》 | 二十四（三冊） | 104.3 | 1923.11 | 上海商務印書館 | 首版 |

續表

| 序 | 編號 | 書名 | 冊數 | | 年代 | 出版 | 備註 |
|---|---|---|---|---|---|---|---|
| 72 | | 《近代詩鈔》 | 三冊 | 104.3 | 1961 | 臺灣商務印書館 | |
| 73 | | 《近代詩鈔續》 | 上、下、二冊 | — | — | 稿本 | |
| 74 | | 《近代詩鈔》 | 二十四（續一冊） | — | — | 福建人民出版社 | |
| 75 | 三五 | 《烹飪教科書》 | 一冊 | 0.35 | — | 上海商務印書館 | 附陳家菜菜譜七十例，上圖藏本教育部審定本爲教科書 |
| | Ⅱ | 輯著類 | | | | | |
| 76 | 三六 | 《福建通誌》 | 六四〇 | ~1000 | 民國十一年 | 福建通志局刻本 | 任總纂 |
| | | 《福建通誌》 | 一〇六 | — | 民國癸酉刻本 | 福建通志局刻本 | 任總纂 |
| | | 《臺灣通紀》 | 四冊 | — | — | 臺灣成文出版社 | 任總纂 |
| 77 | | 《臺灣通紀》 | 四冊 | 15.8 | 1961 | 臺灣銀行研究室 | |
| 78 | | 《臺灣通紀》 | 四冊 | 15.8 | 1993 | 臺灣南投市文獻委員會 | |

續表

| | | | | | | | |
|---|---|---|---|---|---|---|---|
| 79 | | 《臺灣通紀》 | 四册 | 15.8 | 1995 | 臺北博愛杜編宗專印 | |
| 80 | | 《福建通誌列傳選》 | 六 | 24.8 | 1964 | 臺北銀行研究室 | |
| 81 | | 《福建通誌列傳選》 | 六 | 24.8 | 1993 | 臺灣南投市文獻委員會 | |
| 82 | | 《福建通誌列傳選》 | 六 | 24.8 | 1995 | 臺北博愛杜編宗專印 | |
| 83 | | 《福建方言志》 | 一 | 0.76 | 1922 | 家刻 | 廈門圖 b 館藏 |
| 84 | | 《福建方言志》 | 一 | 0.76 | 1938 | 民國二七年刻本 | |
| 85 | | 《臺灣府志與列傳合刊》 | 10 | 40.6 | 1995 | 臺北博愛杜編宗專印 | |
| 86 | 三七 | 《閩侯縣誌》 | 106(16册) | —— | 1933 民國癸酉 | 官刻本 | 廈門圖 b 館藏 |
| | Ⅲ | 譯著類 | | | | | |
| 87 | 三八 | 《商業明化史》 | 一册 | —— | 1901 | 湖北商務報（136）首載 | 先運載後結集 |

續表

| 88 | 三九 | 《商業地理》 | | 一册 | —— | 1901 | 湖北商務報（136）首載 | 先連載後結集 |
| 89 | 四十 | 《商業經濟學》 | | 一册 | —— | 1900 | 湖北商務報（73）首載 | 先連載後結集 |
| 90 | 四一 | 《貨幣制度論》 | | 一册 | —— | 1910 | 湖北商務報（73）首載 | 先連載後結集 |
| 91 | 四二 | 《銀行論》 | | 一册 | —— | 1902.7 | 湖北商務報（125）首載 | 1901 日田尻稻次郎著 |
| 92 | | 《銀行論》 | | 一册 | —— | 民國十二年 | 湖北商務報館 | |
| 93 | 四三 | 《商業博物志》 | | 一册 | —— | 1899 | 湖北商務報（75）首載 | 福建圖書館藏 |
| 94 | 四四 | 《日本商律》 | | 一册 | —— | 1899 | 1899 湖北商務報（71）首載 | 共 689 條 目 1899 頒 行 中 山大學圖書館藏 |
| 95 | 四五 | 《日本破產律》 | | 一册 | —— | 1902 | 湖北商務報（125）首載 | 1899 譯 |

續表

| 序號 | 編號 | 類 | 書名 | 册數 | 萬字 | 時間 | 出版社 | 編著者 |
|---|---|---|---|---|---|---|---|---|
| 96 | 四六 | | 《歐美商業實勢》 | 一册 | — | 1902 | 湖北商務報（128）首載 | 日封山守次郎著 |
| | | IV | 編著類 | | | | | |
| 97 | 四七 | | 《求是報》 | — | — | 1897—1898 | 求是報館 | 總編及主要撰稿人（上海） |
| 98 | 四八 | | 《湖北商務報》 | 共165期 | — | 1899.3～1904.2 | 湖北商務報社 | 任總編 翻譯及內部文章撰寫人 |
| 99 | 四九 | | 《國學論衡》 | — | — | 1935 | 蘇州國學會 | 任主編 |
| | | V | 集類 | | | | | |
| 100 | 五十 | | 《陳石遺集》 | 上中下三册 | 165 | 2001.6 | 福建人民出版社 | 陳步編 |
| 101 | 五一 | | 《陳衍詩論合集》 | 上、下二册 | 155 | 1999.9 | 福建人民出版社 | 錢仲聯編 |
| 102 | 五二 | | 《石遺先生集》 | 十三册 | 54.41 | 1964 | 臺北藝文印書社 | 屬《清末名家自著叢書》初編 |
| | 五三 | | 《石遺室文集》 | 一至五册 | 17.32 | 1964 | 臺北藝文印書社 | |
| | 五四 | | 《石遺室詩集》 | （六至十册） | 28 | 1964 | 臺北藝文印書社 | |
| | 五五 | | 《石遺先生年譜》 | （十一至十二册） | 8.54 | 1964 | 臺北藝文印書社 | |

續表

| | | | （十三册） | | | | |
|---|---|---|---|---|---|---|---|
| | 五六 | 附《石遺先生八十壽序》 | | 0.20 | 1964 | 臺北藝文印書社 | 錢基博撰 |
| | 五七 | 《石遺先生墓誌銘》 | | 0.75 | 1964 | 臺北藝文印書社 | 唐文治撰 |
| Ⅵ | | **附錄** | | | | | |
| 103 | 五八 | 《侯官石遺先生年譜》 | 八 | 8.14 | 1931 | 家刻 | 陳聲暨等編 |
| 104 | 五九 | 《侯官石遺先生年譜》 | 八 | 8.14 | 1960 | 臺灣藝文印書館 | 同序9 |
| 105 | 六十 | 《木庵居士詩》 | 五 | 5.28 | 1898 | 家刻 | 其中一捲補遺 |
| 106 | 六一 | 《木庵居士文匯》 | 一 | | 1898 | 家刻 | 陳衍點校及編入石遺室叢書 |
| 107 | 六二 | 《說文重文管見》 | 一 | 2.08 | 1880 | 家刻 | 夫人肖道管作品陳衍點校並編入石遺室叢書 |
| 108 | 六三 | 《列女傳集注》 | 九 | 9.16 | 1891.12 | 家刻 | 同上 |
| 109 | 六四 | 《肖閑堂札記》 | 四 | — | — | 家刻 | 同上 |
| 110 | 六五 | 《然脂新語》 | 三 | — | — | 家刻 | 同上 |
| 111 | 六六 | 《肖閑同堂遺詩》 | 一 | 0.4356 | — | 家刻 | 同上 |
| 112 | 六七 | 《裁花平安室雜記》 | 一 | 0.2904 | — | 家刻 | 同上 |

續表

| 113 | 六八 | 《栽花平安室遺詞》 | 一 | 0.0968 | —— | 家刻 | 同上 |
| 114 | 六九 | 《栽花平安室雜文》 | 一 | 0.71 | —— | 家刻 | 同上 |
| 115 | 七十 | 《陳石遺先生談藝錄》 | 一 | 0.518 | 1921 | 上海中華書局 | 弟子黄曾樾作 |
| 116 | 七一 | 《文心雕龍雜記序》 | 一 | —— | 1933.7 | 自印 | 弟子葉長青作,片 |
| 117 | 七二 | 《說詩社詩錄序》 | 一 | —— | 1937.6 | 福州中西印務局 | 沈覲霞等作,片 |
| 118 | 七三 | 《石遺室師友錄序》 | 六 | —— | —— | 家刻 | |

# 作者年表

陈步，一名陈光权、原籍福建省福州市。

**1921 年**

12 月 24 日出生在福州市文儒坊大光里 4 号，（今立为福州市名人故居）。一个世代设馆教书的贫寒重学的书香门第。

**1927 年**

丧父。

由祖父抚养。祖父陈衍是清末民初著名学者。

**1931 年 12 月—1938 年 1 月**

福州福建学院附中，由初一到高三毕业。

**1938 年 8 月—1940 年 10 月**

重庆中央大学数学系毕业。

**1940 年 12 月—1941 年 10 月**

重庆国民党军政部交通司科员。

**1941 年 10 月—1944 年 6 月**

重庆中央大学哲学系毕业。

**1944 年 8 月—1944 年 11 月**

被征召到美军 R-force 任翻译。

**1944 年 11 月—1945 年 7 月**

重庆中央大学哲学系助理员。

**1945 年 9 月—1946 年 8 月**

重庆中央大学哲学部研究助理员。

**1946 年 10 月—1947 年 7 月**

台北高级补习学校教员。

台湾公路局台北段业务课课长。

**1947 年 9 月—1948 年 12 月**

南京中央大学哲学系助教。

**1948 年 12 月—1949 年 3 月**

台湾大学助教。

1949 年 3 月—1949 年 8 月

取道香港抵北京入华北军政大学学习。

1949 年 8 月—1962 年 8 月

调中共中央宣传部干部。

其中：1957 年

被错划为右派受降职降薪下放劳动的处分。

1962 年 8 月—1979 年 11 月

商务印书馆自然科学哲学编辑。

自 1957 年至此，断断续续，其中有九年多在农村或五七年干校或参加四清运动。

1979 年 11 月—1980 年 7 月

《中国社会科学》编辑部编辑。

1980 年 7 月—1986 年 12 月

中国社会科学院马列所研究员。

1987 年 1 月—1994 年 9 月

离休。

1994 年 9 月 20 日

因病逝世，终年七十三岁。